I0110422

2759

DISCOURS
SUR LE
GOUVERNEMENT,
PAR ALGERNON SIDNEY,
Fils de Robert Comte de Leicester.

ET
AMBASSADEUR
DE
LA REPUBLIQUE D'ANGLETERRE
PRÈS DE
CHARLES GUSTAVE,
Roi de Suéde.

Publiés sur l'Original Manuscrit de l'Auteur,

TRADUITS DE L'ANGLOIS
Par P. A. SAMSON.
TOME QUATRIEME.

❦

A LA HAYE,
Chez LOUIS & HENRI VAN DOLE,
Marchands Libraires, dans le Pooten.

M. DCC. LVI.

TABLE
DES SECTIONS
DU TOME IV.

TABLE.

TABLE.

TABLE.

SECTION XXXVIII.

SECTION XXXIX.

SECTION XL.

TABLE.

Fin de la Table du Tome quatriéme.

DISCOURS

DISCOURS

SUR LE

GOUVERNEMENT.

SUITE DU

CHAPITRE TROISIÈME.

SECTION XX.

On ne doit point obéïr à des commande-
mens injustes ; & personne n'est obligé
de souffrir pour n'avoir pas obéï à des
ordres qui sont contre la Loi.

Ensuite Filmer demande,
avec beaucoup de gravité,
si c'est un péché que de déso-
béïr au Roi, lorsqu'il com-
mande quelque chose qui est
contraire à la Loi ? Et après s'être fait
cette question, il décide avec autant

de gravité, *que non-seulement à l'égard*
des Loix humaines, mais même à l'égard
des Loix divines, on peut commander
quelque chose de contraire à la Loi ; &
que l'obéïssance à un tel commandement,
est nécessaire. La sanctification du jour du
Sabbath est une Ordonnance divine ; cependant si un Maître ordonne à son Domestique de ne pas aller à l'Eglise ce jour-
là, les plus sçavans Théologiens soûtiennent que le Domestique est obligé de n'y pas
aller, de peur de désobéïr à son Maître,
&c. *Il n'est pas à propos que le Maître*
rende compte au Serviteur du motif qui
le fait agir, ni du dessein qu'il a. Quoique notre Auteur contredise souvent
dans une ligne ce qu'il dit dans une
autre, toute cette proposition est entierement uniforme, & répond parfaitement bien au but qu'il s'est proposé
dans tout le cours de son Ouvrage. Il
oppose l'autorité humaine aux ordres
de Dieu, lui donne la préférence, &
dit hardiment que les plus sçavans
Théologiens nous enseignent d'en user
ainsi. Il faut donc que S. Paul ait été
un des moins habiles d'entre ces Théologiens ; car il n'ignoroit pas que les
Puissances sous la domination desquelles il vivoit, avoient défendu, sous de

très-rigoureuses peines, la prédication de l'Évangile ; & cependant il dit : *Malheur à moi, si je ne le prêche pas.* Saint Pierre n'avoit pas plus de capacité que lui ; car il nous dit en quelqu'endroit, *qu'il vaut mieux obéir à Dieu qu'aux hommes* : & en vérité ces deux Apôtres ne pouvoient pas parler autrement, à moins qu'ils n'eussent oublié les paroles de leur Maître, qui leur avoit appris *qu'ils ne devoient pas craindre celui qui peut tuer le corps seulement, mais bien celui qui peut tuer le corps & l'ame, & les précipiter tous deux dans les enfers.* Or si je ne dois pas craindre celui qui peut tuer le corps seulement, je n'ai ni raison ni excuse si je lui obéïs lorsqu'il m'ordonne quelque chose de contraire à la Loi.

Pour prouver ce qu'il avance, il cite un éxemple tiré de Saint Luc, & *Chap.* 14: conclut en bon Logicien, qu'on ne doit pas obéïr à la Loi de Dieu, parce que Jesus-Christ blâme l'hypocrisie des Pharisiens, qui observoient éxactement les cérémonies extérieures de la Loi, & négligeoient ce qu'il y avoit d'essentiel, entreprenant même d'interpréter ce qu'ils n'entendoient pas ; & de ce que notre Seigneur Jesus-Christ leur fit

A 2

voir que la même Loi , qui, de leur propre aveu, leur permettoit de retirer d'un foſſé, au jour du Sabbath, un âne qui y ſeroit tombé, permettoit à plus forte raiſon de guérir les malades en pareil jour ; notre Auteur en conclut qu'on doit obéïr aux commandemens des Rois, quand même ils ſeroient contraires aux Loix divines & humaines. Mais ſi la perverſité de ſon cœur ne l'avoit pas tout-à-fait aveuglé, il auroit pû voir que ce paſſage de S. Luc lui eſt entiérement contraire : car les Phariſiens avoient l'autorité des Magiſtrats de leur côté, autrement ils n'auroient pas cherché l'occaſion de le faire tomber dans le piége qu'ils lui tendoient ; & cette Puiſſance ayant perverti la Loi de Dieu par de fauſſes interprétations , & par des traditions humaines , défendoit de faire les actes de charité les plus néceſſaires au jour du Sabbath ; ce que Jeſus - Chriſt blâme par ſes paroles, auſſi-bien que par ſon éxemple, puiſqu'il guérit en leur préſence celui qui étoit malade.

Je voudrois bien que notre Auteur nous eût dit le nom de ces Théologiens, qu'il aſſure être les plus ſçavans, & qui prétendent nous enſeigner cette belle doctrine. J'en connois qu'on estime fort habiles, qui sont d'un sentiment contraire à celui-là, & qui soûtiennent que Dieu ayant destiné ce jour à son service & au culte religieux qu'on lui doit rendre, personne ne peut nous dispenser de l'obligation où nous sommes de sanctifier le Sabbath, à moins que d'être en droit d'abroger la Loi de Dieu. Peut-être que ceux qui sont d'un sentiment opposé au mien à cet égard, diront, faute de meilleure raison, qu'il sent trop le Puritain & le Calviniste : mais je me soumettrai sans peine à ce reproche, jusqu'à ce que je voye l'opinion contraire suivie par de plus honnêtes gens, & de plus habiles Théologiens que Laud & ses créatures. De l'avis & par l'instigation de ces honnêtes gens, depuis l'an 1630. jusqu'en 1640. on permit non-seulement de prendre le Dimanche des divertissemens de jour & de nuit, qui ordinairement se terminoient en débauches excessives, mais on les enjoignit ; & quoique cela ait contribué à l'accroissement de l'autorité humaine, & aux mépris de Loix divines, d'une maniere qui a lieu de plaire à ceux qui sont dans le sentiment de Filmer, cependant il y

en a eu d'autres qui aimant mieux obéïr
à Dieu qu'aux hommes , n'ont pû se
résoudre à profaner ainsi le jour du
Seigneur. Depuis ce temps-là , il ne
s'est trouvé personne , excepté Filmer
& Heylin, qui ait été assez méchant
pour concevoir , ou assez impudent
pour enseigner une doctrine aussi absurde & aussi brutale. Mais sans m'arrêter plus long-temps à examiner l'origine de cet abus, je demande si l'autorité qu'ont les Maîtres de commander
à leurs Domestiques des choses qui
sont contraires à la Loi de Dieu , ne
s'étend qu'à ce qui a rapport au jour
du Sabbath , ou à un petit nombre
d'autres articles, ou bien si elle doit
s'étendre en général à toutes les Loix
de Dieu; & si celui qui peut commander à son serviteur de faire une chose
qui est contraire à la Loi de Dieu, n'est
pas en droit de faire lui-même ce qu'il
fait faire aux autres? Si c'est une autorité particuliere, qui ne s'étende qu'à
ce qui a rapport au jour du Sabbath, il
faut nous donner quelqu'autorité ou
quelque précepte qui nous fasse connoître que Dieu n'a tenu aucun compte
de l'Ordonnance qu'il avoit faite touchant ce jour, & qu'il a permis que les

hommes la méprifaffent, quoiqu'il éxige d'eux une obéïffance éxacte à tous fes autres Commandemens. Que s'il nous eft permis d'en méprifer auffi d'autres, il faut qu'on nous dife quel en eft le nombre, quels ils font, & comment il eft arrivé que nous fommes obligés d'obferver les uns, pendant qu'il nous eft permis de négliger les autres. Si l'Empire du monde n'eft pas feulement divifé entre Dieu & Céfar, mais encore que chaque homme, qui peut donner cinq livres fterling par an à un Domeftique, en ait une part fi confidérable, qu'en de certains cas on foit obligé d'obéïr à fes ordres préférablement à ceux de Dieu, il feroit bon de connoître les bornes de chaque Royaume, de peur qu'il n'arrivât par hazard que nous obéïffons mal-à-propos aux hommes lorfqu'il faut obéïr à Dieu, ou à Dieu lorfque nous devons éxécuter les ordres des hommes. Si cette autorité des Maîtres s'étend généralement à tout, la Loi de Dieu eft de nul effet, & nous pouvons en toute affurance renoncer à la Religion, & n'y penfer ni ne nous en entretenir jamais : en ce cas, la parole de Dieu nous eft fort inutile, & ne nous regarde en

aucune façon : nous ne devons pas nous
informer de ce que Dieu a commandé, mais de ce qu'il plaît à notre Maître, quelqu'insolent, fou, lâche ou
vicieux qu'il puisse être. Les Apôtres
& les Prophétes, qui aimérent mieux
mourir que d'obéïr aux hommes plûtôt qu'à Dieu, étoient des fous qui mou-
rurent dans leurs péchés. Mais si chaque
Particulier qui a un Serviteur, peut le
dispenser d'obéïr aux Commandemens
de Dieu, il peut aussi s'en dispenser
lui-même ; & cela étant, on verra tout
d'un coup toutes les Loix de Dieu abolies par tout l'univers.

Il faut être fou pour dire qu'il y a
une obéïssance passive, aussi bien qu'une
obéïssance active ; & que celui qui ne
veut pas faire ce que son Maître lui
commande, doit se soumettre au châtiment qu'il voudra lui imposer : car si
le Maître a droit de commander, le
Serviteur est indispensablement obligé d'obéïr. Celui qui souffre pour
ne vouloir pas faire ce qu'il devroit
faire, péche & attire en même temps
un juste châtiment sur sa tête. Mais
personne n'est obligé de souffrir pour
ce qu'il ne doit pas faire, parce que
celui qui prétend commander n'a pas

une autorité si étenduë. Quoiqu'il en
soit, il s'agit ici de sçavoir si le Serviteur doit plûtôt désobéïr aux ordres de
Dieu, que de s'exposer à être battu ou
chassé par son Maître, qui lui commande des choses contraires à la Loi divine : car si le Serviteur doit obéïr à son
Maître plûtôt qu'à Dieu, comme notre
Auteur dit que c'est le sentiment des
plus sçavans Thélogiens, il péche en
désobéïssant, & ses souffrances ne sont
pas capables d'expier son crime. Si l'on
pense que je porte ce point trop loin,
il faut que l'on me montre ses limites,
afin de faire voir que je vais au-de-là,
quoique la nature de la question ne
puisse être changée : car si les commandemens des hommes ne peuvent
abroger la Loi de Dieu, la volonté du
Maître ne peut dispenser le Serviteur
de garder le jour du Sabbath, dont
l'observation nous est très-expressément
commandée par la Loi divine. Mais si
on donne à un homme le pouvoir d'annuller à sa volonté les Loix de Dieu,
les Apôtres ont eu tort de prêcher l'E-
vangile, puisque cela leur étoit défendu par les Puissances ausquelles ils
étoient sujets : ils étoient dignes des
tourmens & de la mort qu'ils ont souf-

ferte, *leur sang a été sur leur tête.*

Le second éxemple de Filmer tou‑
chant les guerres, sur quoi il dit que
les Sujets ne doivent pas éxaminer si
les causes en sont justes ou injustes,
mais obéïr aveuglément, est foible,
frivole, & souvent faux : or on ne peut
tirer de justes conséquences que des
choses qui sont certainement & uni‑
versellement véritables. Quoique Dieu
puisse faire miséricorde à un soldat,
qui par la méchanceté d'un Magistrat
en qui il se confie de bonne foi, de‑
vient un ministre d'injustice, cela ne
fait rien à la question dont il s'agit ici :
car si ce que notre Auteur dit est vé‑
ritable, que le commandement du Roi
suffit pour justifier la désobéïssance aux
ordres de Dieu, il s'ensuit qu'il doit
faire ce que ce Roi lui commande,
quand même il seroit persuadé que
l'action qu'on lui commande est mau‑
vaise. Les soldats Chrétiens, sous la
domination des Empereurs Payens,
étoient obligés de détruire leurs freres,
& les plus honnêtes gens de l'Empire,
pour cela même qu'ils étoient honnêtes
gens. Suivant cette belle maxime, ceux
qui vivent aujourd'hui sous la domi‑
nation du Turc sont dans les mêmes

engagemens, & doivent défendre leur
Maître, en maſſacrant tous ceux qu'il
croit ſes ennemis, ſans aucune raiſon.
que parce qu'ils font profeſſion du
Chriſtianiſme ; & le Roi de France
pourra, avec juſtice, lorſqu'il lui plaira, armer une partie de ſes Sujets Pro-
teſtans pour détruire le reſte. Voilà
certainement une doctrine bien pieuſe,
& digne de Filmer qui en l'Auteur.

Mais ſi cela eſt ainſi, je ne ſçai pas
quelle raiſon on a de dire que les Iſraëlites ont péché en ſuivant l'éxemple de
Jéroboam, d'Homri, d'Achab & de
pluſieurs autres Rois auſſi criminels
que ceux-là : ils n'auroient pas pû pécher en leur obéïſſant, ſi ç'avoit été un
péché que de déſobéïr à leurs commandemens ; & Dieu ne les auroit pas punis avec tant de ſévérité, s'ils n'avoient
point péché. Ce ſeroit la choſe du monde la plus abſurde de dire qu'ils étoient
obligés de ſervir ces Rois dans les guerres injuſtes qu'ils entreprenoient ; mais
non pas de leur obéïr, lorſqu'ils leur
commandoient de ſervir les Idoles : car
quoique Dieu ſoit jaloux de ſa gloire,
cependant il défend la rapine & le
meurtre, auſſi-bien que l'idolatrie.
S'il y a une Loi qui défend aux Sujets

d'examiner les commandemens de leurs Souverains par rapport à une de ces deux chofes, il ne fe peut pas qu'elle ne leur enjoigne l'obéïffance à l'égard de l'autre. La même puiffance qui peut juftifier le meurtre, fuffit pour juftifier auffi du crime de l'idolatrie ; & ces miférables qui dépoferent contre Na-Both, & qui le condamnerent à mort, pouvoient auffi peu alléguer leur igno-rance à cet égard, que ceux qui ado-roient les veaux de Jéroboam ; la mê-me lumiere naturelle qui auroit dû leur faire connoître qu'on ne pouvoit, fans folie & fans crime, adorer une image au lieu de Dieu, leur devant ap-prendre en même temps qu'on ne de-voit pas faire mourir un innocent par un parjure, fous prétexte d'obferver la Loi.

SECTION XXI.

Un pouvoir au-dessus des Loix ne peut
subsister avec le bien du peuple ; &
celui qui ne reçoit point son autorité de
la Loi, ne peut être légitime Souve-
rain.

AFin que nous nous soumettions
sans répugnance, & que nous ne
nous imaginions pas que ce soit s'exposer à un danger & à un esclavage manifeste, que d'obéïr aveuglément à la
volonté d'un homme, qui n'étant point
sujet à la Loi, nous commandera peut-
être des choses fort irrégulières & extravagantes, Filmer leve fort adroitement tous les scrupules que nous pourrions avoir, en nous disant ;

1°. *Que la prérogative Royale qui met*
le Prince au-dessus des Loix, a unique-
ment en vûë le bien de ceux qui sont sous
la Loi, & le maintien de leurs libertés.

2°. *Qu'il ne peut y avoir de Loix, à*
moins qu'il n'y ait une Puissance souverai-
ne pour les établir ou pour les faire obser-
ver. Dans les Gouvernemens Aristocra-
tiques les Nobles sont au-dessus des Loix.

Dans les Gouvernemens populaires, c'est le Peuple : par la même raison sous une Monarchie, il faut de toute nécessité que le Roi soit au-dessus des Loix. Il ne peut y avoir de Majesté souveraine en la personne de celui qui est soumis à la Loi : ce qui fait qu'un homme est véritablement Roi, c'est le pouvoir qu'il a de faire des Loix ; sans ce pouvoir il n'est qu'un Roi fort ambigu. Il n'importe de quelle maniere il acquiert ce pouvoir, par donation, par succession, ou par quelqu'autre moyen que ce puisse être. Je veux bien suivre en quelque chose le sentiment de notre Auteur, & reconnoître que le Roi n'a, ni ne peut avoir aucune prérogative qui ne lui ait été donnée dans la vûë que cela le mettra d'autant plus en état de procurer le bien du peuple, & de défendre la liberté de ses Sujets. C'est donc là le véritable fondement du pouvoir des Magistrats, & le seul moyen de connoître si la prérogative de faire des Loix, d'être au-dessus des Loix, ou quelqu'autre qu'il puisse prétendre, lui appartient, lui est justement dûë ou non ; & si l'on est en doute du Juge qu'on doit prendre pour décider cette question, le sens commun nous apprendra que si le Magistrat reçoit son

pouvoir par élection ou par donation ,
ceux qui l'ont élû ou qui lui ont donné
ce pouvoir, fçavent mieux que perfonne s'il s'acquitte bien de ce que l'on
s'eft promis de lui lorfqu'on lui a mis
l'autorité en main. Si c'eft par droit
de fucceffion qu'il gouverne , c'eft à
ceux qui ont réglé l'ordre de la fucceffion. Si ce n'eft pas par élection, par
donation ou par fucceffion , & que ce
foit par fraude ou par violence , l'affaire eft décidée ; car il n'a aucun droit,
& on ne peut en acquérir aucun par des
moyens fi injuftes. On pourroit dire
cela, quand même tous les Princes feroient d'un âge mûr, & qu'ils auroient
tous en partage la fobriété , la fageffe,
la juftice & la bonté ; car les meilleurs
Princes font fujets à fe méprendre : ils
fe laiffent gouverner par leurs paffions,
& par conféquent ne font pas capables
de juger fainement de leurs véritables
intérêts , dont ils peuvent fouvent s'é-
carter en diverfes maniéres. Mais il
faudroit être tout-à-fait fou pour laiffer ce jugement à des enfans, à des
fous ou à des furieux, qui ne font pas
capables de juger des moindres chofes,
qui concernent leur intérêt ou celui
des autres ; & encore moins à des Prin-

ces, qui montant sur le Trône par voye
d'usurpation , témoignent manifestement le mépris qu'ils font de toutes les
Loix divines & humaines, & sont ennemis déclarés du peuple qu'ils oppriment. Il n'y a donc que le peuple par
qui & pour qui le Gouvernement est
établi, à qui appartient ce jugement ,
ou bien à leurs représentatifs & députés,
à qui il en a donné pouvoir & commission.

Mais la plus grande de toutes les absurdités, c'est de dire qu'un homme a
un pouvoir absolu au-dessus des Loix
pour gouverner selon son bon plaisir ,
& cela *pour le bien du peuple & pour le*
maintien de sa liberté : car la liberté ne
peut subsister avec un semblable pouvoir ; & la seule différence qu'il y a
entre les nations libres & celles qui ne
le sont pas, c'est que celles qui jouïs-
sent de leur liberté sont gouvernées par
leurs propres Loix , & par leurs Magistrats, de la maniere qu'elles l'ont elles-
mêmes jugé à propos ; au lieu que les
autres se font elles-mêmes volontairement assujetties, ou ont été réduites
par la violence sous la domination d'un
homme , ou d'un petit nombre de personnes, qui, sans consulter ces peuples,

les gouvernent comme bon leur semble.
Cette différence est la même par rapport aux personnes particulieres. Celui-
là est libre qui vit comme bon lui semble, sous le bénéfice des Loix qui ont
été faites de son consentement ; & le
nom d'esclave ne peut convenir qu'à
celui qui est né dans la maison de son
Maître, acheté, pris, subjugué, ou qui
donne volontairement son oreille à
percer contre un poteau, & s'assujettit
à la volonté d'autrui. C'est ainsi qu'on
a dit que les Grecs étoient libres, par
opposition aux Médes & aux Perses,
comme Artaban le reconnut en parlant
à Thémistocles. C'étoit aussi de cette
maniere qu'on distinguoit les Italiens,
les Allemands & les Espagnols, des peuples Orientaux, qui pour la plûpart gé-
missoient sous la domination des Tyrans. On dit que Rome avoit recouvré
sa liberté lorsqu'elle eut chassé les Tarquins ; ou, comme Tacite l'exprime,
Lucius Brutus établit la liberté & le Con-
sulat en même temps ; comme s'il vouloit dire qu'avant ce temps-là les Romains n'étoient pas libres : & on a dit
que Jules-César avoit renversé la liberté du peuple Romain. Mais si Filmer mérite d'en être crû sur sa parole,

Plut. vit
Themis.

Liber-
tatem &
Consula-
tum Luc.
Brutus ins-
tituit. An.
Lib. 1.

les Romains étoient libres fous la domination de Tarquin, & ils devinrent
efclaves lorfque ce Tyran eut été banni de Rome, & que fa prérogative
royale, qui étoit fi néceffaire pour la
défenfe de leur liberté, eut été éteinte.
Ils ne recouvrérent cette liberté que
lorfque Céfar s'empara de toute la puiffance. Suivant cette régle, les Suiffes,
les Grifons, les Vénitiens, les Hollandois, & quelques autres peuples font
efclaves ; & la Tofcane, le Royaume
de Naples, l'Etat Eccléfiaftique, & les
Nations qui vivent fous un Maître plus
doux de l'autre côté de la mer, je veux
dire fous l'Empire des Turcs, font libres. Bien plus, les Habitans de Florence, qui fe plaignent d'être efclaves fous les Princes de la Maifon de
Médicis, furent mis en liberté par le
pouvoir d'une armée d'Efpagnols, qui
conférérent une prérogative à ceux de
cette Famille, qui pour leur bien ont
aboli tous les priviléges de ce pays, &
l'ont prefque entierement dépeuplé. A
ce compte-là je fuis efclave, moi qui
me crois libre, parce que je ne dépens
de la volonté de perfonne, & que j'efpere de joüir jufqu'au tombeau de la
liberté que j'ai hérité de mes ancêtres ;

& les Maures ou les Turcs qui peuvent
être mis à mort auffi-tôt qu'il plaira à
leurs infolens Maîtres, font libres. Mais
certainement le monde ne fe méprend
pas fi groffiérement dans la fignifica-
tion des mots & des chofes. La péfan-
teur des chaînes, le nombre des coups
de foüet, un travail pénible, & les autres effets de la cruauté d'un Maître,
peuvent rendre une fervitude plus dure
& plus miférable qu'une autre : mais
celui qui fert le meilleur Maître du
monde eft auffi efclave que celui qui
fert le plus mauvais de tous les Maîtres;
& il le fert, s'il eft obligé d'obéïr à fes
ordres, & de dépendre de fa volonté.
C'eft ce qui a fait dire à Claudien, qui
vouloit flater adroitement un bon Empereur, que la liberté n'étoit pas plus
défirable que de fervir un bon Maître;
mais toujours reconnoiffoit-il que c'é-
toit une fervitude différente, & même
contraire à la liberté. En effet, la feule
chofe qui rend ce compliment agréable, & qui en fait toute la délicateffe,
c'eft que l'on étoit perfuadé que la fervitude étoit un fi grand mal, qu'il n'y
avoit que la vertu & la bonté du Maître qui fuffent capables de l'adoucir en
quelque façon, ou d'empêcher qu'on

ne la portât avec impatience. Or quand
même on demeureroit d'accord qu'il
parloit plûtôt en Philosophe qu'en Poëte ; que nous pourrions prendre ses paroles à la rigueur , & croire qu'il n'est
pas impossible que nous trouvions au
service d'un bon & sage Maître des
commodités qui peuvent balancer la
perte de la liberté , cela ne changeroit
pas l'état de la question , puisqu'il est
toujours certain qu'il reconnoît que
cette prérogative uniquement instituée
pour la conservation de la liberté , la
détruit entierement. S'il étoit vrai qu'il
n'y a point de liberté qu'on doive préférer au service d'un bon Maître ; cette
maxime ne serviroit de rien au monde
qui est prêt à périr , puisque Filmer &
ses disciples , par ces sortes de raisonnemens , ne manqueroient pas d'assujettir les peuples à la volonté d'enfans,
de fous , de furieux , ou de Princes vicieux. Ce ne sont point ici des suppo-
sitions fondées sur une possibilité imaginaire & éloignée ; mais ce sont des
choses réelles qui arrivent si souvent
parmi les hommes , qu'on voit peu
d'éxemples du contraire. Et comme il
faudroit être fou pour supposer que les
Princes seront toujours sages, justes &

bons , après avoir été fi bien convaincu , par l'expérience de tant de fiécles ,
qu'il y en a eu trés-peu qui ayent été
capables de porter feuls le poids du Gouvernement , ou de réfifter aux funeftes tentations qui font inféparables
d'un pouvoir fans borne ; il faudroit
auffi avoir entierement renoncé à la
raifon & au bon fens, pour s'imaginer qu'à l'avenir ils feront éxempts de
foibleffes & de vices ; & s'ils n'en font
pas éxempts , les nations foumifes à
leur puiffance feront bien éloignées de
fe voir dans cet état de fervitude heureufe , que le Poëte ne fait point difficulté de mettre en parallele avec la liberté : elles feront au contraire dans
une fujettion miférable & honteufe ,
obligées de dépendre de la volonté de
perfonnes qui ne fçavent pas fe gouverner elles-mêmes , & qui font incapables de faire du bien aux autres.
Quand même Moïfe , Jofué & Samuël
auroient eu affez de force pour porter
le fardeau d'un pouvoir fans borne :
quand même David & Salomon n'auroient jamais abufé de leur autorité,
qu'en pourroit-on conclure en faveur
d'une propofition générale? Où font
les familles qui produifent toujours

des hommes semblables à ceux-là ? Où lisons-nous que Dieu ait promis d'assister tous les Souverains de la même maniere qu'il assista ces saints Serviteurs, qu'il avoit choisi exprès pour accomplir son œuvre ? Ou quelle preuve Filmer peut-il nous donner que Dieu ait été présent dans toutes les délibérations de tous les Souverains qui ont régné jusqu'à présent ? Or si nous sçavons que cela n'est point ni n'a jamais été , si Dieu ne nous l'a jamais promis , & que nous n'ayons aucun lieu de croire que cela soit jamais, c'est une aussi grande folie de fonder les espérances de la conservation d'un peuple sur une chose qui n'a jamais été , qui n'a aucune certitude apparente, & qui infailliblement manqueroit bientôt, que de déraciner les vignes & les figuiers, dans l'espérance qu'on pourroit avoir de recueillir des grappes & des figues, des ronces & des épines. Ce seroit proprement éteindre les lumiéres du sens commun, que de négliger les moyens que Dieu nous a donnés de pourvoir à notre sûreté, & de lui imputer d'avoir disposé les choses d'une maniere qui est absolument imcompatible avec sa sagesse & sa bonté. S'il

n'a donc pas ordonné que les ronces &
les épines produisent des figues & des
grappes, ni que les plus importantes
affaires du monde, que les plus sages
& les meilleures personnes ne peuvent
conduire sans des difficultés extraordinaires, soient mises entre les mains des
plus foibles, des plus fous & des plus
scélérats ; il s'ensuit qu'il ne peut pas
avoir ordonné que tous les hommes,
les femmes & les enfans qui naissent
dans la Famille Royale, ou qui s'em-
parent du Trône par fraude, par trahison ou par meurtre, comme plusieurs
l'ont fait, ayent droit de disposer de
toutes choses à leur volonté. Et si les
hommes ne sont pas assez fous pour
confier aux plus foibles & aux plus scélérats d'entr'eux, un pouvoir qui ordinairement renverse la sagesse & la vertu des meilleurs, ou pour se promettre de ceux qui montent sur le Trône
par hazard, les mêmes effets de vertu
& de sagesse qu'on peut à peine espérer
des plus excellentes personnes du monde, la proposition de notre Auteur ne
peut être fondée ni sur les Loix divines
ni sur les Loix humaines. Bien plus,
quand même nos premiers parens auroient été assez simples pour faire un

pareil établissement, l'impossibilité manifeste d'en obtenir ce qu'ils s'en pro-
mettoient l'auroit dû rendre tout-à-fait
nul; ou plûtôt, il étoit nul dès le commencement, parce que ce n'étoit pas
* *une ordonnance juste qui commandât le*
bien & défendît le mal; mais une ordonnance insensée & mauvaise, qui
exposoit tout ce qu'il y a de bon dans
le monde à un renversement certain,
en assujettissant les peuples aux appétits
déréglés d'un homme; en faisant dépendre la sagesse des personnes âgées &
expérimentées, de la volonté des femmes, des enfans & des fous; en obli-
geant les hommes forts & courageux
d'implorer la protection des foibles &
des lâches; en un mot, en exposant les
meilleurs & les plus vertueux à se voir
exterminer par les plus vicieux & les
plus scélérats. Tous ces funestes malheurs étant l'effet & les suites inévitables de ce pouvoir sans borne, que notre Auteur dit avoir été uniquement
établi pour le bien & pour la défense
du peuple, il faut nécessairement qu'il
tombe à terre, à moins qu'on ne veüille
dire

* *Sanctio recta, jubens honesta, prohibens*
contraria, Ciceron.

dire que l'esclavage, la misere, l'infamie, la destruction & les ravages tendent à la conservation de la liberté, & qu'on les doit préférer à la force, à la gloire, à l'abondance, à la sûreté & au bonheur d'un Etat. La condition de l'Empire Romain, après que César eut usurpé la Puissance souveraine, pourroit servir à mettre ceci en un plus beau jour; mais comme j'en ai déja parlé au commencement de cet Ouvrage, je me contente d'y renvoyer le lecteur. Et quoique la vertu d'Antoine, de Marc Aurele, & d'un ou de deux autres Empereurs, adoucît & modérât en quelque façon les calamités ausquelles les Romains étoient exposés sous ce divin Gouvernement, cependant nous n'avons aucun éxemple que ces vertus ayent continué long-temps dans une même famille; nous n'en avons point d'aucune nation, grande ou petite, qui ait été gouvernée par un pouvoir absolu, qui ne nous fasse connoître trop certainement qu'on ne doit pas confier une autorité si excessive à aucun homme, ou à aucune succession d'hommes.

Mais, dit Filmer, *il ne peut y avoir de Loi où il n'y a pas de Puissance souveraine* ; & de-là il infére hardiment, que

cette puissance doit résider en la personne du Roi : *car autrement il ne peut
y avoir de Majesté souveraine en lui, &
ce ne peut être qu'un Roi fort ambigu.* Ce
raisonnement pourroit avoir quelque
force, si on avoit établi les Gouvernemens, ou les Loix, uniquement pour
éxalter cette Majesté souveraine ; mais
il ne conclut rien, s'il est vrai, comme
il l'avoüe lui-même, que le pouvoir
que le Prince a, lui est conferé pour
procurer le bien du peuple, & pour
défendre la vie, la liberté, les terres &
les biens de tous les particuliers. Si on
pourvoit à la sûreté publique, si on as-
sure aux sujets leur liberté & la propriété de leurs biens, si on administre
la justice, si on cultive la vertu, si on
supprime le vice, & qu'on avance le
véritable intérêt de la nation, on ac-
complit la fin du Gouvernement ; &
ceux qui sont les plus élevés se conten-
tent d'une certaine proportion de gloire & de majesté, qui est compatible
avec le public, puisque la Magistrature
n'est pas établie pour l'accroissement de
la majesté de celui qui en est revêtu, mais
pour la conservation de tout le peuple,
& pour la défense de la liberté, de la
vie & des biens de chaque particulier,

comme notre Auteur lui-même eſt contraint de le reconnoître.

Mais qu'eſt-ce que cette Majeſté ſouveraine, qui eſt tellement inſéparable de la Royauté, que l'une ne puiſſe ſubſiſter ſans l'autre ? Caligula * la faiſoit conſiſter dans le pouvoir de faire à tous les hommes tout ce qu'il lui plaiſoit. Nimrod, Nabuchódonoſor & pluſieurs autres, ſe vantoient de la grandeur de leur puiſſance d'une maniere inſolente, impie & barbare : ils croyoient que c'étoit une prérogative bien glorieuſe de pouvoir tuer ou épargner qui bon leur ſembloit. Mais les Rois que Dieu avoit promis à ſon peuple d'élever ſur le Trône, ne devoient avoir aucun de ces priviléges : ils ne devoient point prendre pluſieurs femmes, ni faire amas d'or, d'argent ou de chevaux : ils ne devoient pas gouverner ſuivant leur bon plaiſir, mais ſuivant les Loix, deſquelles il leur étoit défendu de s'écarter, & d'élever leur cœur au-deſſus de leurs freres. C'étoit-là des Rois qui n'avoient point ce pouvoir ſans borne, en quoi conſiſte la Majeſté ſouveraine, que Filmer ſoutient être ſi eſſentielle aux Rois, que

* Omnia mihi in omnes licere. Sueton.

B 2

sans elle il prétend qu'ils ne sont pas véritablement Rois. Or comme cette opinion ridicule ne sert qu'à prouver seulement la perversité incurable du jugement de cet Auteur, la malice de son cœur, ou la malignité de son étoile, qui le porte continuellement à se déclarer contre la raison & la vérité, nous ne devons pas nous arrêter à ce qu'il nous enseigne ; mais plûtôt regarder comme de véritables Rois ceux à qui l'Ecriture donne ce titre, & donner un autre nom aux Princes qui ne se proposent que leur propre gloire ; ce qui est contraire à la Loi de Dieu, & tout-à-fait opposé à l'intérêt du genre-humain.

Mais si les lumieres de la raison n'avoient pas été entiérement éteintes en lui, il auroit vû sans doute que quoiqu'il n'y ait qu'une Puissance souveraine qui puisse faire les Loix, cela n'empêche pas que cette souveraineté ne puisse résider dans un corps composé de plusieurs hommes & de plusieurs ordres d'hommes. S'il est vrai qu'on ait légitimement établi dans le monde des Monarchies, des Aristocraties & des Démocraties simples, ce qui est peut-être fort incertain, toujours faut-

il demeurer d'accord que la plûpart
des Gouvernemens du monde ont été
mixtes ; & j'ose bien dire que tout ce
qu'il y a jamais eu de bons Gouvernemens , & tout ce qu'il y en a actuellement , l'ont été & le font. On conféroit au Roi, ou au Magistrat qui le
représentoit, une partie de la puissance,
& une autre partie au Sénat & au peuple , comme je l'ai prouvé en parlant
du Gouvernement des Hébreux , des
Lacédémoniens, des Romains , des Vénitiens, des Allemands, & de tous les
peuples qui vivent sous ce que l'on
appelle Gouvernement Gothique. Si le
Magistrat qui a part à ce pouvoir divisé n'est pas content du nom qu'il porte,
ou de l'autorité qu'il a , il y peut renoncer ; mais ce mécontentement ne
doit pas être cause qu'on fasse rien qui
soit préjudiciable aux nations qui donnent à leurs Gouverneurs autant d'autorité qu'elles croyent qu'il est nécessaire qu'ils en ayent pour procurer le
bien de la société, & se réservent le
reste, ou le mettent entre les mains
de tels Officiers qu'elles jugent à propos d'établir pour cet effet.

Il n'y a personne qui puisse nier que
plusieurs nations n'ayent eu le droit de

donner à des Confuls, à des Dictateurs, à des Archons, à des Suffetes, à
des Ducs, & à d'autres Magiftrats,
autant de pouvoir qu'il leur a femblé
qu'elles devoient leur en donner pour
l'avancement du bien public; & il faut
que chaque nation foit en droit de limiter l'autorité du Roi, auffi bien que
ces autres ont été en droit de limiter
celle de ces Magiftrats que je viens de
nommer, à moins qu'on ne veüille
dire qu'il y a quelque charme dans ce
mot de *Roi*, ou dans les lettres qui le
compofent. Mais c'eft une chofe impoffible; car il n'y a aucune reffemblance entre ces mots, *Roi, Rex & Ba-
fileus.* Il faut donc que les peuples ayent
le droit de limiter comme ils le jugent
à propos le pouvoir des Rois, auffi
bien que celui des Confuls ou des Dictateurs; autrement, Fabius, Scipion,
Camillus & Cincinnatus auroient dû
ufurper un pouvoir abfolu, fous prétexte d'exalter la Majefté fouveraine
contre les Loix, avec autant de juftice
que le peut faire aucun Roi du monde
fous le même prétexte. Or comme tous
les peuples donnent à leur Gouvernement telle forme qu'ils trouvent bon,
ils font auffi juges du nom que doit

porter chaque Magiſtrat qui a part à
l'autorité; & il ne nous eſt pas moins
permis d'appeller Roi celui qui a un
pouvoir borné parmi nous, qu'il l'étoit
aux Médes ou aux Arabes de donner ce
nom à un Prince beaucoup plus abſolu
que nos Souverains ne le ſont. Si l'on
ne veut pas nous accorder cela, il faut
prendre patience, & ſouffrir qu'on nous
accuſe de parler improprement : mais
quoiqu'il en ſoit, nous nions abſolument qu'en donnant ce nom nous con-
férions à nos Princes plus d'autorité
que ce que nous voulons bien leur en
donner ; & nous aimerions beaucoup
mieux que Sa Majeſté changeât de nom,
que de renoncer à nos droits & à nos
priviléges, dont il doit être le protec-
teur, & que nous avons reçus de Dieu
& de la nature.

Mais Filmer voulant porter la folie
& la malice juſqu'où elle peut aller, dit
hardiment, *qu'il n'importe par quels
moyens le Monarque parvient à la Couronne.* La violence, la fraude, la trahiſon ou le meurtre ſont donc des voyes
auſſi légitimes que l'élection, la donation, ou la ſucceſſion la plus légitime. C'eſt donc en vain qu'on éxamine
les Loix divines ou humaines, auſſi

B 4

bien que les droits de la nature : c'eſt
en vain qu'on éxamine ſi les enfans héritent des Dignités & des Magiſtratures de leur pere, comme ils héritent de
leurs biens & de leurs patrimoines ; ſi
l'on doit avoir égard au mérite de celui qui eſt le plus capable de bien gouverner ; ſi le tout doit appartenir à un
ſeul, ou diviſé entr'eux ; ou par quelle
régle nous pouvons connoître celui qui
eſt le véritable héritier : Et par conſéquent, c'eſt fort inutilement que nous
tâchons de ſçavoir ce que nous ſommes obligés de faire pour mettre notre
conſcience en repos à cet égard. Notre
Auteur ſuit un chemin bien plus court ;
il nous dit, en un mot, qu'il n'importe
par quelle voye le Monarque arrive au
Trône.

Juſqu'ici on avoit toujours crû que
c'étoit un crime abominable que de
tuer un Roi, ſur tout un bon Roi. On
croyoit que ceux qui commettoient une
action ſi noire, n'y pouvoient être portés que par les plus déteſtables paſſions
qui puiſſent jamais animer les plus
grands ſcélérats ; & on a inventé les
ſupplices les plus ſévéres pour jetter la
terreur dans l'éſprit des hommes, afin
de les détourner d'une entrepriſe ſi abo-

minable, ou pour venger la mort de
ces Souverains fur ceux qui en feroient
les auteurs ; mais fi l'on en doit croire
Filmer, c'eft l'action du monde la plus
loüable & la plus glorieufe : car outre
les avantages extérieurs que les hommes recherchent avec tant d'ardeur,
celui qui tue un Roi eft incontinent
revêtu de la Majefté fouveraine, &
devient en même temps Lieutenant de
Dieu & Pere de la Patrie, & entre par
ce moyen en poffeffion de ce Gouvernement, qui feul, à l'exclufion de tous
les autres, eft fondé fur les Loix de Dieu
& de la nature. Le feul inconvénient
qu'il y a, c'eft que tout dépend du fuc-
cès, & que celui qui feroit le Miniftre
de Dieu & le Pere de fa Patrie, s'il
réüffiffoit heureufement dans fes projets, eft regardé comme le plus grand
de tous les fcélérats s'il a le malheur
d'échoüer dans fon entreprife ; & que
fuppofé qu'il y réüffiffe, il eft toujours
à craindre pour lui qu'un autre ne fe
ferve des mêmes moyens, pour le faire
defcendre du Trône, dont il s'eft fervi
pour y monter. Quand même un Prince auroit toute la fageffe & les vertus
de Moïfe, la valeur de Jofué, de David & des Machabées, avec la douceur,

la modération & l'intégrité de Samuël; l'homme du monde le plus fou, le plus vicieux, le plus lâche & le plus détestable qui peut le tuer, & s'emparer de la Couronne, devient par-là même son héritier, & le Pere du peuple que ce bon Prince gouvernoit : il n'importe comment il a commis cette action, que ce soit dans un combat ou par trahison, à l'armée ou dans son lit, qu'il se soit servi du poison ou du fer. Le plus chetif esclave qui fût en Israël seroit devenu l'Oint du Seigneur, s'il avoit pû tuer David ou Salomon, & trouver des scélérats qui lui eussent aidé à s'asseoir sur le Trône. Si cette doctrine est véritable, le monde a vêcu jusqu'ici dans un abîme de ténébres, & les actions qu'on a crû les plus détestables sont les plus loüables & les plus glorieuses. Mais sans m'arrêter à présent à décider cette question, je laisse à juger aux Rois combien ils sont obligés à Filmer & à ses Disciples, qui mettent leur tête à si haut prix, qu'il leur seroit fort difficile de mettre un jour leur vie en sûreté, si on recevoit pour véritable la doctrine qu'ils tâchent d'insinuer dans l'esprit du peuple. Et pour conclure cet article, je me contenterai de dire que les An-

glois ne reconnoissent point d'autre Roi
que celui que la Loi a fait tel, ni d'autre pouvoir en ce Roi que celui que la
Loi lui a conféré ; & quoique l'Empire
Romain fût sous le pouvoir de l'épée,
qu'Ulpien, Jurisconsulte corrompu, ait
été assez lâche pour dire que *le Prince*
n'est point obligé d'obéïr aux Loix ; cependant l'Empereur Théodose a reconnu qu'un bon Empereur faisoit consister toute sa gloire dans la dépendance
& l'observation éxacte de ces Loix.

SECTION XXII.

La rigueur de la Loi peut être tempérée
par des personnes de jugement & d'une
intégrité reconnuë, & ne doit pas l'être
par le Prince, qui peut être ignorant
ou vicieux.

FILMER tâche ensuite de mettre le
Roi au-dessus de la Loi, afin qu'il
en puisse tempérer la rigueur, sans quoi
il dit, *que la condition des Sujets seroit*
très-miserable : mais ce reméde seroit
pire que le mal. La tendresse paternelle des Princes semblables à Caligula, à
Néron ou à Domitien, ne doit pas nous

B 6

faire croire qu'ils foient fort enclins à
modérer la rigueur des Loix; & il n'y
a guéres d'apparence que ceux qui
montent fur le Trône n'étant encore
qu'enfans, comme les Rois d'Efpagne,
de France & de Suéde *, qui régnent à
préfent, en comprennent fi bien le fens,
qu'ils puiffent décider des cas extraordinaires. La fageffe des peuples a pour-
vu à cet inconvénient d'une maniere
bien plus fûre, & jamais nation n'auroit été affez ftupide ni affez peu foi-
gneufe de l'intérêt public, pour fouffrir que la Couronne vînt par fucceffion à être poffédée par des femmes, par
des enfans, &c. fi elles ne s'étoient pas
réfervé le pouvoir de préférer des étrangers aux plus proches du fang, lorfque l'avantage du public le requiert,
& qu'elles n'euffent pas fait des Réglemens capables d'empêcher la ruïne de
la fociété nonobftant les foibleffes &
les déréglemens de leurs Souverains.
Ces principaux fecours, que nos Loix
nous fourniffent, font les grands & les
petits Jurés †, qui font non-feulement

* Il parle ici du Roi de Suéde, dernier mort.
† Jurés. Douze ou vingt-quatre hommes
choifis pour juger d'un fait fur la dépofition
des témoins, & à qui l'on fait prêter ferment
pour cet effet.

Juges des matiéres de fait, comme d'un meurtre, mais qui font auffi en droit de juger fi ce meurtre eft criminel. On fait prêter ferment à ces perfonnes-là, & on peut les pourfuivre en Juftice pour crime de parjure, s'ils font d'intelligence avec la Partie adverfe. Les Juges font préfens dans cette affemblée, non-feulement pour avoir l'œil fur eux, mais auffi pour éclaircir quelques paffages de la Loi fur lefquels ils pourroient avoir quelque difficulté. Et quoiqu'on puiffe dire à quelqu'égard que ces Juges font choifis par le Roi, on fçait bien pourtant qu'il ne les choifit que de l'avis de fon Confeil, dont les membres ne peuvent s'acquitter de leur devoir qu'en propofant pour cet emploi ceux qu'ils croyent, en leur confcience, en être les plus dignes; & le Roi ne peut accomplir le ferment qu'il a prêté à fon avénement à la Couronne, à moins qu'il ne confente au choix que fes Confeillers ont fait de ceux qui leur ont femblé les plus capables de fe bien acquitter de cette Charge. Les Juges étant ainfi choifis, tant s'en faut qu'ils dépendent de la volonté du Roi, qu'au contraire ils jurent de fervir fidélement le peuple & le Roi, & de

faire juſtice à un chacun conformément
à la Loi du pays, nonobſtant tous ordres, lettres de cachet ou injonctions
qu'ils pourroient recevoir de Sa Majeſté; & à faute de cela, ils ſont condamnés à perdre leurs biens & leur vie,
comme pour crime d'Etat. On a mis
ſi ſouvent ces Loix en éxécution, &
d'une maniere ſi ſévére, que cela n'eſt
que trop ſuffiſant pour engager tous les
Juges à prendre garde à ce qu'ils font;
& l'éxemple de Tréſilian, d'Empſon,
de Dudley & de quelques autres, fait
bien voir que ni le commandement pré-
cédent du Roi, ni le pardon qu'il voudroit leur accorder, ne ſont pas capables de les garantir des châtimens qu'ils
méritent. Tout le monde eſt perſuadé
que ces trois dont je viens de parler
n'avoient rien fait qui ne fût très-con-
forme au bon plaiſir du Roi; car Tréſilian réhauſſa l'éclat de la prérogative
Royale d'Edoüard II. & Empſon fit entrer des ſommes immenſes dans les
coffres d'Henri VII. Cependant on les
mit en Juſtice pour crime de léze-Majeſté: on les accuſa d'avoir renverſé les
Loix de leur Patrie, & ils furent éxécutés comme traîtres à l'Etat. Quoique l'Angleterre ne puiſſe jamais, ſans

une ingratitude épouvantable, oublier
l'heureux régne de la Reine Elizabeth,
il faut pourtant avoüer que cette Princesse n'étoit pas éxempte de défauts, &
qu'elle a fait des fautes aussi bien que
les autres Souverains. Elle avoit le
cœur rempli de tendresse & d'affection
pour son peuple ; elle étoit naturellement juste, & ses intentions étoient
droites & sinceres : mais elle se laissoit
quelquefois surprendre, n'étant pas
toujours capable de découvrir les piéges qu'on lui tendoit, ni de résister à
l'importunité des personnes en qui elle
se confioit ; ce qui lui faisoit quelquefois entreprendre des choses contraires
à la Loi. Cette Reine & ses Conseillers
presserent fortement les Juges d'obéïr à
ses Lettres Patentes dans l'affaire de
Cavendilh ; mais ils répondirent, qu'*elle*   Anderson
& eux avoient juré l'observation des Loix,   Rep. p. 1555.
& que s'ils obéïssoient à ses ordres, les
Loix ne les garantiroient pas, &c. Et
outre que c'est pécher contre Dieu, contre la Patrie & contre l'Etat, ils allégué-
rent l'éxemple d'Empson & de Dud-
ley, *qui faisoient de si fortes impressions*
sur leur esprit, que cela n'étoit que trop
suffisant pour les empêcher d'obéïr à ses
commandemens, qui étoient contraires à

la Loi. Ces Juges, qui avoient juré
d'adminiftrer la Juftice fuivant la Loi,
nonobftant les ordres du Souverain
qui pourroient y être contraires, fçavoient bien que la Loi ne dépendoit
pas de fa volonté; & le même ferment
qui les obligeoit de n'avoir aucun
égard aux commandemens qui leur feroient faits de fa part, leur apprenoit
que ces commandemens ne les garantiroient pas des peines que les parjures
méritent; & que non-feulement le Roi
n'avoit pas le pouvoir de faire, de changer, d'interpréter les Loix, ou d'en
tempérer la rigueur, mais qu'on ne devoit pas même l'écouter dans des affaires générales ou particulieres, autrement qu'entant qu'il parle fuivant le
cours de la Juftice, par l'organe des
Cours légitimement établies, qui difent toujours la même chofe, foit que
le Prince foit jeune ou vieux, fage ou
ignorant, méchant ou bon. Et rien ne
fait mieux connoître la fageffe de nos
ancêtres, & le foin qu'ils ont pris en
établiffant les Loix & le Gouvernement
fous lequel nous vivons, que le peu de
mal que les peuples ont fouffert par les
vices ou la foibleffe des Rois, jufqu'à
ce qu'un fiécle plus méchant que celui

dans lequel ils vivoient, eût inventé
mille artifices pour pervertir la régle,
& pour éluder leurs bonnes intentions.
Les Rois ne pouvoient fans danger violer leur ferment, en interpofant injufte-
ment leur autorité à l'éxécution des
Loix ; mais les Miniftres qui les fer-
voient dans ce deſſein ont rarement
évité le châtiment qu'ils méritoient.
Ceci doit s'entendre des cas où le mépris de la Loi eſt extrême & dangereux,
car autrement on donne quelque chofe
à la fragilité humaine : les meilleurs
Princes ont leurs défauts, & on n'en
trouveroit aucun qui fût innocent, ſi
on éxaminoit toutes leurs actions à la
rigueur. Edoüard III. la vingtiéme année de fon régne, reconnut en plein
Parlement qu'il avoit commis des fautes à cet égard ; & autant pour mettre
fa confcience en repos, que pour la
fatisfaction de fes Sujets, ce Prince mit
en avant un acte qu'il paſſa dans cette
augufte Aſſemblée, *ordonnant à tous les*
Juges d'adminiſtrer la Juſtice nonobſtant
les ordres ou Lettres Patentes qui pour-
roient leur être envoyées de fa part pour
les porter à faire le contraire, & défen-
dant à tous ceux de la Maiſon du Roi,
de la Reine ou du Prince, de ſe mêler de

ces sortes d'affaires. Or si les meilleurs
& les plus sages Princes que nous ayons
jamais eu ont commis des fautes dans
un âge mûr ; & si tout acte qui tendoit
à l'interruption de la Justice étoit un
crime, quoique cet acte vînt immédiatement d'eux, comment peut-on dire
que le Roi soit capable de lui-même
d'entrer directement dans la discussion
de ces affaires, & à plus forte raison
de les décider selon son bon plaisir ?

Mais, dit Filmer, *la Loi est tout-à-*
fait tyrannique : le pardon général qu'on
accorde le jour du Couronnement & dans
l'assemblée du Parlement, n'est qu'un ef-
fet de la bonté, de la prérogative Royale,
&c. Il peut se rencontrer des cas difficiles.
Et ensuite citant quelques passages des
Livres de morale & de politique d'A-
ristote, dont il a corrompu le sens, il
ajoûte, *que lorsqu'il survient quelque cho-*
se qu'on n'a pû prévoir dans le temps que
l'on a fait la régle générale, alors il est à
propos qu'on supplée à ce que le Législa-
teur a obmis, ou qu'on remédie aux fau-
tes qu'il a pû faire en parlant générale-
ment, tout comme si le Législateur qui a
fait ces Ordonnances étoit présent. Le
Gouverneur, soit qu'il n'y en ait qu'un,
ou qu'il y en ait plusieurs, doit décider en

Souverain & en Maître des choses dont la Loi n'a pû parler exactement. Ces choses font vrayes en partie ; mais notre Auteur s'en fert comme le diable fe fert de l'Ecriture pour renverfer & détruire entierement la vérité. Il fe peut faire que la Loi eft un peu rigoureufe, & on en peut modérer la rigueur en certains cas ; & la Loi d'Angleterre le reconnoît fi bien elle-même, qu'elle remet, en quelque façon, la décifion de certaines affaires à la confcience des Jurés, & de ceux qui font nommés pour les affifter dans leurs Jugemens ; & celle des cas les plus difficiles, aux Parlemens, comme à ceux qui feuls font capables d'en juger. C'eft ainfi que le Statut fait en l'an trente-cinquiéme du régne d'Edoüard III. en faifant l'énumération des crimes qu'on avoit déclaré alors être crimes de léze-Majefté, laiffe aux Parlemens à venir à juger quels autres crimes équivalans à ceux-là, doivent être punis de la même maniere : & c'eft une régle générale dans la Loi, que les Juges jurent d'obferver, que la décifion des cas difficiles & embaraffans foit remife jufqu'à la féance du Parlement, n'y ayant que cette augufte Affemblée qui foit capable d'en

juger ; & s'il y a quelqu'inconvenient
en ceci, ce ne peut être que parce que
ces Parlemens ne s'affemblent pas auffi
fouvent que la Loi le requiert, ou qu'on
employe toutes fortes d'artifices pour
interrompre leurs féances. Mais il ne
fe peut rien de plus ridicule que de dire, que parce que le Roi ne convoque
pas des Parlemens auffi fouvent que la
Loi & fon ferment l'y engagent, cette
autorité doive être entre fes mains,
quoique la Loi & le confentement de
la nation l'ayent confiée à ces Parlemens.

Il y a auffi un pardon général ou particulier dans la Loi, & on peut en quelque façon donner au Roi le pouvoir
d'accorder ce pardon, fur tout lorfqu'il
s'agit de crimes qui regardent uniquement fa perfonne, comme il eft permis
à un chacun de pardonner à ceux qui
l'ont offenfé. Mais la confeffion d'E-
doüard III. fait bien voir que ce pouvoir ne réfidoit pas originairement en
fa perfonne, mais qu'il lui avoit été
accordé par la nation, pour s'en fervir
fuivant les régles prefcrites par la Loi
& approuvées par le Parlement ; car ce
Prince dit, fans aucun déguifement,
qu'en accordant des pardons contre les

Statuts, il avoit violé le serment qu'il avoit fait à son avénement à la Couronne ; & le nouvel acte qui fut fait, portant *que dans la suite toutes les Lettres de grace qui seroient accordées contre le serment du Sacre & contre les Statuts, seroient tenuës pour nulles,* confirment encore ce que je viens de dire, que le pouvoir de pardonner n'appartient aux Rois qu'en de certains cas, & qu'entant qu'il leur a été conféré par la Loi, du consentement de la nation.

De plus, comme on a vû arriver plusieurs contestations pour la Couronne, qui quelque fois n'ont pû se terminer sans répandre du sang, & qui ont presque également partagé la nation ; & qu'il n'étoit pas moins difficile aux peuples de ce temps-là qu'à nous-mêmes, qui avons toutes les Parties devant nous, de juger qui des différens Prétendans avoit le droit de son côté ; on devoit croire que celui qui étoit couronné du consentement du peuple, étoit agréable à tous ; & le différend étant ainsi terminé, ç'auroit été très-mal fait de laisser à ce nouveau Souverain la liberté de se servir de l'autorité publique qu'on venoit de lui confier, pour se venger des injures personnelles

qu'il auroit reçûës, ou qu'il s'imagi-
neroit avoir reçûës; ce qui pourroit
faire naître de nouveaux troubles, qui
feroient peut-être plus dangéreux que
les précédens, si on n'ôtoit pas à ceux
qui ont excité ces premiers troubles
toute la crainte qu'ils pourroient avoir
d'en être recherchés dans la fuite; & il
n'y auroit rien de plus déraifonnable,
que de fouffrir qu'il fît fervir fon pouvoir à la ruïne de ceux qui ont confen-
ti à fon couronnement. Tous les Rois
étoient fi convaincus de la néceffité
d'ôter à ceux qui s'étoient d'abord oppofé à leur élévation fur le Trône, tout
fujet d'appréhender leur reffentiment,
qu'ils ne manquoient jamais, immédiatement après leur Sacre, de faire publier une amiftie générale, qui n'étoit
autre chofe qu'une déclaration qu'étant
préfentement ce qu'ils n'étoient pas
avant leur couronnement, ils ne regardoient point comme leurs ennemis ceux
qui les avoient offenfé avant qu'ils fuffent Rois. C'étoit pour cette raifon
que lorfqu'on pouffoit Louis XII. Roi
de France, à fe venger de ceux qui
l'avoient fait emprifonner fous le régne de fon prédéceffeur Charles VIII.
& qui l'avoient mis en danger de fa vie,

ce Prince répondit, *que ce n'étoit pas au Roi de France à venger les injures du Duc d'Orléans.* Le dernier Roi de Suéde ne se vengea de ceux qui s'étoient opposé à l'abdication de la Reine Christine, & à son élection, qu'en les élevant aux honneurs & aux dignités; parce qu'il sçavoit que c'étoient les plus honnêtes gens de la nation, & qu'ils seroient ses amis lorsqu'ils verroient la maniere dont il les gouverneroit : en quoi il ne fut pas trompé. Mais de peur que tous ceux qui monteroient sur le Trône d'Angleterre n'eussent pas la même prudence & la même générosité, les Rois étoient obligés, par une coûtume qui n'avoit pas moins de force que la Loi même, de terminer incontinent toutes sortes de différends, & de prévenir par ce moyen tous les inconvéniens qui en pourroient résulter. Cela ne procédoit pas de la bonté de la *prérogative*, expression qui est tout-à-fait ridicule; car quoique celui qui joüit de cette prérogative puisse avoir de la bonté, il me semble qu'on ne peut pas dire que la prérogative en a; cela, dis-je, ne procédoit pas de la prérogative, mais avoit pour fondement le sens commun, les engagemens dans lesquels le Roi étoit entré, & le soin qu'il devoit prendre de sa propre sûreté; & ne pouvoit être d'aucun effet dans la Loi, que par rapport à sa propre personne, comme on le peut voir manifestement par le Statut que j'ai rapporté ci-devant.

Les pardons accordés par acte du Parlement sont d'une autre nature : car comme le Roi, qui n'a point d'autre pouvoir que celui que la Loi lui donne, ne peut pardonner les crimes commis contre la Loi, qu'autant que la Loi le lui permet ; le Parlement, qui a le pouvoir de faire les Loix, peut abolir entierement les crimes, & en remettre incontestablement la punition lorsqu'il le juge à propos.

Quoique notre Auteur ait entassé l'un sur l'autre, sans aucune liaison, quelques passages de la morale d'Aristote & de ses Livres politique, je ne m'arrêterai pas à le critiquer là-dessus. Il n'y a point de Loi humaine qui puisse être parfaite, & il faut nécessairement qu'il y ait chez chaque nation une Puissance qui soit en droit de remédier à ce qui peut y arriver, ou à ce qu'on y peut découvrir de défectueux dans la suite du temps. On ne peut jamais
mieux

mieux placer ce pouvoir qu'entre *les*
mêmes mains qui ont celui de faire les
Loix, soit que ce droit appartienne à une
seule personne, ou à plusieurs. Si donc
Filmer peut nous montrer quelque lieu,
où un homme, une femme, ou un enfant, sans aucun égard aux qualités
personnelles, a le pouvoir de faire des
Loix, je reconnoîtrai de bonne foi que
non-seulement les *cas difficiles*, mais
même toutes les autres affaires qu'il
lui plaira, doivent dépendre de la décision de celui ou de celle qui porte la
Couronne, & que ces Souverains en
peuvent légitimement juger, soit qu'ils
ayent de l'esprit ou qu'ils n'en ayent
pas, qu'ils sçachent ce qu'ils font ou
qu'ils ne le sçachent pas, qu'ils soient
yvres ou à jeun, qu'ils soient dans leur
bon sens ou qu'ils soient tout-à-fait
fous. Mais comme je n'ai jamais entendu parler d'un pays où cette maxime
soit reçûë, & que je ne plaindrois pas
beaucoup un peuple qui s'exposeroit,
par son imprudence, aux miséres qui
font des suites inévitables de la folie
que l'on fait en se soumettant aveuglément aux volontés déréglées d'une semblable créature, je puis bien lui laisser
le soin de chercher cet Etat, étant fort

affuré que ce n'eſt pas de l'Angleterre
dont il parle, puiſqu'on n'y reconnoît
point d'autre Loi que celle du pays; &
que bien loin qu'on y en reçoive quelqu'une faite par les Rois, on n'y obéït
au contraire encore aujourd'hui qu'à
celles qui ont été faites par nos ancêtres
ou par nous-mêmes, & qu'on n'a jamais élevé ſur le Trône aucun Prince
qui n'en ait juré l'obſervation. Et ſi
Ariſtote mérite d'en être crû, le pouvoir de changer, de modérer, d'expliquer ou de corriger les Loix d'Angleterre, n'appartient qu'au Parlement,
parce qu'il n'y a que cette Aſſemblée
qui ſoit en droit de faire des Loix.

SECTION XXIII.

*Ariſtote prouve qu'on ne doit point donner
un pouvoir abſolu à qui que ce ſoit, en
faiſant voir qu'il n'y a perſonne au
monde qui ſçache s'en ſervir comme il
faut, excepté un homme qui auroit
les qualités qui ne ſe trouvent en aucun.*

NOtre Auteur ayant cité à faux
quelques paſſages d'Ariſtote, &

corrompu le véritable fens des autres,
introduit ce Philofophe, difant *qu'un
Royaume parfait eft celui dans lequel le
Roi gouverne tout à fa volonté*. Mais
quoique j'aye lû fes Livres du Gouvernement avec affez d'attention, je n'y ai
rien trouvé de femblable, à moins que
le terme qui fignifie *abfolu* ne doive
être rendu par celui de *parfait* ; ce qui
eft fi éloigné du fentiment d'Ariftote,
qu'il met une très-grande différence
entre les Royaumes abfolus ou defpo-
tiques, & les Royaumes légitimes ; &
loüant ce dernier Gouvernement, il ne
donne point d'autre épithéte au premier
que celle de *barbare*, efpèce de Gouvernement qu'il dit ne pouvoir convenir qu'aux peuples qui font naturellement lâches & ftupides, & peu différens de la bête, lefquels n'étant pas
capables de fe gouverner eux-mêmes,
& n'ayant pas le courage de fe défendre, croyent ne pouvoir mieux faire
que de fe foumettre à la volonté de celui qui voudra bien prendre foin d'eux.
Mais quoiqu'il en foit, cela ne laiffe
pas d'être impoffible, à moins que celui qui doit fe charger de ce foin, ne
foit entierement éxempt des vices & des
foibleffes qui mettent les autres dans la

nécessité d'avoir besoin de lui ; car autrement ce seroit comme si une brebis
entreprenoit de gouverner une autre
brebis, ou un pourceau de commander
à des pourceaux ; Aristote enseignant
clairement, *que comme tous les hommes*

*Arist. Pol.
lib. 2. c. 1.*

*naissent dans une parfaite égalité, ils de-
vroient tous être Magistrats, si cela étoit
possible.* Mais comme c'est une chose
absolument incompatible avec la nature du Gouvernement, ce Philosophe
ne trouve point d'autre moyen de résoudre la difficulté qu'en disant, *qu'ils
doivent obéïr & commander alternative-
ment* ; c'est-à-dire, qu'ils peuvent faire
tour-à-tour ce qu'ils ne peuvent faire
tous ensemble, & de cette maniere
éxercer un pouvoir auquel l'un n'a pas
plus de droit que l'autre, parce qu'ils
naissent tous dans une pasaite égalité.
On pourroit terminer cette difficulté
par un moyen bien plus court, s'il étoit
vrai, comme l'enseigne notre Auteur,
que la possession pût fonder le droit de
celui qui posséde. Mais Aristote parlant en Philosophe, & non point comme un ennemi public du genre humain,
éxamine ce qui est juste, raisonnable,
& en même temps utile aux hommes ;
c'est-à-dire, ce que l'on doit faire, ce

que l'on doit croire juste, & ce que les
honnêtes gens doivent défendre de toutes leurs forces, lorsqu'on l'a fait. Mais
comme * *ce qui est injuste dès le commencement, ne peut jamais avoir aucun effet
de droit* ; & comme ce seroit une injustice manifeste à un homme, ou à un
petit nombre d'hommes, de s'attribuer
un pouvoir absolu sur ceux qui leur
sont naturellement égaux, un semblable pouvoir ne peut jamais être juste ni
utile au genre humain ; & les gens de
bien ne doivent pas l'appuyer, s'il est
injuste ou préjudiciable à la société.
Suivant l'opinion d'Aristote, cette é-
galité naturelle continue jusqu'à ce que
la vertu mette de la différence entre les
hommes ; cette vertu doit être simplement complette ou parfaite en elle-même, & alors celui qui en est orné est
un Dieu entre les hommes, ou relative-
ment, entant qu'elle est plus ou moins
utile à la société, & au but qu'on s'est
proposé en l'établissant ; c'est-à-dire,
entant qu'elle contribue à la défense du
Gouvernement & à l'administration de
la Justice. Cela demande un esprit

* *Quod ab initio injustum est, nullum po-
test habere juris effectum.* Grot. de Jure Bel.
& Pac. Lib. 3.

C 3

éxempt de passions, orné de bonté &
de sagesse, capable de résister à toutes
les tentations qui pourroient l'inciter
au mal , en lui mettant devant les yeux
des choses désirables , ou en l'intimi-
dant : en un mot, cela requiert un esprit qui tende toujours au bien , par un
principe de connoissance & d'amour ;
& il faut que celui ou ceux qui prétendent être en droit de commander aux
autres , possédent toutes ces vertus dans
un degré plus éminent que tout le reste
de la société ensemble. Lorsqu'on trouve un homme de ce caractére , il ne
faut point chercher d'autre Souverain,
puisque celui-là est véritablement Roi
par nature, & il est très-avantageux au
au peuple d'avoir un tel Gouverneur.
Si un petit nombre d'hommes, quoiqu'égaux entr'eux, ont les mêmes avantages au-dessus du reste de la nation, il
semble, par la même raison, que la nature ait établi une Aristocratie dans ce
lieu-là ; & il est plus sûr de confier l'autorité à ce petit nombre, que de la
laisser entre les mains de la multitude.
Mais si un homme, ou un petit nombre d'hommes n'excellent pas au-dessus
des autres en vertus, ils sont tous naturellement en droit d'avoir part au pou-

voir souverain, & il semble que la nature les ait destinés au Gouvernement
populaire ; & c'est une chose tyrannique, & contre nature, à un homme ou
à un petit nombre de personnes, de s'approprier cette autorité ; ce qui, suivant
le langage d'Aristote, comprend ce
qu'il y a de plus abominable & de plus
détestable au monde.

Si quelqu'un dit qu'Aristote donne
dans la bagatelle, en s'arrêtant à parler d'un homme qui ne se peut jamais
trouver ; je répons que ce Philosophe
a été aussi loin que la raison & la nature l'ont pû conduire, & qu'il a été
obligé de s'arrêter en cet endroit, parce que son sujet ne lui a pas permis de
passer outre. Il ne pouvoit pas dire simplement que le Gouvernement d'un seul
homme est bon, puisque pour que ce
Gouvernement soit véritablement tel,
il faut que celui qui en tient les rênes
ait un grand nombre de bonnes qualités. Il ne pouvoit pas dire non plus,
qu'il étoit avantageux à une nation
d'être sous la puissance d'un fou, d'un
lâche ou d'un scélérat, parce qu'il est
avantageux d'être gouverné par un
homme d'une sagesse, d'une valeur,
d'une industrie & d'une bonté admira-

ble ; ni que le Gouvernement dût être
posséde successivement par ceux d'une
certaine famille , parce qu'on l'a donné
au premier de cette famille qui avoit
toutes les qualités requises pour bien
gouverner ; & qu'on ne puisse pas le
faire passer dans une autre famille, quoique le successeur de celui qui l'a possé-
dé au commencement n'ait aucune des
qualités qui avoient fait préférer son
prédécesseur à tout le reste de la société.
A plus forte raison ne pouvoit-il pas
dire qu'un Gouvernement est bon, lorsqu'il n'est pas avantageux à ceux dont
on s'est uniquement proposé de procurer le bien , en l'établissant.

De plus, en faisant voir qui est celui
qui seul est propre pour être Roi , ou
que l'on peut faire Roi sans violer les
Loix de la nature & de la justice , il
nous montre qui est celui qui ne peut
l'être ; & quiconque dit qu'on ne peut
trouver cet homme, qui, selon l'opinion d'Aristote, mérite seul d'être Monarque , a grand tort d'alléguer l'autorité de ce Philosophe en faveur des Monarques , ou de leur attribuer le pouvoir que quelques-uns d'entre nous
voudroient qu'ils eussent. Si donc on
peut inférer quelque chose de ses pa-

roles, ce ne peut être que ceci : Que
puisqu'on ne doit point recevoir de
pouvoir qui ne soit juste ; qu'il n'y en
a point qui puisse être juste, si ce n'est
celui qui est bon, profitable au peuple,
& qui tend aux fins qu'on s'est proposé en l'établissant ; que personne ne peut
diriger ce pouvoir vers ce but, ne peut
le mériter ni l'éxercer, à moins qu'il ne
posséde dans un degré plus éminent
que tous ceux qui lui sont soumis, la
sagesse, la justice, la valeur & la bonté : je dis qu'on doit conclure des paroles d'Aristote, que si on ne peut trouver un tel homme, ou une telle succession d'hommes, on ne doit pas accorder un semblable pouvoir à aucun homme, ni à aucune succession d'hommes.
Mais si on accorde un tel pouvoir, on
foule au pieds les Loix de la nature &
de la raison, & on s'éloigne tout-à-fait
du but qu'on s'est proposé en établissant les sociétés ; ce qui anéantit nécessairement le don qu'on a fait de ce
pouvoir. Or si un don ainsi fait par
ceux qui sont en droit d'établir un Gouvernement parmi eux, s'anéantit de
lui-même, à cause qu'il est injuste &
mauvais, je laisse à juger à tout homme dont l'entendement & les mœurs ne

C 5

font pas arrivés à ce degré de corruption où Filmer est parvenu, quel nom
on doit donner à cet homme, qui n'ex-
cellant point par-deſſus tous les autres
en toutes les vertus civiles & morales.
au point que le requiert Ariſtote, uſurpe
la puiſſance ſouveraine ſur une nation,
& quelle obéïſſance on doit lui rendre.
Si ce Philoſophe mérite d'en être crû,
le Roi, par cela même qu'il poſſéde
toutes ces qualités, eſt le meilleur de
tous, *omnium optimus*, & le meilleur
guide que les peuples puiſſent avoit
*pour les conduire à la félicité par le che-
min de la vertu* : & celui qui s'attribue
ce pouvoir abſolu, & qui n'a pas les
qualités requiſes pour bien gouverner,
eſt le plus méchant de tous les Tyrans,
Tyrannus omnium peſſimus, qui n'eſt
propre qu'à porter le peuple à toute
ſorte de mal, & de le conduire par
conſéquent dans le précipice, & à une
ruïne certaine & inévitable.

Ad ſummum bonum ſecundùm virtu-
tem. Ariſt.
Pol.

SECTION XXIV.

Le pouvoir d'Auguste César ne lui avoit pas été donné, mais il l'avoit usurpé.

NOtre Auteur fait paroître son esprit, en nous alléguant un éxemple tiré de l'Histoire Romaine : *Ces peuples*, dit-il, *quoique très-jaloux de leur liberté, dispenserent Auguste de la nécessité d'obéïr aux Loix.* S'il est vrai, comme il le soûtient en un autre endroit, que cette prérogative est uniquement instituée pour le maintien de la liberté des peuples, ceux qui en sont les plus jaloux doivent apporter le plus de soin à établir ce qui est le plus propre à l'affermir & à la défendre. Mais si on peut avec justice accuser Filmer de manque de mémoire & de jugement, lorsqu'il dit que du temps d'Auguste *les Romains étoient très-jaloux de leur liberté, &c.* la mauvaise foi qu'il fait paroître en citant un acte libre des Romains sous le régne de cet Empereur, montre clairement que cet Ecrivain n'a ni honneur ni conscience. Voici ce que Tacite dit

C 4

en parlant d'Augufte : *Omnium jura in se traxerat* ; on ne lui avoit rien donné, & il s'étoit emparé de tout. Le Sénat, non-plus que le peuple, n'avoit pas la liberté de ses suffrages, lorsqu'ils étoient réduits l'un & l'autre sous la puiffance des troupes mercénaires & corrompuës, qui les trahirent d'abord, & enfuite les mirent fous le joug. La plûpart des Sénateurs étoient péris à la bataille de Pharfale ; les autres avoient été tués en différens endroits du monde, & les autres enfin n'avoient pû fe garantir de la cruauté des profcriptions ; & ceux qui compofoient alors ce que l'on appelloit le Sénat, étoient pour la plûpart miniftres des cruautés d'Augufte, & les inftrumens dont il s'étoit fervi pour réduire fa Patrie fous le plus cruel de tous les efclavages. La liberté Romaine, & cette grandeur d'ame qui en avoit été pendant long-temps l'appui & le foûtien, étoient non-feulement abolies, mais même prefque oubliées. On fouloit aux pieds les Loix & la Juftice, & perfonne n'étoit en état de rien contefter à celui qui s'étoit rendu maître du Sénat & du peuple par la force de fes armes. Il n'y avoit rien de fi extravagant que ne pût extorquer un Con-

quérant violent & superbe, qui avoit
trente Légions mercénaires toujours
prêtes à éxécuter ses ordres. Ceux d'entre le peuple qui avoient conservé la
pureté de leurs mœurs, & qui s'étoient
garantis de l'épée de Jules-César, étoient
péris avec Hirtius & Pansa, avec Brutus & Cassius, ou avoient été détruits
par les éxécutions sanglantes du Trium-
virat. Ceux qui restoient ne pouvoient
rien perdre en consentant verbalement
de se dépoüiller de leur liberté, puisqu'ils n'avoient ni la force ni le courage de la défendre. Les créatures du Tyran possédoient toutes les Charges de
la Magistrature, & le corps du peuple
étoit composé de personnes qui étoient
nés sous le joug de la servitude, & ac-
coûtumés à obéïr, ou étoient retenus
par la terreur des armes, qui avoient
fait périr les défenseurs de la liberté.
Notre Auteur ayant besoin d'alléguer
quelqu'éxemple tiré de l'Histoire Romaine, a été obligé de le chercher dans
un siécle où les Loix étoient renversées,
la vertu éteinte, l'injustice sur le Trône,
& ceux, qui ne suivoient pas les mêmes
principes, exposés à toutes sortes de
cruautés. C'étoit alors que la Majesté
souveraine brilloit dans tout son éclat;

& ceux qui l'avoient mise au-dessus des
Loix, en firent l'objet de leur culte religieux, en adorant les statuës de leur
oppresseur. La corruption de cette Cour
se répandit dans la plus considérable
partie du monde, & réduisit l'Empire
dans cet état de foiblesse où il ne fit
plus que languir, & qui fut ensuite
cause de sa perte. C'est-là l'heureuse
condition qui plaît à Filmer, & à tous
ceux qui lui ressemblent, qui pour
l'introduire parmi nous veulent qu'on
éléve la Majesté souveraine d'une maniere qui est contraire aux Loix divines & humaines, qui a toujours fait
horreur à tous les peuples qui ont eu
de la valeur, & sur tout à nos ancêtres,
qui ont crû qu'ils ne pouvoient jamais
trop faire pour défendre leur liberté,
pour en assurer la possession à leurs
descendans, & pour les garantir de ce
pouvoir absolu.

SECTION XXV.

Les Anglois n'ont pas été d'abord gouver-
nés par des Rois; & quand ils l'au-
roient été, il ne s'enfuivroit pas que
cette forme de Gouvernement ne pût
être changée.

LA vérité étant toujours uniforme
en elle-même, ceux qui veulent la
cultiver pour le bien du genre-humain,
fondent leurs raisonnemens fur des
principes très-faciles à prouver, ou qui
font fi évidens, qu'il n'eft befoin que
d'avoir le fens commun pour être perfuadé qu'ils font juftes : mais les four-
bes & les impofteurs qui fe plaifent
dans l'obfcurité, fuppofent des chofes
qui font douteufes ou fauffes, & croyent
pouvoir appuyer une fauffeté fur l'autre; & Filmer n'a pû trouver de meilleur moyen pour nous perfuader que
nous tenons tous nos priviléges & toutes nos Loix de la liberalité de nos
Rois, qu'en difant, *que la nation An-*
gloife, auffi bien que tous les autres peu-
ples du monde, a été d'abord gouvernée

par des Rois, long-temps avant qu'il y eût aucune autre forme de Gouvernement établie ; d'où nous devons inferer nécessairement que la Loi, ou le Droit Coûtumier de ce Royaume, étoient originairement des Loix & des commandemens de nos Monarques. Mais je nie ces deux points, & soûtiens ;

1°. Qu'il y avoit une Puissance qui pouvoit faire des Rois avant qu'il y eût aucun Roi dans le monde.

2°. Que quand même les Rois auroient été les premiers Magistrats établis dans tous les pays du monde, comme il se peut bien faire qu'ils l'ont été en quelques-uns, il ne s'ensuivroit pas qu'ils fussent auteurs des Loix, & qu'on ne pût changer cette forme de Gouvernement.

Quand au premier point, je ne crois pas que personne puisse nier qu'il n'y ait eu un peuple à Babilone, avant que Nimrod en fût Roi. Ce peuple avoit quelque pouvoir ; car il n'est pas possible qu'un nombre d'hommes soit sans pouvoir : bien plus, je dis que ce peuple avoit la puissance de faire Roi Nimrod, autrement il n'auroit jamais pû l'être. Il ne pouvoit pas être Roi par droit de succession, car l'Ecriture nous

apprend qu'il a été le premier Monarque. Il ne l'étoit pas en vertu du droit
paternel, car il n'étoit pas pere de ce
peuple; Cus, Cham, ses freres aînés,
& son pere Noë, étant encore en vie;
& ce qui est encore pis, tous ceux-là
n'étoient pas Rois : car si ceux qui vivoient du temps de Nimrod, ou avant
lui, n'étoient point Rois, ni gouvernés par des Rois, celui qui auroit dû
être Roi, & commander à tous les autres en vertu du droit naturel, supposé
qu'il y eût un tel droit dans la nature,
n'étoit pas Roi. Ceux qui lui succédé-
rent immédiatement, & qui auroient
dû hériter de son droit, s'il en avoit eu
quelqu'un, n'en héritérent point, &
ne formérent aucunes prétentions en
vertu de ce prétendu droit ; & par conséquent quiconque veut à présent prétendre à ce droit naturel en qualité de
pere du peuple, doit fonder ses prétentions sur quelque titre plus certain que
ne l'est le droit en vertu duquel on
prétend que Noë a régné sur ses enfans,
autrement ses prétentions sont tout-à-
fait nulles.

De plus, les nations qui du temps
de Nimrod, & avant lui, n'avoient
point de Rois, avoient en elles-mêmes

quelque pouvoir, autrement elles n'auroient pû faire aucun acte, ni établir
aucun autre Magiſtrat ; ce qui eſt abſurde. Les nations avoient donc le
pouvoir avant qu'il y eût des Rois au
monde, autrement il n'y en auroit jamais eu aucun ; & Nimrod n'auroit jamais pû être Roi, ſi le peuple de Babilone ne lui avoit pas mis la Couronne
ſur la tête ; ce que ce peuple n'auroit pû
faire, s'il n'avoit pas eu le pouvoir de
le faire Roi. C'eſt une choſe tout-à-fait
ridicule que de dire qu'il ſe fit Roi lui-
même ; car quelque fort & vaillant
qu'il pût être, il ne pouvoit pas être
plus fort qu'une grande multitude
d'hommes. Celui qui force, doit être
plus fort que ceux qu'il force ; & ſi ce
que dit l'ancien proverbe eſt véritable,
qu'Hercule lui-même n'eſt pas aſſez
fort pour avoir affaire à deux perſonnes, certainement il eſt encore plus
difficile qu'un ſeul homme ſe rende
maître par la force de toute une multitude ; car elle eſt ſans contredit plus
forte que lui. S'il parvint à la Couronne par voye de perſuaſion, ceux qu'il
perſuada de la lui donner, ſe laiſſèrent
donc perſuader de conſentir qu'il ré-
gnât ſur eux. Ce fut donc ce conſente-

ment qui le fit Roi. Or, *qui dat esse,*
dat modum esse : ceux qui le firent Roi,
le firent tel aux conditions qu'ils jugérent eux - mêmes à propos. Il n'avoit
donc rien qui ne lui eût été donné : il
tenoit nécessairement toute sa grandeur
& toute son autorité de la multitude
qui la lui avoit donnée ; & ce peuple
ne pouvoit pas lui être redevable de
ses Loix & priviléges, mais ces priviléges étoient naturellement attachés à
la personne d'un chacun des membres
de la société , & ils avoient eux-mêmes
fait & établi leurs Loix.

Il y avoit un peuple qui fit Romulus
Roi. Romulus n'avoit pas fait ni engendré ce peuple, peut-être même n'en
avoit il pas engendré un seul homme.
Il ne pouvoit pas monter sur le Trône
par droit d'héritage, car il étoit bâtard,
fils d'un homme inconnu ; & lorsqu'il
fut mort, le droit qui lui avoit été conferé retourna au peuple, qui se servant
de ce droit, choisit Numa Pompilius,
Hostilius, Martius, Tarquinius Pris-
cus & Servius, qui étoient tous étrangers, & qui n'avoient aucun droit que
celui qui leur avoit été donné. Et Tarquin le superbe, qui monta sur le Trô-
ne sans le commandement du peuple, sine

juſſu populi, fut chaſſé, & le Gouvernement des Rois fut aboli par le même
pouvoir qui l'avoit établi.

Nous ne ſçavons pas poſitivement
par quelle Loi Moïſe & les Juges créés
par le conſeil de Jéthro, gouvernoient
les Iſraëlites : mais il y a apparence que
c'étoit par la Loi que Dieu avoit gravée lui-même dans le cœur de tous les
hommes ; & le peuple ſe ſoumit au jugement de perſonnes bonnes & ſages,
quoiqu'il ne fût point ſous un pouvoir
coactif ; mais toujours eſt-il ſûr qu'ils
avoient une Loi & des Magiſtrats, ſous
le Gouvernement deſquels ils vécurent
quatre cent ans avant que d'avoir un
Roi, car Saül fut le premier de tous
qui porta ce titre. Cette Loi n'étoit
donc pas une production de la volonté
du Roi, & ce n'étoit pas lui qui l'avoit
établie : mais les Iſraëlites ſe choiſirent
& établirent un Roi ſur eux, conformément à la liberté que cette Loi leur
en donnoit, quoiqu'à la vérité ils ſe
fuſſent écartés des régles qu'elle leur
preſcrivoit ; ce qui fut enfin la cauſe de
leur ruïne,

La barbarie des anciens peuples du
pays où nous vivons, ne nous permet
pas de parler de la forme du Gouver-

nement qui étoit en ufage parmi eux,
& il ne nous refte rien de ces premiers
habitans qui ne foit enveloppé de fables,
qui nous jettent dans d'épaiffes ténè-
bres à cet égard. Jules-Céfar eft le premier de tous les Hiftoriens qui a parlé
diftinctement de nos affaires, & ce
qu'il nous en dit ne nous donne pas
lieu de croire que nos ancêtres fuffent
alors gouvernés par des Rois. Caffi-
vellanus fut choifi accidentellement des
nations qui étoient les plus expofées
aux attaques des Romains, & elles ne
le choifirent que pour être leur Chef
dans les guerres qu'elles avoient à foutenir contre ces ennemis redoutables.
D'autres Hiftoriens nous parlent de
Boadicia, d'Arviragus, de Galgacus &
de plufieurs autres, entre les mains de
qui on mit la conduite des affaires lorfqu'on crut que cela étoit néceffaire :
mais nous ne trouvons aucunes traces
de fucceffion reguliére, foit par droit
d'héritage, foit par droit d'élection. Et
comme ils n'avoient point de Roi alors,
ni aucun Magiftrat qu'on puiffe dire
avoir eu un pouvoir femblable à la puiffance royale, ils auroient pû s'en paf-
fer auffi long-temps qu'il leur auroit

Inter Infru-
menta fervi-
tutis Reges
habuere. C.
Tacite.

plû. Tacite fait mention de certains
Rois, dont les Romains se servoient
pour retenir les nations sous le joug de
leur empire ; & quand même il seroit
vrai qu'il y auroit eu un Lucius au
monde, & qu'il auroit été un de ces
Rois, on ne doit le considérer que comme un Magistrat Romain, & cela ne
fait rien à notre sujet, non plus que si
cet homme avoit eu le nom de Procon-
sul, de Préteur, ou quelqu'autre titre
que ce soit. Quoiqu'il en soit, il n'y a
jamais eu de succession fixe de ces sortes de Rois: on les établissoit par occasion, & leur pouvoir étoit limité à un
certain temps : cet établissement dépendoit de la volonté de ceux qui croyant
que cela étoit nécessaire pour le bien
de la société, établissoient un semblable Magistrat, & qui n'en établissoient
plus lorsqu'ils croyoient n'en avoir plus
besoin ; & ils auroient pû s'en passer
s'ils avoient jugé à propos. La Magistrature étoit donc leur ouvrage, & dépendoit de leur volonté.

Nous avons déja fait mention de
l'Histoire des Saxons, des Danois &
Normands, peuples dont nous tirons
notre origine, aussi-bien que des Bre-

tons, & nous avons vû qu'ils étoient
très-jaloux de leurs libertés ; qu'ils
n'obéïſſoient point à d'autres Loix humaines, qu'à celles qu'eux-mêmes s'é-
toient impoſées ; qu'ils ne recevoient
aucun Roi qu'il n'eût aupararant juré
de les obſerver, & qu'ils dépoſoient
les Princes qui ne s'acquittoient pas de
leur devoir, & qui violoient le ſerment
qu'ils avoient prêté à leur avénement
à la Couronne. Cela étant, il eſt évident que c'étoit le peuple qui faiſoit ces
Rois, conformément à la Loi ; & que
la Loi en vertu de laquelle ces Rois
étoient devenus Rois, ne pouvoit pas
tirer ſon origine de la libéralité de ces
Princes, puiſque c'étoit elle qui les
avoit fait ce qu'ils étoient. Nos ancêtres étoient ſi bien perſuadés qu'en
créant des Rois ils ne faiſoient que ſe
ſervir de leur droit, & qu'ils ne devoient conſidérer que ce qui leur étoit
le plus avantageux à eux-mêmes, que
ſans avoir aucun égard à la mémoire
des Princes décédés, ils avoient coûtume d'élever ſur le Trône ceux qu'ils
croyoient être les plus propres à s'acquitter ſagement, juſtement, & avec
modération, d'un emploi ſi important ;
de ſorte qu'ils ne faiſoient point diffi-

culté d'exclure de la Couronne ceux
qu'ils foupçonnoient d'orgueil, de
cruauté, ou de quelqu'autre vice qui
pouvoit être préjudiciable à la fociété,
quelque prétention qu'ils puffent avoir ;
& dépofoient ceux qu'ils avoient mis
fur le Trône, s'ils ne répondoient pas
à l'opinion qu'on avoit conçûe d'eux ;
conduite qui felon moi s'accorde mieux
avec la qualité de maîtres qui font des
Loix, & établiffent des Magiftrats pour
eux-mêmes, qu'avec le titre d'efclaves
qui reçoivent telles Loix qu'on veut
leur impofer.

Quant au fecond point : Quand même on demeureroit d'accord, que tous
les peuples du monde ont été premiérement gouvernés par des Rois, cela
ne feroit aucun tort à la caufe que je
défends : car il n'y a point d'homme,
ni aucun nombre d'hommes qui foit
obligé de perfifter dans l'erreur de fes
prédéceffeurs. L'autorité de la Couronne auffi-bien que celle de la Loi, j'entens par rapport au pouvoir qui l'a établie & mife en ufage, confifte uniquement dans fa droiture ; & la même raifon qui peut avoir porté une ou plufieurs nations à établir des Rois, lorfqu'elles ne connoiffent point d'autre
forme

forme de gouvernement, peut non-seulement les porter à en établir une autre, si elles trouvent que la Monarchie ne leur convient pas, mais elle
suffit encore pour prouver que ces nations peuvent faire ce changement avec
autant de justice, que de déposer un
Roi qui ne s'acquitte pas de ce que
l'on s'étoit promis de lui. S'il y avoit
eu quelque régle que Dieu nous eût
donnée, ou qui eût été gravée dans
le cœur des hommes par la nature,
il faudroit qu'elle eût été gravée dans
le cœur des hommes par la nature,
il faudroit qu'elle eût été observée par
les peuples les plus sages & les plus
éclairés; mais n'y ayant jamais rien
eu de tel, comme nous l'avons déja
fait voir, je ne vois rien qui empêche
qu'un peuple sage & poli ne renonce
aux erreurs commises par ses ancêtres
du temps de leur barbarie & de leur
ignorance, & je ne sçai pas pourquoi
il ne seroit pas permis de le faire à
l'égard du Gouvernement aussi-bien
que de toutes les autres choses qui regardent la commodité de la vie. Les
hommes sont sujets à l'erreur, & les
plus sages aussi-bien que les meilleurs
doivent s'appliquer à découvrir les fau-

Tome IV. D

tes que leurs ancêtres ont pû commettre, à y rémédier, ou à perfectionner ce qu'ils ont fait de bon. Cela eft fi vrai que tout ce que nous poffédons au-delà de ce que nos ancêtres poffédoient, par rapport aux commodités de la vie, eft uniquement dû à la liberté que nous avons eue de réformer ce que nous avons jugés à propos, & d'inventer ce qu'ils ne connoiffoient pas; & je ne fçai s'il y auroit plus de folie à dire que nous fommes encore obligés de vivre dans l'idolatrie des anciens Druides, & dans toutes les incommodités & miféres, qui font inféparables d'une vie fauvage & barbare, qu'il y en auroit à foutenir que quoique nous foyons en droit de nous écarter de la pratique de nos ancêtres à cet égard, nous fommes cependant indifpenfablement obligés de ne rien changer à la forme du Gouvernement qu'ils ont établi, quelque préjudice que nous en puiffions recevoir. Tertulien difputant avec les Payens, qui lui reprochoient que la Religion Chrétienne étoit une Religion nouvelle, ne fe met point en peine de réfuter cette erreur; mais faifant voir que la Religion Chrétienne eft bonne, & véri-

Nullum tempus, nul-

table, il croit avoir suffisamment prouvé qu'elle est ancienne. Un habile Ar-
chitecte fait paroître son habilité &
mérite des loüanges, lorsqu'il bâtit
une maison de chétifs matériaux, n'en
pouvant pas avoir de meilleurs, mais
il ne doit pas pour cela empêcher les
autres de faire des bâtimens plus su-
perbes, si on leur fournit tout ce dont
ils ont besoin pour cet effet. De plus,
toutes les constitutions humaines sont
si imparfaites & si sujettes au changement, qu'il est impossible qu'elles
demeurent long-temps dans le même
état : La corruption s'y glisse insensiblement ; & la malice aussi-bien que
la violence renverse souvent l'ordre le
mieux établi ; de sorte qu'un homme
qui ne regarderoit que ce qui s'est
pratiqué en un certain siécle, prendroit
souvent la corruption du Gouvernement pour son institution, suivroit le
plus mauvais exemple, & croiroit que
l'établissement le plus ancien qu'il connoisse, est effectivement le plus ancien. Et si un peuple dont les incli-
nations sont nobles, s'appercevant des
défauts originaires du Gouvernement,
ou de la corruption qui peut s'y
être glissée, en réforme les abus, y

*la præscriptio
occurrit veri-
tati. Tertul.
Id Antiquius
quod v. rius.
Ibid.*

change ce qu'on y peut changer, ou
abolit ce qui étoit mauvais dès le
commencement, ou ce qui s'est tellement perverti qu'il est impossible d'y
rémédier autrement : ces gens-là l'imputent à sédition, & blâment une action qui de toutes celles dont les
hommes sont capables est la plus loüia-
ble & la plus glorieuse. Il ne s'agit
donc pas tant de sçavoir ce qui est
le plus ancien, que de connoître le meilleur, & ce qui contribue le plus à
l'avancement du bien public qu'on s'est
proposé en établissant les Gouvernemens, comme on ne les a établis que
pour obtenir justice & pour le maintien de la liberté : de l'aveu même de
Filmer, nous ne devons pas examiner
quel a été le premier Gouvernement
parmi les hommes, mais seulement
quel est celui qui pourvoit le mieux
à l'administration de la justice & à la
conservation de la liberté. Car quelle
que puisse être l'institution, & quelque durée qu'elle ait pû avoir, elle
est nulle si elle est contraire au but
qu'on s'est proposé, & qu'elle ne
fournisse pas les moyens dont on a
besoin pour y arriver. Il s'ensuit donc
que quand même une Loi ou Coûtu-

me, mauvaiſe en elle-même, auroit
été reçûë au commencement dans
toutes les parties du monde, ce qui
n'eſt pourtant pas véritable par rapport
à la Monarchie abſoluë, ou à quelque autre Monarchie que ce ſoit, on
la doit abolir; & s'il ſe trouvoit quelqu'un plus ſage que les autres qui
mît en avant une Loi ou qui pro-
poſât une forme de Gouvernement plus
utile au genre-humain que toutes
celles qui ſont connuës, qui pourvût
plus avantageuſement à l'adminiſtration de la Juſtice & au maintien de
la liberté que toutes les autres n'ont
fait, cet homme mériteroit qu'on eût
pour lui toute la vénération imaginable. Si l'on me demande qui ſera
le juge de cette équité & droiture,
ou de cette corruption qui autoriſe ou
détruit une Loi : Je répons que comme cela ne conſiſte pas en formalités
& en rafinemens de politique, mais
en vérités évidentes & réelles, il n'eſt
pas beſoin d'autre Tribunal que celui
du ſens commun, & la lumiére naturelle, pour en juger; & quiconque
voyagera en France, en Italie, en Turquie, en Allemagne & en Suiſſe, ſans
avoir beſoin de conſulter Bartolle ou

D 3

Baldus, pourra aifément fçavoir fi les pays qui font fous la domination des Rois de France & d'Efpagne, du Pape ou du Grand Seigneur, joüiffent d'une plus grande liberté, & font gouvernés avec plus de juftice, que ceux qui font foumis au Gouvernement de Magiftrats dont l'autorité eft plus bornée. Il n'eft pas moins facile de juger fi les Grecs, du temps qu'Athènes & Thébes floriffoient, étoient plus libres que les Médes; fi Agathocles, Denis & Phalaris adminiftroient mieux la juftice que les Rois légitimes & les autres Magiftrats de Lacédémone; ou fi Tibére, Caligula, Claudius, Néron & Vitellius prenoient plus foin de faire rendre juftice & d'affurer la liberté du Peuple Romain, que ne faifoient le Sénat & le peuple, dans le temps que les Loix étoient plus puiffantes que les commandemens des hommes. On peut dire la même chofe des Loix particuliéres, comme de celles de Nabuchodonofor & de Caligula, qui ordonnoient qu'on eût à adorer leurs Statuës; des Actes de nos Parlemens contre les Hérétiques & les * Lollards,

----

* *Sorte de Secte qui étoit fort nombreufe du temps d'Edoüard III. & d'Henri V.*

des Statuts & Ordonnances de l'Inqui-
sition, qu'on appelle le Saint Office :
on verra sans peine la différence qu'il
y a entre les uns & les autres. Et si cela
seul est une Loi qui est *Sanctio recta,*
jubens honesta, prohibens contraria, l'efprit du monde le plus médiocre, pourvû qu'il soit dégagé de passion & de
préjugé, connoîtra facilement que des
Ordonnances semblables à celles-là ne
peuvent pas être de véritables Loix, &
que leur infamie & iniquité suffisent
pour en faire abolir l'usage. On pourroit rapporter un nombre infini d'exemples de même nature, pour faire connoître l'injustice de certaines Ordonnances, tant au sujet des choses divines que des choses humaines. Et s'il
est vrai qu'il y ait des mauvaises Loix,
il n'est pas possible qu'elles soient toutes justes & équitables ; & si elles ne
le sont pas toutes, il est de notre devoir
d'éxaminer qui sont celles qui le font
effectivement. On doit peser & considérer mûrement les loix & constitutions, & tant qu'on rend à celles qui
sont bonnes le respect qui leur est dû,
chaque nation peut non-seulement se
réserver le pouvoir de changer ou d'a-
bolir celles qui ne le sont pas, mais

D 4

elle doit même éxercer ce pouvoir avec
le plus de difcernement qu'il lui eft
poffible ; & au lieu des erreurs qu'on
a pû commettre au commencement,
ou de la corruption qui s'eft pû glif-
fer dans la fuitte, établir ce qu'elle
croit pouvoir contribuer le plus à l'a-
vancement de la Juftice & à l'affermif-
fement de la liberté.

Mais telle eft la condition des
hommes, que dans ce qu'ils font de
plus parfait, on y voit toûjours des
marques de la fragilité & de la foibleffe humaine, jufques-là que bien fouvent ce qu'ils font de meilleur a befoin d'être changé en tout ou en partie. Les plus fages ignorent plufieurs
chofes, & les meilleurs ne peuvent jamais fe dépoüiller entiérement de leurs
paffions. De cette maniére il arrive
fouvent que les meilleurs & les plus
fages tombent dans l'erreur, & ont
befoin de fucceffeurs qui foient auffi
éclairés & auffi honnêtes gens qu'eux,
pour remédier aux fautes qu'ils ont
pû commettre ; & rien ne peut ni ne
doit être permanent que ce qui eft
entiérement parfait. Il n'y a point de
corps d'un fi bon tempérameur, ni fi
bien organifé, qui ne foit fujet aux

maladies, aux bleſſures, ou à d'autres accidens, & qui n'ait quelquefois beſoin de médecines & de remédes auſſi bien que de nourriture & d'éxercice ; & quiconque, ſous prétexte de s'oppoſer aux nouveautés, ôte aux nations la liberté d'avoir recours à de ſemblables remédes par rapport au Gouvernement, les condamne, autant qu'en lui eſt, à périr faute de bons fondemens. Quelques-uns ayant remarqué ceci, ont crû qu'il étoit néceſſaire de ramener tous les Gouvernemens du monde à l'intégrité de leurs premiers principes, au moins une fois en l'eſpace d'un ou deux ſiécles : mais ils auroient dû éxaminer auparavant ſi ce principe eſt bon ou mauvais, ou s'il eſt ſi bon qu'il ſoit impoſſible d'y rien ajoûter ; & certainement c'eſt ce qui ne s'eſt jamais vû. Cela étant ainſi, ceux qui ne veulent point qu'on faſſe aucun changement, cherchent à rendre les erreurs perpétuelles & tâchent de priver le genre-humain de l'utilité de la ſageſſe, de l'induſtrie, de l'expérience, & du véritable uſage de la raiſon pour les obliger à mener une vie barbare & miſérable, à l'imitation de leurs ancêtres, ce qui con-

Diſcor. di Machiav. l. 2.

D 5

vient mieux à un loup qu'à un homme.

Ceux qui ont plus de jugement &
de lumiéres, péfent toutes chofes &
trouvent fouvent qu'il eft raifonnable
d'abroger ce que leurs peres, fuivant
la mefure de leur connoiffamce, ou
la fituation de leurs affaires, avoient
fort bien établi, ou de rétablir ce
qu'ils avoient aboli ; & rien ne témoi-
gne mieux la ftupidité & la brutalité
des hommes que de vouloir demeurer
dans un mauvais chemin, parce que
leurs peres les y ont fait entrer. Or fi
nous ne devons pas nous attacher trop
fcrupuleufement à nos propres loix &
coutumes nous devons encore moins
avoir égard à celles des autres nations ; ear les loix qui peuvent être
bonnes pour un certain peuple, ne le
font pas pour tous les autres, & ce
qui convient aux mœurs d'un fiécle
eft entierement incompatible avec celles d'un autre. Il faudroit être fou pour
entreprendre de rétablir aujourd'hui
les loix de Licurgue chez les habitans
du Péloponnefe qui font accoutumés à
porter le joug de la plus cruelle de
toutes les fervitudes. On peut aifément
t'imaginer comment les Romains, les

Sabins & les Latins qui sont depuis
long-temps sous la tyrannie des Papes,
s'accommoderoient d'une discipline
semblable à celle qui fleurit parmi eux
après le bannissement des Tarquins; &
il n'y auroit pas eu plus de raison à
laisser aux Parthes la liberté de se gouverner eux-mêmes, ou à eux de la
prendre, qu'il y en auroit eu à vouloir obliger les Allemands à se soumettre à un Monarque absolu. Tite-
Live ayant fort bien remarqué cela,
dit que si on avoit établi à Rome
un Gouvernement populaire, immédiatement après la fondation de cette
Ville; & que si ce peuple féroce composé de bergers, de pâtres, d'esclaves fugitifs & de proscrits, qui n'a-
voient pû souffrir le joug du Gouvernement sous lequel ils étoient nés,
avoit été incité par des Orateurs mu-
tins & séditieux, tout auroit été bien-
tôt dans une étrange confusion : au
lieu que la discipline que Romulus é-
établit parmi eux ayant modéré peu
à peu cette humeur impétueuse, en
leur apprenant à exercer leur fureur
contre les ennemis étrangers; & le
régne paisible de Numa les ayant rendus plus traitables, il s'éleva une nou-

Hist. Liv. 2

D 6

velle Race qui étant fortie toute d'un même fang, s'anima d'un amour ardent pour la Patrie, & prit des maniéres qui s'accommodent fort bien avec la liberté; auffi jugérent-ils à propos de reprendre celle dont ils étoient dépouillés, lorfque la fureur de leur dernier Roi, & la débauche de fon Fils, leur en eurent fourni l'occafion & le prétexte. Si cette action fut loüable en eux, il faut néceffairement qu'elle le foit auffi par rapport aux autres peuples. Si les anciens Allemands ont pû conferver leur liberté, & que les Parthes ayent jugé à propos de fe foumettre à une Monarchie abfoluë, pourquoi ne feroit-il pas permis aux défcendans des Allemands de continuer dans leur liberté, auffi-bien qu'aux Orientaux de demeurer dans l'efclavage. Si une nation peut avec juftice choifir la forme de Gouvernement qu'elle croit lui convenir le mieux, & la garder ou là changer, felon la différente conjoncture des temps ou des affaires, il ne fe peut pas que le même droit n'appartienne à tous les autres. La grande diverfité des Loix qui ont été & que l'on voit encore reçuës dans le monde, procéde de cela même ; &

rien ne fait mieux connoître la fageſ-
ſe & la vertu, ou les vices & la folie
des nations que le bon ou le mauvais uſage qu'elles font de ce droit;
elles ont été glorieuſes ou infâmes,
puiſſantes ou mépriſables, heureuſes
ou malheureuſes, ſelon qu'elles s'en
ſont bien ou mal ſervies.

Si l'on dit que la Loi que Dieu
donna aux Hébreux, étant une éma-
nation de ſa ſageſſe & de ſa bonté,
ne peut qu'avoir été parfaite à tous
égards, & doit par conſéquent ſervir
de régle à toutes les nations du monde, ſans qu'il leur ſoit permis d'en
recevoir d'autre : je répons à cela qu'il
y a une perfection ſimple & une perfection relative; la premiere ne ſe trouve qu'en Dieu, & la ſeconde dans les
choſes qu'il a creés : *Il vit qu'elles étoient*
bonnes, ce qui ne ſignifie autre choſe,
ſinon qu'elles étoient bonnes en leur
eſpéce, & conformes au but qu'il s'étoit
propoſé en les tirant du néant pour
les faire ce qu'elles étoient. Car ſi la
perfection étoit abſoluë, il ne pourroit y avoir de différence entre un Ange & un ver, & rien au monde ne
ſeroit ſujet au changement ou à la
mort, car cela eſt imperfection. Cette

perfection relative fe voit auffi dans
la Loi qu'il donna au genre-humain
en la perfonne d'Adam & de Noë.
Elle étoit bonne dans fon efpéce, propre pour ce temps-là : mais on n'auroit jamais pû y rien ajoûter ou changer, s'il y avoit eu en elle une perfection fimple ; & rien ne fait mieux
voir qu'elle n'avoit pas cette perfection fimple, que la conduite que Dieu
lui-même tint à cet égard, puifqu'il
en donna une autre à fon peuple beau-
boup plus étenduë & plus expreffe.
Cette Loi étoit auffi particuliére à ce
peuple , & n'étoit propre que pour
l'œconomie fous laquelle il vivoit;
car fi cela eut été autrement, les Apôtres auroient obligés les Chrétiens à
en obferver religieufement tous les
articles auffi bien qu'ils leur ont enjoint de s'abftenir de l'idolatrie & de
la fornication. Mais fi cela n'eft pas
ainfi , il faut que tous les peuples du
monde fe gouvernent par leurs Loix
judiciaires, & reçoivent la forme de
leur Gouvernement. Cela étant toutes
les Loix humaines font de nulle valeur; nous fommes tous freres, & il
n'y a perfonne parmi nous qui ait aucune prérogative au-deffus des autres;

on doit partager les terres également
entre tous, les héritages ne peuvent
être aliénés que pour cinquante ans
tout au plus; personne ne peut être
élevé au-deſſus des autres, à moins
que Dieu lui-même ne l'appelle, &
qu'en le rempliſſant des dons précieux
de ſon divin eſprit, il ne le rende capable de ſervir de conducteur à ſon
peuple; lorſque cet homme meurt,
celui qui eſt enrichi du même eſprit
doit lui ſuccéder, comme Joſüé ſuc-
céda à Moïſe, & ſes enfans ne peuvent
avoir aucune prétention légitime à
l'emploi dont il étoit revêtu : lorſqu'on
aura trouvé cet homme, il faudra
qu'un *Sanhédrin*, compoſé de ſoixante
& dix perſonnes choiſies d'entre tout
le peuple, juge des cauſes particuliéres, & qu'on renvoye aux aſſemblées
générales de toute la nation, le jugement de celles qui ſont plus importantes & qui regardent toute la ſociété.
Cette Loi ne fait aucune mention d'un
Roi, & par conſéquent ſi elle doit
nous ſervir de modéle, nous ne devons
pas avoir de Roi : Si on donne à ce
point toute l'étenduë qu'il peut avoir,
& que l'on prétende que le précepte
du Deutéronome, où Dieu permettoit

aux Ifraëlites d'établir un Roi fur eux ;
s'ils le jugeoient à propos, lorfqu'ils
feroient entrés dans la Terre de pro-
miffion, doive s'étendre à tous les
peuples du monde, il n'y en a point
qui ne doive joüir de la même liberté,
& à qui il ne foit permis par ce même
précepte, de prendre fon temps, de
choifir fon Monarque de la maniére
qu'il le juge à propos, de partager
le Royaume, de n'établir point de
Roi, & de créer d'autres Magiftrats
quand il lui plaît, comme cela fe pratiquoit parmi les Ifraëlites avant l'é-
lection de Saül, & après le retour
de la captivité : & même lorfqu'un
peuple veut être gouverné par un Roi,
il faut qu'il foit tel que celui dont
Dieu nous a donné le caractére dans
le même Chapitre, qui ne reffemble
non plus à la Souveraine Majefté que
notre Auteur adore, & qui eft auffi
peu conforme aux maximes qu'il nous
enfeigne, qu'un Tribun du peuple
Romain eft femblable à ce Roi prefcrit par le précepte donné aux Ifraëlites en cet endroit.

Nous pouvons donc conclure, que
fi nous fommes indifpenfablement
obligés de fuivre la Loi de Moïfe, il

faut que nous la fuivions en tout ce
qu'elle enfeigne fans aucune exception ; il faut qu'un Roi foit tel qu'elle
veut qu'il foit, & qu'il n'ait pas plus
de pouvoir qu'elle lui en donne, car
quelque autorité qu'ayent éxercé les
Rois des Ifraëlites dans la fuite, cela
ne doit pas tirer à conféquence, puifqu'il eft certain que c'étoit une Autorité ufurpée & contraire à ce que cette Loi leur ordonnoit. Il n'y a point
de peuple au monde qui puiffe faire
aucune Loi, & nos Jurifconfultes
n'ont qu'à brûler tous leurs livres de
Droit pour s'appliquer uniquement à
l'étude du Pentateuque.

Mais fi nous ne fommes pas obligés de vivre conformément à cette
Loi de Moïfe, chaque nation peut
faire pour elle-même telles loix qu'elle
le juge à propos, & on ne peut pas
legitimement nous refufer un droit qui
eft commun à tous les peuples du
monde. Nos Loix ne nous ont pas
été envoyées immédiatement du Ciel,
mais elles ont été faites par nos ancêtres, felon les lumiéres qu'ils avoient
& fuivant la fituation où ils fe trouvoient alors. Nous héritons d'eux
le même droit, & comme nous pou-

vous dire fans vanité que nous avons
plus de lumiéres & de connoiffance
qu'ils n'en avoient, fi nous trouvons
que quelqu'une des Loix qu'ils nous
ont laiffée, nous eft en quelque façon
préjudiciable, nous pouvons légitimement l'abolir. Le falut du peuple
étoit leur fuprême Loi, & c'eft auffi
la nôtre. On ne peut pas non plus
dire avec juftice que nous fommes
moins capables qu'eux, de connoître
ce qui nous convient le mieux, & ce
qui tend à notre avantage & à notre
bonheur. Si dans un certain fiécle ils
s'étoient laiffé perfuader de fe foumettre à la puiffance, ou pour me fervir
des termes de Filmer, à la Majefté
Souveraine d'un enfant, d'un infenfé,
d'un furieux, ou d'une perfonne aban-
donnée à toutes fortes de crimes, &
qu'ils euffent attaché le droit qu'ils
lui avoient conféré à la perfonne de
fon fucceffeur, fans aucun égard à
fes qualités perfonnelles, cet établiffement n'auroit pas été *une Ordonnance
jufte & équitable*; & cette Ordonnance n'ayant en foi aucune des qualités ef-
fentielles à une loi, elle ne pourroit avoir
force de loi. Il ne peut pas être avantageux à un peuple d'être gouverné

par un homme qui naturellement doit
être gouverné, ou qui à caufe de
fon âge ou par quelque autre accident eft incapable de fe gouverner
lui-même. L'intérêt public, les affaires des particuliers, leurs terres, leurs
biens, leurs libertés & leurs vies, dont
la confervation eft le feul but qu'on
s'eft propofé, en établiffant la prérogative royale, comme Filmer l'enfeigne, ne peuvent être en fûreté fous
le Gouvernement d'un homme qui ne
fuit que fa paffion & les mouvemens
déréglés de fon efprit, d'un efclave
plongé dans le vice & abandonné à
toute forte de diffolution; ou ce qui
eft encore pis, qui fe laiffe quelquefois gouverner par de lâches courti-
fans ou par des femmes qui le fla-
tent dans fes vices & qui l'encouragent
à faire des chofes, qui leur feroient
peut-être horreur, s'ils étoient en fa
place. L'infamie & la fureur impie
d'un pareil acte fuffifent pour le rendre nul, puifqu'il détruit la fin pour
laquelle on l'a fait, puifqu'il empêche
qu'on obtienne la juftice qu'on en at-
tendoit, & qu'il ne prévient pas les
maux qu'on craignoit; & ceux dont
on avoit deffein de procurer le bien par

cet acte, font par conséquent en droit
de le caſſer, & font même obligés de
le faire pour peu qu'ils veuillent faire
un bon uſage de leur raiſon. Cela
ſuffiroit pour nous engager à nous
remettre en liberté quand même il ſeroit vrai que nos ancêtres nous auroient réduits en ſervitude. Mais graces à Dieu, nous n'en ſommes pas réduits là : nous n'avons pas lieu de croire que nous ſoyons décendus de perſonnes aſſez folles & aſſez ſtupides pour
avoir voulu nous précipiter dans un
abîme de miſéres & d'infamie, ou aſſez lâches pour s'être ſoumiſes elles-
mêmes par force ou par motif de
crainte à un eſclavage indigne de gens
raiſonnables. Nous n'ignorons pas
combien leur liberté leur étoit chére,
& avec combien de valeur & de courage ils l'ont défenduë ; & leur éxemple eſt le meilleur que nous puiſſions
avoir pour nous encourager à ne permettre jamais qu'on viole ou qu'on
diminue cette liberté qu'ils nous ont
laiſſée en héritage.

SECTION XXVI.

Quoi qu'on puisse bien confier au Roi le pouvoir de choisir des Juges ; cependant l'Autorité en vertu de laquelle ces Juges agissent, leur est donnée par la Loi.

J'Avoue qu'il n'y a point de Loi si parfaite, *qu'elle puisse pourvoir si exactement à tous les cas extraordinaires qui peuvent survenir, qu'elle ne laisse rien à la discrétion des Juges*, qui doivent en quelque façon en être les interprètes : mais je nie absolument, *que les Loix & coutumes soient toûjours en petit nombre, & que ce soit à cause de cela qu'elles ne peuvent prescrire des régles sur toutes sortes de choses ; ou que les juges ayent recours à ces principes ou à ces axiomes de Loix communes que d'autres juges ont suivis dans le jugement de causes à peu près semblables, & que ces juges ayent reçû leur autorité du Roi qui leur transfère le droit qu'il a de décider de tout ;* & je soutiens.

Premierement, qu'en plusieurs lieux & principalement en Angleterre, il y a tant de Loix, que le grand nombre d'icelles cause une incertitude qui est embarrassante & dangereuse; & que la diversité infinie des cas qui ont été jugés en différentes maniéres, étant opposés & contradictoires l'un à l'autre, a rendu les difficultés si grandes qu'il n'est pas possible de s'en débarrasser. Tacite attribue à cet abus une grande partie des miséres que souffroient les Romains de son temps; il nous dit, *que les Loix devinrent innombrables dans le temps que la République étoit la plus corrompuë*, & que ces Loix renverserent la justice. C'est ainsi qu'en France, en Italie & en plusieurs autres lieux où on rend les Loix Civiles, Municipales, les jugemens sont en quelque façon arbitraires; & quoique l'intention de nos Loix soit juste & bonne, elles sont en si grand nombre, & nos statuts aussi bien que les décisions des cas remplissent tant de volumes, qu'on n'y trouve presque rien qui soit décidé d'une maniere si claire & si certaine, qu'il ne soit fort facile à un homme d'esprit & de sçavoir d'y découvrir quelque chose d'assez plausible pour justifier tel jugement qu'il voudra rendre. Au lieu que les

Et in corruptissima Republica plurimæ Leges.

Loix de Moïfe, au moins quant à la partie judiciaire, étant courtes & en petit nombre, il étoit facile de juger certainement de toutes fortes de chofes ; & en Suiffe, en Suéde & en quelques endroits du Danemarc, on peut lire en peu d'heures tout le recueil de Loix, & de cette maniére on ne peut faire aucune injuftice, qu'elle ne foit connuë incontinent.

Secondement, ce n'eft pas bien établir des axiomes que de leur donner pour fondement des cas qui ont été jugés auparavant, mais plûtôt on doit juger des chofes par les axiomes ; on ne prouve pas le certain par l'incertain, mais l'incertain par le certain ; & il n'y a rien qu'on ne doive croire incertain jufques à ce qu'on ait apporté des preuves convaincantes de fa certitude. Les axiomes, en matiére de Loi, font évidens, & il ne faut que le fens commun pour en connoître toute la certitude, auffi bien que des axiomes de Mathématique : & on ne doit recevoir aucune chofe pour axiome à moins qu'elle ne foit fi certaine & fi évidente que les plus fimples ne puiffent s'y tromper. Les axiomes de notre Loi ne reçoivent pas leur Au-

torité de Coke ou de Hales, mais Coke
& Hales méritent l'estime de tous les
honnêtes gens, par ce qu'ils ne jugent
que sur des axiomes incontestables,
véritables & certains.

Troisiémement, les Juges reçoivent
leur commission du Roi, & peut-être
n'auroit-on pas tort de dire que cette
nomination qu'il en fait est fondée
sur un droit qu'on a bien voulu lui
donner; mais ils tiennent toute leur
autorité de la loi, aussi-bien que le
Roi qui n'a aucun pouvoir que celui
que cette loi lui donne. Car celui qui
originairement n'a aucune autorité,
n'en peut donner aux autres, à moins
qu'on ne lui en ait conféré auparavant.
Je ne sçai comment il peut accomplir le serment qu'il a prêté, de gouverner suivant les loix, à moins qu'il
ne mette en éxécution le pouvoir
qu'on lui aconfié, en nommant pour
juges ceux qu'il croit en conscience
être les plus propres à s'acquitter dignement de cet emploi, & qui sem-
blent tels à son Conseil. Mais & le
Roi & ses Juges doivent apprendre
leur devoir dans cette Loi, qui assi-
gne à un chacun l'ouvrage qu'il doit
faire, & qui lui convient. Comme l'intention

téntion de la Loi est qu'on ne choisisse
pour Juges que des personnes d'une intégrité reconnuë, & qui soient versées
dans l'étude des Loix, & qu'on ne
doit pas s'imaginer que le Roi se ren-
dra indigne du pouvoir qu'on lui a
confié, en nommant pour Juges des
personnes qui n'ont point ces qualités,
il n'y a rien de plus raisonnable que
de croire que les Juges instruiront le
Roi dans les choses qui regardent la
Loi. Mais il y a aussi peu de raison à
croire qu'un Prince, qui peut-être est
encore enfant, qui est accablé sous le
poids d'une excessive vieillesse, ou qui
est ignorant & sans capacité, puisse
instruire les Juges de ce qu'ils doivent
sçavoir, qu'il y en auroit à dire qu'un
aveugle doit servir de guide à ceux
qui ont de très-bons yeux; & cette
pensée est si éloignée de l'intention
de la Loi, qu'elle ordonne, comme
je l'ai déja dit, que les Juges prêteront
serment de juger conformément aux
Loix, sans avoir aucun égard aux Lettres Patentes ou aux Commandemens
du Roi qui pourroit leur ordonner
le contraire. Si donc ces Juges sont
indispensablement obligés de suivre
une régle fixe, dont il ne leur est pas

permis de s'écarter, quelque ordre qu'ils puissent recevoir au contraire, il s'ensuit qu'ils ne jugent pas en vertu de l'autorité qu'ils ont reçûë du Roi, mais en vertu de celle qu'ils tiennent d'une puissance qui est au dessus du Monarque & d'eux. C'est une vérité dont on demeure ordinairement d'accord ; mais si l'on a vû quelques juges en différends siécles, qui sous espérance d'obtenir des récompenses ou de s'élever à des emplois encore plus considérables, ne se sont pas mis fort en peine d'accomplir leur serment ; cependant on a lieu de croire que le succès que plusieurs d'entr'eux ont eu, suffira pour détourner les autres de suivre leur exemple ; & si nous n'avons pas un plus grand nombre d'exemples du châtiment de ces mauvais juges, on n'en peut donner d'autre raison, sinon que les peuples *
péchent souvent, par trop de négligence, lorsqu'il est question de soutenir leurs droits, qu'ils sont trop indulgens ou trop nonchalans lorsqu'il est question de punir les coupables,

* Jure igitur plectimur ; nisi enim multorum impunita scelera tulissemus , nunquam ad unum tanta pervenisset licentia. Cicero.

& que rarement ils péchent par trop
de sévérité.

Quatriémement , les jugemens se
rendent différemment dans différens
Etats & Royaumes ; mais quiconque
veut trouver un pays , où la volonté
du Roi décide absolument de tout en
matiere de jugemens , doit aller pour
le moins aussi loin que Maroc. Et
je ne sçai même s'il trouveroit là ce
qu'il y chercheroit , car l'Ambassadeur
de ce Monarque , qui étoit derniere-
ment ici , nioit que les jugemens dé-
pendissent absolument de son Maître.
Quoiqu'il en soit , il est sûr qu'en
Angleterre , suivant la grande Chartre.
On ne peut être jugé que par ses Pairs : Judicis
personne ne peut être arrêté prison- *fiunt per Pa-*
nier, dépouillé de ses biens , privé de *res. Maga-*
quelqu'un de ses membres ou de la *Chart.*
vie , *à moins qu'il n'y ait été condamné* Nisi per ju-
par sentence de ses Pairs. Les Rois de *dicium Pa-*
Juda *jugeoient & étoient jugés* ; & ils *rium suorum.*
ne rendoient jugement que dans le *Ibid.*
Sanhédrin, & de l'avis de ceux qui *Judicabant*
composoient cette assemblée. En An- *& judicaban-*
gleterre les Rois ne jugent pas, mais *tur. Maimo-*
on les juge : & Bracton dit que lors- *ni.*
qu'il s'agit *de juger le Roi il n'est pas* In justitia
plus que les particuliers ; ce qui ne pour- *recipienda*
  Rex cuilibet

en plebe æqualis est. roit pas être, s'il n'y avoit que lui qui fût en droit de juger, & que cette Loi qui met le jugement de toutes choses entre les mains du peuple, l'eût exempté d'être jugé par qui que ce soit. Le peuple éxerce le pouvoir judiciaire par le moyen du grand ou du petit Juré, & les Juges assistent à ces jugemens, pour expliquer les endroits difficiles de la Loi, dont on suppose qu'ils doivent être instruits.

Il y a dans l'orginal, Verdict, qui signifie la réponse des Jurés sur une Cause civile ou criminelle, dont ils ont fait l'éxamen. La force de tous les jugemens consiste dans le rapport de ces Jurés, car les Juges ne jugent pas proprement, puisqu'ils ne font que prononcer la sentence que ceux-là ont donnée : & la même Loi qui approuve cette réponse ou sentence des Jurés, quoiqu'elle soit contraire aux avis des Juges, porte que ces Juges doivent être punis très-rigoureusement, si par un trop grand attachement à leurs propres sentimens, ou pour obéïr aux ordres du Roi, ils entreprenoient de donner sentence sans avoir oüi le rapport des Jurés, ou d'en prononcer une qui lui soit contraire ; & ils ne peuvent se garantir du châtiment qu'ils méritent, quoiqu'ils prennent pour prétexte que c'est à eux qu'appartient le droit & le

pouvoir d'interpréter la Loi. Le pouvoir que l'on confie aux Juges n'est
pas fort étendu, & ils doivent l'éxercer *bona fide*. S'ils ne s'acquittent pas
de leur devoir, on peut les punir du
dernier supplice, comme cela est arrivé à Trésillan, à Empson, à Dudley
& à plusieurs autres. De plus, dans de
certains jugemens les Juges ne sont que
pour assister les Jurés, qui prononcent
eux mêmes la sentence, quoique les
Juges ayant oüi le débat de la cause,
déclarent qu'elle est la teneur de la Loi
à cet égard. C'est pourquoi quand
même je demeurerois d'accord que
le Roi peut assister aux jugemens en
personne, tout ce qu'il pourroit faire
en ce cas, ce seroit de prendre garde
que tout se fasse avec justice, qu'on
mette les Loix en éxécution, ou peut-
être y assisteroit-il pour avoir l'œil
sur la conduite de ceux qui jugent.
S'il a quelqu'autre part dans ces jugemens, ce ne peut être qu'en vertu
de sa capacité politique, en conséquence de laquelle on dit qu'il est
présent dans les principales Cours où
l'on rend toûjours la justice, soit que
celui qui porte la Couronne soit jeune ou vieux, sage ou ignorant, bon

E 3

ou méchant, ou foit qu'il approuve
ou défapprouve ce qu'on fait.

De plus, comme on n'a établi les
Gouvernemens que dans la vûë d'obtenir juftice, & qu'on a donné au Roi le
pouvoir de l'éxécuter, il y a apparence que la Loi auroit ordonné qu'il eût
été préfent à tous les jugemens, s'il n'y
avoit eu qu'une Cour de Juftice, ou
qu'il eût pû être préfent dans plufieurs
en même temps ; fi on étoit fûr qu'il
fût infaillible ; fi l'on pouvoit fans danger le punir comme on fait les mauvais
Juges ; ou fi l'on étoit perfuadé qu'il
feroit toujours orné de tant de fageffe,
d'induftrie, d'expérience & d'intégrité,
qu'il pût & voulût aider de fes lumieres ceux qui font nommés pour adminiftrer la juftice, & les retenir en bride
s'ils s'écartoient du droit chemin. Mais
comme il y a plufieurs Cours de Juftice qui ont même autorité, qui tiennent
leurs féances en même temps, en différens lieux fort éloignés les uns des
autres ; qu'il eft impoffible au Roi d'être
préfent dans toutes ces Cours ; qu'on
n'eft pas affuré qu'il ne puiffe s'y commettre autant ou plus d'abus en fa pré-
fence, qu'en fon abfence, & qu'il n'en
commette lui-même autant & plus que

les autres en pourroient commettre ; &
qu'il n'est pas facile de punir ses fautes,
sans exposer la nation à des malheurs
qui seroient beaucoup plus funestes que
ne le peut être l'injustice qui est faite à
un particulier : la Loi qui se propose de
prévenir les injustices , ou de punir celles qu'on ne peut empêcher , a ordonné qu'on choisisse des personnes qui
soient versées dans l'étude des Loix ; &
les a obligés de promettre , par serment,
que ni promesse , ni menace , ni appré-
hension de la colere du Roi , ni espérance d'en obtenir des récompenses , ni
même des ordres positifs de sa part , ne
seront jamais capables de le détourner
du chemin de la justice ; & elle les condamne aux plus sévéres châtimens, s'ils
violent le serment qu'ils ont fait à Dieu
& à leur patrie , en trahissant lâchement les intérêts de leurs concitoyens.

Si quelqu'un s'imagine que les paroles de Bracton , que notre Auteur
rapporte sur ce sujet : *Quis primo &*
principaliter possit & debeat judicare, &c.
sciendum est quod Rex & non alius , si so-
lus ad hæc sufficere possit ; cum ad hoc per
virtutem Sacramenti teneatur : Si quelqu'un , dis-je , s'imagine que ces paroles sont contraires à ce que j'ai avan-

E 4

cé, je le prie de vouloir bien considérer attentivement la liaison de ces paroles, afin d'en connoître le véritable
sens ; quoiqu'en les prenant telles qu'elles sont, sans autre éxamen, elles suf-
firoient toujours pour prouver la cause
que je défends. Car il faudroit être fou
pour inférer que le Roi est en droit de
tout faire, d'une supposition que l'on
fait que cela ne lui est pas possible.
Celui donc qui dit que le Roi ne peut
pas faire une chose, dit en même temps
qu'il faut que d'autres la fassent, ou
qu'elle ne se fasse point du tout. Mais
ayant déja démontré que le Roi, considéré simplement entant que Roi, n'a
aucune des qualités requises pour pouvoir juger de toutes les causes, ni même d'aucune, & que plusieurs Rois ont
tous les défauts de l'âge, & toutes les
imperfections personnelles qui rendent
les hommes tout-à-fait incapables de
prononcer une sentence, & d'administrer la justice, nous pouvons conclure,
sans craindre de contredire Bracton,
qu'aucun Roi, entant que Roi, n'a pas
la puissance de juger, parce que quelques-uns d'entr'eux en sont tout-à-fait
incapables ; & si quelque Monarque à
ce pouvoir, il faut nécessairement qu'il

lui ait été conféré par ceux qui l'ont crû
capable de s'acquitter de cet important
emploi. Lorfque Filmer aura trouvé
un Prince à qui on aura donné ce pouvoir, il faudra que nous éxaminions
jufqu'où il s'étend ; mais quand même
il le trouveroit, il n'en retireroit pas
grand avantage par rapport à fa propofition générale ; car je crois qu'il auroit
eu peine à fe réfoudre d'inférer, que
parce qu'on auroit donné à quelque
Prince le pouvoir de juger de certains
cas, en confidération de fa capacité &
de fon habileté, il s'enfuivroit que tous
les autres Princes duffent juger de tout,
quelques incapables qu'ils en foient.
De plus, s'il ajoûte foi à ce que dit
l'Auteur, dont il cite les paroles, il
avoüera que le pouvoir judiciaire n'eft
pas attaché à la perfonne du Roi, mais
qu'il n'en eft revêtu qu'en vertu du ferment qu'il prête le jour de fon Sacre ;
ferment que Filmer tâche d'affoiblir &
d'annuller. Or, comme ce ferment eft
fondé fur la Loi, & que la Loi ne peut
pas éxiger des chofes impoffibles & ab-
furdes, il ne fe peut pas qu'elle ait deffein d'éxiger d'un homme qu'il fâffe ce
qu'il n'eft pas capable de faire, & fon
ferment même ne peut l'y engager.

E 5

Plufieurs Rois font incapables de juger, par conféquent il eft impoffible que l'intention de la Loi ait été de les y obliger. La liaifon des paroles de Bracton fait auffi voir que cette imagination que le Roi devroit juger toutes les caufes, s'il le pouvoit, eft une pure chimere ; car Bracton dit au même Chapitre, *que le pouvoir du Roi eft le pouvoir de la Loi*, c'eft-à-dire, qu'il n'a point d'autre pouvoir que celui que la Loi lui a donné : & il eft impoffible que la Loi, qui ne fe propofe pour but que la juftice, eût voulu la faire dépendre d'une chofe auffi incertaine que le caprice d'un enfant, d'une femme ou d'un infenfé ; car de cette maniere elle fe détruiroit elle-même. La Loi ne peut donc pas donner un femblable pouvoir, & le Roi ne peut pas l'avoir.

Si l'on me dit que tous les Rois ne font pas tels que ceux dont je viens de parler ; qu'il y en a qui font d'un âge mûr, fages, juftes & bons ; ou qu'on foûtienne qu'il ne s'agit pas ici de ce qui eft avantageux aux peuples, mais de ce qui peut augmenter la gloire du Roi, qui ne doit rien perdre de fes droits, quand même cela feroit caufe de la ruine des fujets : à cela je répons premierement, que ce qui appartient aux Rois, entant que Rois, appartient à tous les Rois du monde. Ce pouvoir judiciaire ne peut appartenir à tous les Princes, par les raisons que j'ai alléguées ci-dessus : il ne peut donc appartenir à aucun en qualité de Roi ; & on ne peut, sans fureur, l'accorder à aucun, jusqu'à ce qu'il ait donné des preuves autentiques de sa sagesse, de son expérience, de sa diligence & de sa bonté; qualités qui sont absolument requises & nécessaires pour bien juger. Il n'importe quels sont ses ancêtres : les vertus ne sont pas attachées à une certaine famille ; & les héritiers de Hales & de Harvey auroient encore plus de raison d'éxiger que les Cliens & les Patiens de leurs ancêtres se servissent d'eux dans leurs procès & dans leurs maladies, que n'en auroient les héritiers d'un grand & sage Prince de prétendre à un pouvoir, qui n'a été donné à leur ancêtre qu'en considération de ses vertus & de ses qualités personnelles, s'ils n'ont pas les mêmes talens qui sont absolument nécessaires pour éxercer ce pouvoir dignement,

Le sens commun nous apprend que les Gouvernemens, aussi bien que les

Cours de Justice, sont établis pour rendre la justice : on n'a pas érigé le * *Banc du Roi* à dessein de donner une charge considérable au Lord Chef de Justice, mais afin que la Justice y fût administrée, & que les opprimés pussent y trouver du soulagement. L'honneur & le profit que le Juge reçoit, ne lui viennent, pour ainsi dire, que par accident, comme la récompense de ses services, s'il s'acquitte bien de son devoir. Dieu ne donna pas le gouvernement de son peuple à Moïse & à Josué, afin qu'ils se glorifiassent d'avoir six cent mille hommes sous leur commandement, mais afin qu'ils introduisissent ce peuple dans la terre qui lui avoit été promise ; c'est-à-dire, qu'ils n'étoient pas ce qu'ils étoient pour eux-mêmes, mais pour le peuple ; & toute la gloire qui leur en revint, ce fut de s'être bien acquitté de leur emploi, en tendant toujours vers la fin de leur institution. Notre Auteur même est obligé d'en demeurer d'accord, lorsqu'il dit, que la prérogative Royale est établie pour le bien des sujets. C'est donc pour les peuples que le Roi en jouit,

---

* *C'est le nom d'une des Cours de Justice qui se tiennent à Westminster.*

& elle ceſſe de ſubſiſter lorſqu'il ne la fait pas ſervir pour la fin pour laquelle on la lui a accordée. Filmer reconnoît auſſi que *le ſalut du peuple eſt la ſuprême Loi* : il faut donc que le droit du Roi y réponde, & lui ſoit ſubordonné. Si donc un Prince ne ſe propoſe pour but que ſon intérêt particulier, oppoſé à celui du peuple, il viole cette Loi ſuprême : il ne vit pas & ne régne pas pour ſon peuple, mais pour lui-même, & en s'écartant de la fin de ſon inſtitution, il la détruit. Si l'on en doit croire Ariſtote, en qui il ſemble que notre Auteur ait beaucoup de confiance, un Prince de ce caractére ceſſe d'être Roi, & devient Tyran : celui qui auroit dû être le meilleur de tous les hommes, devient le plus ſcélérat ; & celui qu'on veut que nous regardions comme le Pere du peuple, devient l'ennemi public. Il ne s'agit donc pas ici de ſçavoir ce qui eſt avantageux au Roi, mais ce qui eſt utile au peuple, & le Roi ne peut avoir de droit qui ſoit incompatible avec le bien de ſes ſujets.

Polit. L. 11

Bracton n'a pas plus d'indulgence pour les Souverains : *Le Roi*, dit-il, *eſt obligé par ſon ſerment de faire tout ſon*

possible pour conserver la paix de l'Eglise
& du monde Chrétien, pour empêcher les
extorsions & toutes sortes d'injustices, pour
faire observer la justice avec clémence :
il n'a point d'autre pouvoir que celui que
la Loi lui donne ; cela seul doit être reçû
pour Loi : *Quod recte fuerit definitum*. Il
doit donc faire observer la justice conformément à cette régle , & ne la pas
renverser pour son propre plaisir, pour
son profit ou pour sa gloire. Il peut
choisir des Juges aussi ; mais il ne doit
pas élever à cet emploi des personnes
qu'il croit d'humeur à obéïr aveuglément à toutes ses volontés : il faut au
contraire qu'il cherche pour cette im-

Bracton. L. portante charge , *viros sapientes, timen-*
3. c. 10. *tes Deum, in quibus est veritas eloquiorum,*
& qui oderunt avaritiam. Ce qui fait
voir que les Rois & leurs Officiers ne
possédent pas leurs emplois pour eux-
mêmes , mais pour le peuple, & qu'ils
doivent avoir la capacité requise & nécessaire pour s'acquitter dignement des
devoirs de leur charge. La fable de
Phaëton représente parfaitement bien
la funeste fureur de ceux qui sont assez
téméraires pour vouloir éxécuter une
autorité qui surpasse leurs forces : ils
croyent ne souhaiter que des choses

avantageuses pour eux-mêmes, dans le temps qu'ils courent à leur perte. Le même Bracton dit encore sur ce sujet, * *que si un homme qui n'a pas la capacité requise, est assez présomptueux pour s'asseoir sur le siége de la Justice, il en tombe comme d'un précipice, &c. & c'est tout de même que si l'on mettoit une épée entre les mains d'un furieux:* Paroles qui regardent le Roi aussi-bien que ceux qu'il choisit pour administrer la justice. Si le Monarque néglige les fonctions de sa charge, *il fait injustement, & devient le Lieutenant du diable; car il est le Ministre de celui dont il fait les œuvres.* C'est là l'opinion de Bracton; mais pour moi, souhaitant d'interpréter la Loi avec plus de modération, je voudrois seulement que les Princes pensassent à la fin de leur institution ; qu'ils tâchassent d'arriver à cette fin ; qu'ils connussent de quoi ils sont capables ; qu'ils se contentassent du pouvoir que la Loi leur donne, & qu'ils eussent en horreur ces misérables, qui par leurs flateries & par leurs mensonges, font tous leurs

---

* *Si quis minus sapiens & indoctus sedem judicandi, & potestatem judicandi præsumpserit, ex alto corruit, &c. & perinde erit ac si gladium poneret in manu furentis.* ibid.

efforts pour s'infinuer dans leurs efprits,
en les attaquant par leur foible ; & qui
par ce moyen , attirent fur eux la haine
du peuple, qui bien fouvent eft fuivie
de leur ruïne. Quand même on con-
viendroit que les paroles d'Ulpian ,
Princeps Legibus non tenetur , font véritables par rapport à l'Empire Romain ,
du temps que cet Auteur écrivoit ; toujours fera t'il vrai qu'elles ne fignifient
rien par rapport à nous. La liberté de
Rome étoit depuis long-temps fous la
puiſſance de l'épée , & la Loi étoit de-
venue l'eſclave de la volonté des ufurpateurs. Ce n'étoit pas les Anglois ,
mais les Romains , qui perdirent les
batailles de Pharfale & de Philippes :
les corps morts de leurs Sénateurs fer-
virent de nourriture aux loups & aux
vautours, & non pas les nôtres : Pom-
pée, Scipion, Lentulus, Afranius ; Pé-
tréïus, Caton, Caffius & Brutus étoient
les défenfeurs de la liberté Romaine ,
& non pas de la nôtre ; & leur défaite
fut fuivie de la perte de la liberté de
leur patrie , & non pas de celle de notre pays. Ceux qui fuccomberent fous
la fureur des profcriptions , laiſſerent
après eux Rome , & non pas l'Angleterre , en efclavage. Si les plus honnê-

tes gens d'entre les Romains avoient
remporté la victoire, il ne nous en feroit revenu aucun avantage, & par
conféquent nous ne devons pas être
malheureux parce qu'ils l'ont été. Chaque nation doit avoir foin de la confervation de fes Loix, & il ne s'agit
pas de fçavoir s'il y a eu des peuples
affez fages, affez heureux & affez puif-
fans pour défendre leurs libertés, ou
non; c'eft-là une chofe qui regarde
ces peuples, & non pas nous. On doit
faire beaucoup de cas de l'exemple des
grands hommes, qui ont voulu rendre
fervice à leur patrie en défendant fa liberté: s'ils ont échoué dans leurs entreprifes, & qu'il leur en ait coûté la
vie, c'eft un effet de leur mauvaife fortune; & tout ce que fait dans la fuite
leur poftérité affujettie aux Loix du vic-
torieux, ne peut avoir aucune influence fur le refte du monde, finon entant
que ce leur eft un avertiffement de
s'unir fi bien pour la défenfe de leurs
libertés, qu'ils ne fe trouvent jamais
réduits à la fatale néceffité d'obéïr aveu-
glement aux volontés d'un homme,
quelque préjudice qu'ils en puiffent
recevoir. Si la grandeur des Romains
nous porte à faire beaucoup d'attention

à ce qui s'est passé parmi eux, nous devons plûtôt nous arrêter à éxaminer ce qu'ils ont fait, dit ou pensé pendant qu'ils joüissoient de cette liberté, qui étoit la mere & la nourrice de leurs vertus, que de nous soucier de ce qu'ils ont souffert, ou de ce qu'ils ont été contraints de dire, lorsqu'ils ont été réduits dans un esclavage qui a produit parmi eux toute sorte de corruption, & qui les a enfin rendu le peuple du monde le plus abject & le plus misérable.

Quant à nous, on peut dire avec vérité que les actions de nos ancêtres ressemblent mieux à celles des Romains modernes. Quoique la forme de notre Gouvernement ne soit pas la même, cependant il ressemble au leur dans son principe ; & si nous n'avions pas dégénéré de nos ayeux, nous aimerions mieux imiter les Romains vertueux, comblés de gloire, puissans & heureux, que de leur ressembler dans des actions qui furent les suites de leur esclavage, de leurs vices, de leur infâmie & de leur misere. Dans les temps heureux de cette République, *lorsque les Loix étoient plus puissantes que les commandemens des hommes*, on regardoit la mauvaise foi

comme un crime fi noir & fi détefta-
ble , qu'on croyoit qu'il n'y avoit que
les efclaves qui puſſent en être coupables ; & un homme qui auroit voulu
s'élever au-deſſus des Loix, fous prétexte de les interpréter , fe feroit expofé au mépris univerfel., & même à un
châtiment plus rigoureux, fi tant eſt
qu'il y ait rien de plus cruel que d'être
l'objet du mépris des honnêtes gens.
Et comme ni les Romains , ni aucun
peuple du monde, n'ont jamais mieux
défendu leur liberté, que les Anglois
ont défendu la leur , lorſqu'on a eu recours à la force pour les opprimer, ils
ne doivent pas être moins foigneux de
défendre cette précieuſe liberté contre
les attaques de la fraude & de la mauvaiſe foi , qui font encore plus dange-
reuſes que celles de la force & de la
violence.

On ne peut nier que nos ancêtres ne
fuſſent réduits fort bas fous le régne de
Guillaume I. un grand nombre des plus
confidérables d'entr'eux avoient perdu
la vie dans les guerres civiles , ou en
fuivant le parti d'Harold : ils étoient
braves , mais fans expérience & fans
difcipline. Les Normands, par les fréquentes expéditions qu'ils avoient fai-

tes en France , en Italie & en Espagne ,
avoient joint à l'impétuosité de leur
nature toute la subtilité imaginable.
Guillaume avoit juré de conserver le
privilége de la nation ; mais il viola
son serment, & employa à la ruine de
ses sujets le pouvoir qu'ils lui avoient
confié pour leur conservation. Il fit périr plusieurs personnes de mérite ; il en
emmena plusieurs autres en Normandie,
& s'imagina qu'il étoit maître de tout.
Il étoit rusé, hardi & enflé de ses victoires ; mais il éprouva que la résolution d'un peuple courageux étoit invin-
cible. Lorsqu'ils s'apperçurent que leurs
Loix & leurs libertés étoient en danger,
ils résolurent de mourir ou de les conserver en leur entier , & lui firent connoître qu'il ne pouvoit mettre sa Couronne & sa vie en sûreté , qu'en accom-
plissant ce qu'il leur avoit promis, &
en se servant de son autorité pour arriver au but qu'on s'étoit proposé en
l'élevant sur le Trône. Ils ne crurent
pas qu'il fût en droit de leur donner
des Loix; ni de les interpréter à sa fantaisie ; & ils ne voulurent pas souffrir
qu'il violât celles de leurs ancêtres. Ils
ont toujours suivi la même route ; &
quoiqu'ils n'ayent peut-être pas eu as-

fez de lumieres pour trouver le moyen
le plus sûr & le plus aisé pour réprimer
les Princes, cependant ils ont si bien
sçû défendre leurs priviléges, qu'on a
vû peu de Princes prudens entreprendre de les leur ôter ; & ceux qui ont été
assez fous pour l'entreprendre y ont si
mal réüssi, que cela seul suffit pour détourner les autres de suivre leur mauvais exemple. Depuis Guillaume I. nous
n'avons point eu de Roi plus fier ni plus
hardi qu'Henri VIII. cependant il étoit si
persuadé que le droit de faire des Loix,
de les changer ou de les abolir, appartenoit au Parlement, qu'on ne voit pas
qu'il ait fait aucun changement extra-
ordinaire sans l'intervention de cette
auguste Assemblée. Ce ne fut pas lui,
mais le Parlement, qui chassa les Moi-
nes de leurs Couvens ou Abbayes : il
ne s'appropria pas leurs terres ; mais il
reçut ce que le Parlement jugea à propos de lui en donner : il ne secoüa pas
le joug du Pape de sa prope autorité,
& ne s'attribua point d'autre pouvoir
dans les affaires Ecclésiastiques, que celui que le Parlement lui conféra. Les
difficultés embarrassantes qui s'éleve-
rent au sujet de ses mariages, & la lé-
gitimation de ses enfans, tout cela fut

réglé par la même puiſſance : du moins
une de ſes filles ne pouvoit pas prétendre à la Couronne ſur d'autre titre
qu'en vertu de ce réglement : ceux qui
lui permirent de diſpoſer de la Couronne par ſon teſtament, auroient pû le
permettre à ſon palfrenier ; & ce Prince étoit trop fier pour leur demander ce
pouvoir, s'il avoit réſidé en ſa perſonne ; & il y auroit réſidé infailliblement,
ſi les Loix & l'autorité judiciaire avoient
été entre ſes mains.

C'eſt ce que l'on voit encore plus
clairement par ce qui ſe paſſa à la Tour
entre le Chevalier Thomas Moor, &
Rich Procureur du Roi. Cet homme
lui demandant, ſi ce ne ſeroit pas un
crime de léze-Majeſté que de s'oppoſer
à Richard Rich, en cas que le Parlement lui donnât la Couronne ? Moor
lui répondit, que cette queſtion étoit
caſus levis, parce que le Parlement pouvoit faire des Rois, & les dépoſer lorſqu'il le jugeoit à propos : & pour lors
voulant dire quelque choſe qui eût plus
de rapport au cas où il ſe trouvoit, il
demanda à Rich, ſi, ſuppoſé que le Parlement paſsât un acte par lequel il or-
donneroit que *Dieu ne ſeroit plus Dieu,*
& qu'on ne l'adorât plus comme tel, ceux

qui ne voudroient pas obéïr à cet acte
devoient être confidérés comme criminels de léze-Majefté? Il eft évident
qu'un homme qui avoit autant de pé-
nétration & de fçavoir qu'en avoit le
Chevalier Moor, ne fe feroit pas fervi de cet argument pour fe difpenfer
d'obéïr à ce que le Parlement avoit ordonné, en faifant voir que le cas dont
il s'agiffoit étoit d'une nature beaucoup
au-deffus de tout pouvoir humain, fi
tout le monde ne fût pas convenu que
le Parlement pouvoit faire tout ce qui
ne furpaffe pas la puiffance humaine.
Je crois que ce que j'ai dit peu fuffire
pour démontrer que la puiffance du Roi
n'eft pas au-deffus des Loix; & s'il n'eft
pas au-deffus des Loix; on ne peut fans
folie lui attribuer le pouvoir de les interpréter, puifque cette prérogative
qu'on veut lui donner n'eft fondée que
fur une fuppofition qu'il peut faire des
Loix; ce qui eft abfolument faux.

SECTION XXVII.

La grande Chartre n'est pas le fondement, mais une déclaration des libertés des Anglois. Le pouvoir des Rois d'Angleterre n'est pas restraint, mais établi par cette Loi, & par les autres Loix de la nation; & c'est la seule nation qui les a faites qui peut en corriger les défauts.

JE conviens avec Filmer, *que la grande Chartre n'a pas été faite pour restraindre le pouvoir absolu;* car les Rois d'Angleterre n'ont jamais eu un semblable pouvoir, ni prétendu qu'ils dussent l'avoir, cette chimere ayant été, selon toutes les apparences, réservée à notre siécle, pour comble d'infamie & de miséres: mais par l'établissement de cette Chartre, on s'est proposé d'affermir les libertés naturelles & originaires du peuple Anglois, par l'aveu autentique du Roi qui étoit alors sur le Trône, afin de ne laisser à lui, ni à ses successeurs, aucun prétexte d'empiéter sur les priviléges des sujets; & on ne peut pas

Filmi III.

pas dire que ni cette Loi, ni aucune
autre, diminuent en rien la puiſſance
des Rois : car comme ils ne ſont Rois
que par la Loi, la Loi peut conférer
quelque prérogative à l'un d'entr'eux
en particulier, ou à lui & à ſes ſucceſſeurs ; mais elle ne peut rien leur
ôter, parce qu'ils n'ont rien qu'ils ne
l'ayent reçû. Comme ce que la Loi
donne eſt donné par ceux qui font la
Loi, il n'y a qu'eux qui ſoient capables de juger ſi celui à qui ils ont donné cette autorité, l'éxerce bien ou mal,
& par conſéquent il n'y a qu'eux qui
ſoient capables d'en corriger les défauts.
C'eſt pourquoi quand même j'avoüe-
rois qu'on peut trouver des défauts dans
pluſieurs Statuts, & qu'en général tout
le recueil de ces Statuts eſt fort défectueux, il ne s'enſuivroit pas qu'on dût
remettre la déciſion de toutes les affaires à la volonté du Roi, quoiqu'il ſemble à Filmer que ce ſoit-là le chemin
le plus court. Mais quelques défauts qui
puiſſent être dans les Loix, le mal n'eſt
pas ſi grand qu'il ſoit beſoin d'avoir
recours aux remédes extrêmes, & nous
avons lieu d'eſpérer que nous en pour-
rons guérir à moins de frais. Il ſe peut
faire que nos Loix ont été trop libéra-

les des libertés du peuple, & qu'elles n'ont pas trouvé des moyens assez sûrs pour défendre nos priviléges contre l'usurpation des mauvais Princes ; mais tous ceux qui suivent une morale différente de celle de notre Auteur, & qui ont plus de jugement que lui, ne seront pas d'avis de résigner au Monarque ce qui reste de priviléges au peuple, pour remédier aux maux qui procédent de ce qu'on lui a par trop laissé empiéter sur les droits des sujets, ou de ce qu'on lui a donné trop de pouvoir. Quoiqu'en dise Filmer, il est évident qu'il est persuadé de cette vérité, puisque dans le temps même qu'il soûtient que les actes du Parlement ne peuvent pas restraindre le pouvoir des Rois, il tâche de tirer avantage de certaines clauses qui y ont été insérées avec supercherie par les Officiers des Rois, qui jusqu'au régne d'Henri V. avoient pour la plûpart la charge d'écrire les actes publics, ou de celles qui n'expliquoient pas clairement l'intention des Législateurs ; ce qui pouvoit être arrivé par négligence. Or, il est constant qu'il auroit grand tort de vouloir tirer avantage de ces sortes de choses, s'il étoit bien persuadé de ce qu'il veut faire

croire aux autres, que Dieu par une
Loi universelle a mis la décision de
toutes sortes d'affaires entre les mains
du Roi, en lui conférant le droit d'interpréter les Loix, & de juger des cas
que ces Loix n'ont pas clairement déci-
dés, sans qu'aucun pouvoir humain soit
capable de rien ajoûter ou retrancher à
cette prérogative royale ; ce qui donneroit au Monarque une autorité absoluë, & ce seroit autant que s'il avoit un
droit clair & incontestable d'ordonner
de toutes choses selon son bon plaisir.

Mais quelques défectueuses que puissent être les Loix, il y a apparence qu'il
n'en arriveroit pas de grands inconvéniens, si on observoit éxactement les
Statuts des Parlemens annuels, comme
cela se devroit pratiquer. Il n'est pas
possible de croire qu'une grande Assemblée, composée de personnes illustres
& choisies de toute la nation, vouluf-
sent faire une Loi manifestement opposée au dessein qu'ils ont : supposé qu'ils
eussent commis quelqu'erreur, s'ils venoient à la découvrir, le mal ne seroit
jamais si extrême qu'on ne pût fort bien,
sans péril, en différer la guérison jusqu'à la prochaine assemblée du Parlement, ou au moins pendant quarante

jours, efpace de temps qui fuffit au Roi
pour en convoquer un , fi le terme que
la Loi a marqué femble trop éloigné.
Si le Roi manque à cela, il ne s'acquitte pas des fonctions de fa charge ;
& quiconque voudroit , pour récompenfe de l'inobfervation de fon ferment,
lui conférer un pouvoir abfolu , feroit
auffi fou que notre Auteur, qui en nous
défendant d'éxaminer le droit & les titres des Princes , & en nous enjoignant
d'obéïr aveuglément aux Puiffances ,
fans faire attention qu'à leur autorité ,
& non aux moyens qu'elles ont employé
pour y parvenir, encourage les plus fcélérats au maffacre des meilleurs Princes,
en les affurant que s'ils réüffiffent dans
leurs pernicieufes entreprifes , ils en-
treront en poffeffion de tous les honneurs & de tous les avantages les plus
confidérables dont on puiffe joüir dans
le monde.

Les Princes ne doivent pas lui être
beaucoup plus obligés des difcours
fiers & hautains qu'il leur fait tenir ,
parce qu'on remarque que ce font ordinairement les plus méchans Princes
qui tiennent ce langage ; & la Loi ayant
foúvent puni leurs extravagances, cela
fuffit pour prouver qu'ils tiennent tout

leur pouvoir des Loix de leur Patrie.

Quand même il feroit vrai, comme le dit Filmer, que la réponse que le Roi fait quelquefois aux Bills qu'on lui préfente, pour y donner fon confentement, fembleroit un refus, cela ne ferviroit qu'à faire voir qu'il a voix négative, par rapport à ce dont on eft convenu dans les deux Chambres du Parlement; & non pas qu'il ait le pouvoir d'agir par lui-même. En effet, ce privilège ne lui auroit été donné que pour tenir en bride les autres parties du Gouvernement. Mais, en vérité, ce que notre Auteur appelle refufer, eft feulement éluder la queftion; & celui qui, par des voyes obliques, élude quelque chofe, confeffe par cela même qu'il n'eft pas en droit de la refufer abfolument. Il eft naturel aux Rois, & fur tout aux plus méchans d'entr'eux, d'élever leur autorité autant qu'il leur eft poffible; & la plus forte preuve qu'ils puiffent donner de leur manque de puiffance, c'eft lorfqu'ils ont recours à ces pitoyables fubtilités, pour fe difpenfer de faire ce que l'on demande d'eux. Mais quand même je demeurerois d'accord que les paroles dont ils fe fervent marquent un refus, & que nonobftant

celles du ferment qu'ils prêtent le jour
de leur Sacre, *quas vulgus elegerit*, ils
peuvent refufer ; tout ce que l'on en
pourroit conclure, c'eft que ces Rois
ont un pouvoir égal à celui de l'une
ou de l'autre Chambre ; ce qui ne peut
être un pouvoir fouverain, felon notre
Auteur, à moins qu'on ne voulût dire
qu'au même temps il y a trois Puiffances fouveraines, abfoluës & diftinctes
dans un même Etat ; ce qui eft tout-à-
fait ridicule.

Ce qu'il dit par rapport aux procédures de la *Chambre Etoilée* & du Confeil, ne fert qu'à faire voir qu'il y a eu
des Rois qui ont empiété fur les droits
de la nation, & qu'on les a foufferts
jufqu'à ce qu'ayant abufé exceffivement
de leur autorité, cet abus a fouvent
caufé la ruine des Miniftres qui leur
donnoient de bons confeils, & quelquefois celle de ces Rois même. Mais
la jurifdiction du Confeil ayant été ré-
glée par le Statut de l'an dix-fept de
Charles I. & la Chambre ayant été fup-
primée depuis ce temps-là, cela ne
regarde point notre différend.

Ceux qui reffemblent à notre Auteur, imputent ordinairement à trahi-
fon & à rébellion les changemens qu'on

a faits en de semblables occasions; mais
de tous ceux qui ne se laissent point
aveugler à leurs préjugés, il n'y en a
aucun qui ne le justifie, & qui ne reconnoisse encore que tous les Rois qui
régnent aujourd'hui en Europe, ne possédent point leur Couronne sur d'autre
titre qu'en vertu de celui qui leur est
conferé par ces actes solemnels des peuples, qui peu affectionnés envers le
prétendu héritier, quoique le plus proche du sang, ont jugé à propos de lui
préférer une autre personne, ou de
faire passer la Couronne dans une autre
famille. Ces personnes desintéressées disent aussi, que comme il n'est pas possible qu'un Gouvernement soit si parfait, qu'il n'ait quelque défaut dès son
origine, ou qu'il ne s'y en glisse quelqu'un dans la suite, il n'y en a point
aussi qui puisse subsister, à moins qu'on
ne le ramène de temps en temps à son
premier principe, par un acte si autentique de la puissance de ceux pour le
bien desquels il a été établi, que personne ne puisse s'empêcher de reconnoître qu'ils ne sont sujets à aucune
puissance humaine, & qu'ils peuvent
faire tout ce qu'ils croyent leur être
avantageux. Et comme le salut & la

F 4.

fûreté des peuples confiftent à fçavoir
bien placer & régler ce pouvoir, on a
toujours vû que ceux-là ont été heureux
qui ont mis l'autorité entre les mains
de perfonnes, qui, felon toutes les apparences, n'étoient pas d'humeur à
vouloir en ufurper plus qu'on ne leur
en accordoit ; qui paroiffoient moins
capables de fe laiffer intimider, tromper ou corrompre ; & qui étant eux-
mêmes les plus intéreffés au falut de
l'Etat, étoient par conféquent plus indifpenfablement obligés de travailler à
l'augmentation de fa puiffance, de fon
bien, & d'en défendre les libertés. C'eft-
là l'emploi le plus important qu'on
puiffe confier à des hommes. Ce pouvoir fut donné par les Lacédémoniens
aux Ephores, & au Sénat des vingt-huit :
à Venife, il réfide dans celui qu'on appelle *Concilio de Pregadi* : en Allemagne,
en Efpagne, en France, en Suéde, en
Danemarc, en Pologne, en Hongrie,
en Bohême, en Ecoffe, en Angleterre, &
généralement dans tous les pays qui ont
reçû le Gouvernement des Goths, cette
puiffance a toujours réfidé dans leurs
Affemblées générales des Etats, fous le
nom de Diétes, de Cortés, de Parlemens, de Sénats, *&c.* Mais quoiqu'il

en foit, toujours eft-il certain que ceux
qui ont eu ce pouvoir, ont aufli eu celui de faire, de caffer, de changer, de
corriger & d'interpréter les Loix; ce
font eux qui ont exclus les Princes de
la fucceffion, ou qui les ont dépofés:
ce font eux qui ont établi, réglé ou
changé l'ordre de la fucceffion; & je
défie qui que ce foit de me nommer un
feul Roi d'entre tous ceux qui régnent
chez les peuples dont je viens de parler,
qui ait aucun droit à la Couronne qu'il
porte, à moins que ces actes ne foient
valables.

Si ce pouvoir n'eft pas mis en de
bonnes mains, ou qu'il ne foit pas bien
proportionné à celui qu'on donne aux
autres Magiftrats, il ne fe peut pas que
l'Etat ne foit expofé à de grands dé-
fordres, ou bien il faut fouvent employer les moyens les plus violens &
les plus dangereux pour défendre fa liberté. Lacédémone & Venife ont été
rarement obligées d'avoir recours à ces
voyes violentes, parce que la puiffance
de leurs Sénats étoit fi fupérieure à celle de leurs Rois & de leurs Ducs, qu'il
ne leur étoit pas difficile de mettre ces
fortes de Souverains à la raifon. Les
Rois Goths en Efpagne n'ont jamais

F 5

voulu risquer d'entrer en concurrence avec la Noblesse ; & ce ne fut pas tant pour s'être voulu élever au-dessus des Loix, que Witza & Rodrigo exposé-rent le Royaume en proïe aux Maures, que pour avoir négligé la discipline militaire, & avoir porté, par leurs mau-vais éxemples, la jeunesse à la débauche & à la bassesse : cela joint à leur lâcheté & à leur ignorance, fut la ruine de l'Etat. Mais en Angleterre, où il sem-ble que nos ancêtres ayent eu quelque dessein de balancer les différentes puis-sances, il est arrivé que par une funeste erreur ils ont donné tant de pouvoir au Roi, que lorsqu'il s'en est trouvé quel-qu'un qui en a voulu abuser, on n'a pû le réprimer sans un très-grand péril. Et comme cette erreur a fait répandre beaucoup de sang illustre parmi nous, en différens siécles, aussi est-elle encore cause de l'embarras où nous nous trou-vons aujourd'hui, & nous menace en-core de plus grands malheurs pour l'avenir ; mais au moins elle ne peut pas nous ôter le droit que nous avons hérité de nos peres.

SECTION XXVIII.

Les Anglois ont toujours été gouvernés ou par la Nation en corps, ou par des Députés qui la repréſentoient.

AYant fait voir que la nation Angloiſe n'a jamais reconnu d'autre
Loi humaine, que celle qu'elle s'étoit
elle-même impoſée, & que nos Parlemens ayant le pouvoir de faire des
Loix & de les abroger, c'eſt à eux ſeuls
qu'appartient le droit de les interpréter, & de décider les cas difficiles ſur
leſquels la Loi ne s'eſt pas clairement
expliquée ; il eſt évident qu'il ne peut
y avoir de vérité en ce que dit notre Auteur : *Que c'eſt au Roi qu'appartient de
faire, de corriger & de tempérer ces Statuts, auſſi-bien que le Droit Coûtumier.*
Et qu'il n'y a pas plus de ſolidité dans
ce qu'il ajoûte : *Que ni l'un ni l'autre ne
peut en rien diminuer ce pouvoir naturel
que les Rois ont ſur leurs peuples, en qualité de Peres.* Car, comme je l'ai prouvé fort amplement dans les premieres
Parties de cet Ouvrage, il y a tant de

F 6

différence entre le pouvoir monarchique & l'autorité paternelle, au sens que Filmer l'entend, que ces deux choses sont entierement incompatibles, & ne se peuvent accorder ni dans le principe ni dans la pratique.

Mais de peur que nous ne fussions trop fiers de l'honneur qu'il a bien voulu faire à nos Parlemens, en se servant de leur autorité, il dit : *Que nous devons premierement nous souvenir que jusqu'au temps de la conquête*, terme dont il se sert pour exprimer l'entrée des Normands en Angleterre, croyant sans doute que c'est faire honneur à notre nation, *on ne pouvoit assembler de Parlement composé des Etats Généraux, parce qu'avant ce temps-là nous ne voyons pas que ces différens Ordres fussent mis en un corps.* En second lieu, il doute *si du temps des Saxons le Parlement étoit composé simplement de la Noblesse & du Clergé, ou si les Communes y entroient aussi;* mais il conclut hautement *qu'il n'y pouvoit pas entrer ce que nous appellons* Knight of a * Shire, *parce qu'alors le Royaume n'étoit point divisé en Shires.*

* *Député ou représentant général d'une Province dans la Chambre des Communes du Parlement d'Angleterre.*

Troisièmement, *que ce fut sous le régne d'Henri I. que les Communes choisirent, pour la premiere fois, leurs Députés pour les envoyer au Parlement ;* & il voudroit bien nous faire croire que le Roi leur accorda ce privilége par grace : mais il ajoûte, *qu'il auroit été plus glorieux pour les Parlemens de devoir leur origine à un Prince, dont le droit à la Couronne auroit été mieux fondé que ne l'étoit celui d'Henri Premier.*

Pour réponse au premier point je dis, que je ne me crois pas obligé d'insister sur le nom ou sur la forme du Parlement : car l'autorité d'une Magistrature ne procéde pas de son ancienneté, mais de la droiture de son institution, & de l'autorité de ceux qui l'ont établie. La puissance de Saül, de David & de Jéroboam étoit la même que celle qui appartenoit légitimement aux derniers Rois d'Israël & de Juda. L'autorité des Consuls, des Dictateurs, des Préteurs & des Tribuns Romains, n'étoit pas moins bonne lorsqu'elle fut instituée, qu'elle le fut dans la suite : elle étoit aussi légitime & aussi juste dès son origine, que celle des Rois de Dannemarc, qu'on dit avoir continué depuis plus de trois mille ans. Car com-

me le temps ne peut rendre légitime ni
juſte ce qui ne l'eſt pas de ſoi-même,
quoique les hommes ne ſe portent pas
volontiers à changer ce que leurs ancêtres ont établi, à moins qu'ils n'y dé-
couvrent de grands inconvéniens; auſſi
ce qu'un peuple juge à propos d'établir
pour ſon bien, a autant de force &
d'autorité dès le premier jour de l'établiſſement, qu'il en puiſſe jamais avoir
dans la ſuite : c'eſt pourquoi dans les
affaires les plus importantes, les perſonnes ſages & bonnes ne s'informent
pas tant de ce qui a été, que de ce qui
eſt bon, & de ce qui doit être ; car ce
qui eſt mauvais en ſoi devient encore
pire dans la ſuite, & on peut l'abolir
avec juſtice, auſſi-tôt qu'on en trouve
l'occaſion. Mais ſi cette liberté que
Dieu a donnée à tous les hommes en
naiſſant, s'affermit à meſure qu'ils la
conſervent plus long-temps, & que les
preſcriptions rendent les priviléges &
droits des Anglois inconteſtables, je
ſoûtiens que les nations dont nous héritons les droits, ont toujours joüi de
la liberté à laquelle nous prétendons ;
qu'elles ont exercé ce droit en ſe gou-
vernant elles-mêmes d'une maniere
populaire, ou par leurs Repréſentans

qu'elles ont toujours choisi elles-mêmes depuis que cette méthode a été en
usage.

Les Bretons & les Saxons ont été si
long-temps ensevelis dans l'obscurité,
qui est inséparable de la vie barbare
qu'ils menoient, que ce seroit en vain
qu'on chercheroit chez des Ecrivains
plus anciens que César & Tacite, ce
qui s'est passé parmi eux. Le premier
de ces Auteurs dit, que les Bretons
étoient un peuple féroce, jaloux de sa
liberté, & qui la défendoit avec tant
d'opiniâtreté & de valeur, que quoiqu'ils manquassent d'expérience, & que
les Romains fussent supérieurs en force, on ne put cependant se rendre maître de leurs pays qu'après en avoir fait
passer au tranchant de l'épée tous les
habitans capables de porter les armes.
Il les appelle un peuple libre, d'autant
qu'ils n'étoient pas, comme les Gaulois, gouvernés par des Loix établies
par les Grands de la nation, mais par
le peuple. De son temps ils choisirent,
pour commander leurs armées, Cassivellaunus, & ensuite Caractatus, Arviragus, Galgacus & plusieurs autres;
mais ils se réservérent le Gouvernement
pour eux - mêmes. Ils venoient armés

dans leurs affemblées générales, afin que perfonne ne pût les contraindre à rien faire contre leur gré ; & quoiqu'ils laiffaffent la décifion des affaires peu confidérables au jugement des principaux d'entr'eux, qu'ils choififfoient pour cet effet, ils fe réfervoient à eux-mêmes le foin des plus importantes, & entr'autres le choix de ces Juges fubalternes. Lorfque les Romains les eurent abaiffés, ils établirent do * certains Rois pour gouverner les habitans des pays qu'ils avoient conquis ; mais ceux d'entre ces peuples qui purent fe défendre par la force naturelle de la fituation des lieux qu'ils habitoient, ou qui fe retirérent dans le Nord ou dans les Ifles, fe gouvernérent toujours par leurs propres Loix, & ne fçurent jamais ce que c'étoit que d'être efclaves de leurs compatriotes ou des étrangers. Les Saxons, dont nous tirons principalement notre origine & nos coûtumes, n'étoient pas moins jaloux de leur liberté, & fçurent mieux la défendre, ayant plus d'expérience & de lumiéres. C'étoit, fans contredit, le peuple de toute l'Allemagne le plus vaillant & le

---

* *Inter inftrumenta fervitutis Reges habere.* Tacite.

plus puiſſant ; & ce que les Allemands
firent ſous le commandement d'Arioviſtus, d'Arminius & de Marobodus,
fait aſſez connoître quelles étoient les
forces & le tempéramment de ces peuples en général. Si jamais la crainte a
pû s'emparer du cœur de Céſar, il
ſemble que ce fut lorſqu'il eut affaire
avec Arioviſtus. Les avantages que le
brave Germanicus remporta ſur Arminius, furent mis en paralſele avec les
plus ſignalées victoires qu'aucun Capitaine Romain eût jamais gagnées, parce que ces peuples ne combattoient pas
pour amaſſer des richeſſes, ou pour acquérir des choſes qui ſervent au luxe
& à la volupté, mais pour la défenſe
de leur liberté. C'étoit-là les principes
dont ils étoient imbus, comme cela paroît par leurs paroles & par leurs actions. C'étoit ſuivant ces principes
qu'Arminius, dans une entrevûë qu'il
eut avec ſon frere, qui étoit au ſervice
des Romains, & qui lui éxagéroit l'augmentation de ſa paye, & les marques
d'honneur qu'il avoit reçûës, lui répondit en des termes dédaigneux & mépri-
priſans, qu'il avoit tort de ſe vanter d'une
choſe * qui étoit la récompenſe de la plus

* Vilis ſervitutis præmia. Tacite.

misérable & de la plus abjecte de toutes les servitudes : mais lorsque cet homme, qui témoignoit tant de grandeur d'ame, voulut attenter à la liberté de sa patrie, il fut tué par ceux qu'il vouloit assujettir à ses loix. Tacite décrivant ensuite le naturel des Allemands, fait voir qu'ils avoient fait courir plus de risque aux Romains, que les Samnites, les Carthaginois & les Parthes, & ne fait point difficulté de dire, que leur bravoure étoit un effet de la liberté * dont ils jouissoient ; car, dit cet Ecrivain, ils ne sont point épuisés par les tributs, ni tourmentés. † par les *péages* : & afin qu'on n'attente ¶ point à cette liberté, *les principaux d'entr'eux jugent des affaires les moins importantes ; mais celles qui sont plus considérables se décident par tout le corps de la nation.* Qui voudra sçavoir le sentiment de cet habile Auteur, touchant la liberté des Allemands, n'a qu'à lire son excellent

* *Quippe gravior est Arsacis regno Germanicorum libertas.*

† *Exempti oneribus & collationibus, & tantum in usum præliorum sepositi velut tela, & arma bellis reservantur.*

¶ *De minoribus Principes consultant, de majoribus omnes.* Tac. de mor. Germ.

Traité de leurs mœurs & coûtumes : mais je crois que ce que j'ai dit peut suffire pour prouver que ces peuples vivoient en liberté sous le gouvernement des Magistrats qu'ils choisirent eux-mêmes ; qu'ils n'étoient point soumis à d'autres Loix qu'à celles qu'ils s'étoient imposées, & qu'ils s'étoient réservé la principale autorité du Gouvernement, pour l'éxercer dans leurs assemblées particuliéres ou générales, Leurs Rois ou Princes n'avoient point d'autre pouvoir que celui qui leur étoit conferé par ces assemblées, * qui ayant tout en elles-mêmes ne pouvoient rien recevoir de ceux qui n'avoient rien à donner.

On n'auroit pas plus de peine à faire voir que les Saxons ou Angles, dont nous descendons, se distinguoient entre ceux dont cet Historien éleve la puissance, la vertu & l'amour de la patrie, d'autant qu'outre ce qu'il dit des Sa-

---

* *Ut turbæ placuit considunt armati, silentium per Sacerdotes, quibus tum coercendi jus est imperatur. Mox Rex vel Princeps prout ætas cuique, prout nobilitas, prout decus bellorum, prout facundia est, audiuntur, authoritate suadendi, magis quam jubendi potestate. Si displicuit sententia, fremitu aspernantur ; si placuit, frameas concutiunt, &c. ibid.*

xons en général, il nomme les Angles : il dit qu'ils habitoient aux environs de l'Elbe ; qu'ils adoroient la Déeſſe *Er-thum*, autrement la terre, & décrit le culte religieux qu'ils lui rendoient dans une Iſle ſituée à l'embouchure de ce fleuve, qu'on croit avoir été *Heiligland;* à cauſe de quoi on donna ce nom de *Holy Iſland* ✳ à une petite Iſle qui eſt ſituée vis - à - vis de Berwick. S'ils étoient libres dans leur Patrie, ils l'é-toient ſans doute lorſqu'ils vinrent en Angleterre. La maniere dont ils y vin-rent fait bien voir qu'ils étoient plus diſpoſés à aſſujettir les autres, qu'à ſe laiſſer aſſujettir ; & s'ils ne donnoient pas le nom de *Parlement* à leurs aſſem-blées générales, c'eſt parce qu'ils ne parloient pas françois, ou parce que ne s'étant pas encore joints aux Normands, ils ne jugeoient pas à propos de ſuivre cette méthode dans le réglement de leurs affaires : mais ayant le principe & le pouvoir de la liberté en eux-mêmes, il ne ſe pouvoit pas qu'ils ne fuſſent en droit d'établir telle forme de Gouver-nement qu'ils croyoient la plus propre pour l'affermiſſement & la conſerva-tion de cette liberté.

Cela étant, ſelon moi, une vérité

✳ Iſle Sainte.

incontestable, il n'importe pas si les
assemblées en qui résidoit l'autorité souveraine de chaque nation, ont été fréquentes ou rares ; si elles ont été com-
posées d'un grand nombre ou d'un pé-
tit nombre de personnes ; si ces personnes tenoient leurs séances en un même
lieu ou en différens lieux ; quel nom
on leur donnoit, ou si chaque membre
de la nation donnoit sa voix en personne, ou si plusieurs ensemble y envoyoient un petit nombre de Députés.
Car ceux qui ont un droit peuvent le
transporter à d'autres, & ceux qui peuvent donner un pouvoir à d'autres,
peuvent l'éxercer eux-mêmes, à moins
qu'ils n'y ayent renoncé par quelqu'acte
volontaire ; car il ne s'agit là proprement que de ce qui leur est plus commode, & c'est à eux seuls qu'appartient d'en juger, parce que c'est uniquement pour eux-mêmes qu'ils jugent
en cette occasion. Si les choses étoient
autrement, cela seroit fort préjudiciable aux Rois : car il est constant que
Cassivellaunus, Caractatus, Arviragus,
Galgacus, Hengist, Horsa & plusieurs
autres, parmi les Bretons & les Saxons,
n'étoient que des Magistrats à temps,
qu'on choisissoit à l'occasion de quel-

que guerre, quelque nom qu'on ait
donné à ces Commandans; mais nous
ne lifons pas que jamais les Bretons
ayent été fans leur grand Confeil, pour
décider des affaires les plus importantes: & les Saxons, dans leur Patrie,
avoient auffi leurs Confeils, où tous
affiftoient, & où Tacite nous affure
qu'ils régloient les affaires les plus confidérables de l'Etat. Ces Confeils étoient
la même chofe que les *Micklegemots*,
qu'ils tinrent enfuite en Angleterre; &
Tacite fe feroit fervi de ce terme pour
exprimer ces affemblées générales, s'il
avoit écrit en Allemand.

Si donc un peuple n'avoit pas le pouvoir d'ériger une Magiftrature qui n'a
jamais été auparavant, on n'en pourroit
ériger aucune ; car il n'y en a point
d'éternelle, & elles ont toutes un commencement : que fi, afin que la confti-
tution d'un Gouvernement foit valable,
il eft néceffaire qu'on n'en connoiffe
point le commencement, ou qu'il n'y
en ait point eu qui l'ait pû précéder, il
s'enfuivra que la Monarchie à laquelle
nous fommes foumis en Angleterre,
ne peut être fondée fur aucun droit;
car quoique nos ancêtres ayent eu leurs
Confeils & leurs Magiftrats dans notre

pays, aussi-bien qu'en Allemagne, il
est certain qu'ils n'avoient point de
Monarques. Le témoignage de César
& de Tacite suffit pour nous convain-
re de cette vérité ; & nos Historiens
plus modernes nous apprennent qu'auf-
i-tôt que les Saxons furent entrés en
cette Isle, ils y eurent leurs *Micklege-*
mots, qui étoient des assemblées générales de la Noblesse & des personnes
libres, en qui résidoit le pouvoir souverain de la nation : & quoiqu'ils éri-
geassent sept Royaumes lorsque leur
nombre se fut accru, cependant un
chacun de ces Royaumes suivit la même méthode. Il est constant que ces
assemblées avoient le même pouvoir
qu'ont nos Parlemens ; & quoiqu'il y
eût quelque différence dans le nom &
dans la forme, cela ne fait rien à la
question : car il ne se peut pas que ceux
qui pouvoient légitimement agir dans
cette premiere assemblée, n'ayent été
en droit & en pouvoir d'établir l'autre ;
c'est-à-dire, que le même peuple qui
pouvoit s'assembler en personne, & régler, comme il le jugeoit à propos, ses
affaires, lorsque leur Gouvernement ne
comprenoit que deux ou trois Provinces, & que les membres de la société

n'étoient pas en si grand nombre, ni leurs demeures si éloignées l'une de l'autre, qu'ils ne pussent fort bien se trouver tous ensemble sans difficulté, a pû, en vertu du même droit, députer un certain nombre de personnes pour le représenter, lorsqu'il s'est tellement accru, qu'il eût été impossible d'assembler tous les chefs de la nation en un même lieu, & que cela n'auroit pû se pratiquer sans exposer la frontiere aux invasions des étrangers.

Mais si, comme Filmer l'insinue, on ne doit pas faire grand cas de l'autorité des Parlemens, qui pendant plusieurs siécles ont représenté tout le corps de la nation, parce qu'ils ne pouvoient pas représenter toute la société dans le temps qu'elle n'étoit pas unie en un corps, il s'ensuit que la puissance royale doit devenir à rien ; car il ne pouvoit pas y avoir de Roi qui gouvernât tout, dans le temps que la nation étoit partagée en sept Gouvernemens différens : & il faudroit être fou pour s'imaginer que la nation, qui avoit sept grands Conseils ou Micxlegemots lorsqu'elle étoit divisée en sept Royaumes, n'a pas pû réünir ces différens Conseils aussi facilement qu'elle a réüni les sept Royaumes.

Royaumes. On ne gagneroit rien non
plus à dire que la nation ne s'est pas
réünie, mais qu'un des Monarques est
parvenu à la possession des autres Royaumes par droit d'héritage ; car ce Prince, à qui cet héritage est venu, n'a pû
hériter des autres que ce qu'ils avoient,
& ces sept Rois étant des Magistrats
établis par les Micklegemots, &c. celui qui a hérité n'est pas autre chose que
ce qu'ils étoient : & il n'y a point de
raison de penser, ni il n'est pas possible
de prouver qu'une nation féroce & fié-
re, jalouse de sa liberté, & qui l'avoit
défenduë avec tant d'opiniâtreté en Allemagne contre tous ceux qui avoient
voulu envahir son pays, ait conquis le
nôtre pour se rendre esclave, & ne se
soit proposé pour récompense de sa valeur qu'une servitude qui lui avoit toujours fait tant d'horreur ; ou que ces
peuples ayent été moins libres lorsqu'ils
ont été tous unis sous un même Gouvernement, qu'ils ne l'étoient lorsqu'ils
vivoient sous sept Gouvernemens différens ; & il est encore plus ridicule de
s'imaginer, & plus impossible de faire
voir, qu'un homme ait pû d'abord assujettir sa propre nation, & ensuite toutes les autres, puisqu'en tâchant d'assu-

jettir fa propre nation, il fe rendoit indigne de la confiance qu'on avoit en
lui, & perdoit par ce moyen le droit
qu'on lui avoit conféré, & que cela
étant, fes peuples n'avoient garde de
fe laiffer mettre fous le joug, ni de lui
aider à y mettre les autres, & il ne pouvoit pas le faire feul. Mais comme il
m'arrive prefque toujours d'être d'un
fentiment oppofé à celui de Filmer, je
foûtiens que la diverfité de Goûverne-
mens qu'on a vûë parmi les Saxons, qui
ont été partagés pendant quelques fiécles, & unis en un autre temps ; qui
quelquefois ont été gouvernés par des
Capitaines, & quelquefois par des
Rois ; qui en de certains temps fe font
trouvés en perfonnes dans leurs Micklegemots, & dans d'autres fe font con-
tentés d'envoyer leurs Députés dans
leurs Wittenagemots ; je foûtiens, dis-
je, que cette diverfité de Gouvernemens prouve manifeftement que ces
peuples régloient leurs affaires comme
bon leur fembloit ; ce qui étant l'acte
le plus libre d'une nation, ils confer-
vérent inviolablement ce droit dans
toutes les révolutions de l'Etat, comme nous l'avons déja fait voir par l'aveu
d'Offa, d'Ina, d'Alfred, de Canute,

d'Edoüard & d'autres Rois qui ne poffédoient qu'une partie du païs, auffi-
bien que de quelques-uns qui gouvernoient le tout : & nous fommes très-
affurés que les Rois de la race Norman-
de n'ont pas eu plus de pouvoir que
ceux-là, puifqu'ils font montés fur le
Trône de la même maniere, & qu'ils
ont juré de gouverner fuivant les mêmes Loix.

Secondement, je m'embarraffe fort
peu de ce que dit notre Auteur, qu'il
doute *fi les Parlemens étoient composés de*
la Nobleffe & du Clergé feulement, ou fi
les Communes y étoient auffi appellées :
car s'il eft vrai, comme il le foûtient,
que conformément aux Loix éternelles
& immuables de Dieu & de la nature,
il ne puiffe y avoir d'autre Gouvernement dans le monde que celui d'un
Monarque abfolu, dont la Majefté fouveraine eft au-deffus de toutes les Loix
& Coûtumes, il ne peut y avoir de Parlemens, ni d'autres Magiftratures, qui
ne foient établis par lui, & qui ne tiennent toute leur puiffance de fon bon
plaifir. Mais ayant fait voir que les
Saxons avoient leurs grands Confeils
& leurs affemblées générales avant qu'ils
fuffent gouvernés par des Rois ; que

G 3

c'étoit ces assemblées qui créoient les
Rois, & qui décidoient des affaires les
plus importantes, soit qu'ils eussent des
Rois, soit qu'ils n'en eussent point ; il
nous importe fort peu que pendant un
ou plusieurs siécles les Communes ayent
eu part au Gouvernement, ou qu'elles
n'y ayent point eu part : car la même
Puissance qui avoit établi un Parlement
sans leur y donner entrée, pouvoit, lorsqu'elle le jugea à propos, les y recevoir ;
ou pour mieux dire, si ceux qui avoient
le Gouvernement en leurs mains ont
trouvé bon, pour des raisons qui leur
étoient connuës, d'en confier l'administration à d'autres, ils ont pû y entrer lorsqu'ils l'ont voulu.

Cependant je crois qu'il ne sera pas
hors de propos d'éxaminer ce que Filmer entend par la *Noblesse*. Si par ce
mot il entend des Nobles semblables à
ceux d'aujourd'hui, qui en vertu de
Patentes obtenues par argent ou par
faveur, sans aucun égard à leur mérite
personnel ou à celui de leurs ancêtres,
sont appellés Ducs, Marquis, *&c.* je
lui permets de donner à la Noblesse
une origine aussi moderne & aussi basse qu'il lui plaira, sans craindre que
cela préjudicie en aucune maniere aux

droits de notre nation ; & je verrai fans
chagrin ravaler la dignité de ces Nobles , fi le Roi ne juge pas à propos de
la foûtenir en la perfonne de fes créatures. Mais fi par la Noblefse nous devons entendre ceux qui ont été anoblis
en confidération des vertus de leurs
ancêtres, & des fervices fignalés qu'ils
ont rendu à leur Patrie, je dis que toutes les nations qui ont eftimé la vertu
ont toujours eu beaucoup d'égard pour
ces Nobles & pour leur poftérité : &
quoique les Saxons , & plufieurs autres
peuples , ayent donné à leurs Rois ,
lorfqu'ils en ont eu, le pouvoir d'anoblir ceux qui fe rendroient dignes de
cet honneur , par des fervices confidérables envers leur Patrie , cependant
le corps de la Noblefse eft plus ancien
que ceux-là ; car autrement il auroit
été aufsi * impofsible de choifir les Rois
d'entre la Noblefse, comme Tacite remarque que cela fe pratiquoit, s'il n'y
avoit point eu de Noblefse , que de
choifir les Capitaines pour leurs vertus, s'il n'y avoit point eu de vertu
dans le monde ; & les Princes ne pouvoient , fans fe rendre indignes de la

_____

* *Reges ex Nobilitate, Duces ex virtute fu-*
mere.

puiſſance qu'on leur avoit confiée, conférer ces honneurs à ceux qui ne les méritoient pas. Cela eſt ſi vrai, que le
plus grand crime dont on accuſa †
Vortigern, le dernier & le plus méchant de tous les Rois Bretons, c'eſt
qu'il avoit anobli des perſonnes qui en
étoient tout-à-fait indignes ; & quoique ce Prince pût prétendre, comme
on le prétend aujourd'hui, que c'étoit
à lui qu'appartenoit le jugement de ces
ſortes de choſes, cependant il ne put
empêcher que le public ne jugeât de ſes
crimes, qui le rendirent odieux aux
yeux de Dieu & des hommes, & qui
furent enfin cauſe de ſa perte, & de la
ruïne de ſes ſujets, qui les avoient
ſoufferts avec trop de patience.

Comme il n'y a point de Nobleſſe
parmi les Turcs, & dans la plûpart
des Gouvernemens Tyranniques de
l'Orient, & qu'il n'y a que la faveur

---

† *Sublimato eo, cœpit Lues omnium ſcele-*
rum creſcere : ſaviebat ſcurrilis nequitia, odium
veritatis, &c. ut vas omnium ſcelerum ſolus
videretur Vortigernus ; & quod maxime Re-
giæ honeſtati contrarium eſt, Nobiles depri-
mens, & moribus & ſanguine ignobiles ex-
tollens, Deo & hominibus efficitur odioſus.
Mat. Weſtm. An. 446.

du Prince qui donne à un homme quelque avantage confidérable au-deffus du commun peuple ; au contraire dans tous les Royaumes légitimes du Nord, la Nobleffe a toûjours fait la principale force du Gouvernement ; & on n'a pas crû pouvoir trouver de meilleur moyen pour fe garantir des ufurpations des méchans Rois, qu'en établiffant un certain ordre de perfonnes, qui par l'étenduë de leur territoire, & par le grand nombre de leurs Fermiers & Vaffaux, feroient en état d'empêcher le Roi ou les Communes d'empiéter fur les priviléges les uns des autres. Pour cet effet, l'Efpagne, la France, la Pologne, le Dannemarc, la Suéde, l'Ecoffe & l'Angleterre étoient autrefois prefque toutes partagées en Seigneuries fous différens titres, & tous ceux qui les poffédoient étoient obligés d'en rendre hommage & d'être fidéles au Roi, c'eft-à-dire de lui rendre l'obéïffance que la Loi éxigeoit qu'on lui rendit, & le Roi réciproquement juroit d'accomplir ce que la même Loi éxigeoit de lui.

Ces nations ayant embraffé la profeffion de la Religion Chrétienne, eurent beaucoup de vénération & de

G 4

respect pour le Clergé ; & ne doutant
point que les Ecclésiastiques , qu'ils
regardoient comme des Saints, ne fussent justes & équitables, ces peuples
crurent qu'ils ne pouvoient mieux assurer leur liberté , qu'en joignant ceux
qui avoient la direction de leurs cons-
ciences, aux Nobles qui avoient le
commandement des Armées. Cela réüs-
sit si bien , par rapport à la défense
des droits & priviléges du public,
que dans tous les Etats dont je viens
de parler , les Evêques, les Abbés &
en général les autres Ecclésiastiques,
firent paroître autant de zéle & d'har-
diesse à défendre la liberté publique,
que les plus grands Seigneurs de la
nation. Mais quand même il seroit
vrai que les choses étant ainsi réglées,
les Communes n'auroient pas eu séance dans les Assemblées générales , soit
en personnes, soit par leurs Députés,
les Rois n'en pourroient tirer aucun
avantage ; car une puissance telle que
celle que je viens de décrire , étant
donnée à la Noblesse & au Clergé,
est aussi incompatible avec la Souveraineté absoluë des Rois, que si les
Communes en possédoient une partie.
Si le Roi a tout le pouvoir , aucun

homme, ni aucun nombre d'hommes,
ne peut en avoir aucune partie. Si la
Nobleſſe & le Clergé ont la puiſſance
entre leurs mains, les Communes y
peuvent auſſi avoir leur part. Mais
je ſoûtiens que ce que nous appellons
aujourd'hui Communes ont toûjours
eu part au Gouvernement, & entrée
dans les Conſeils qui en avoient l'adminiſtration; car s'il y avoit eu quelque différence, ce ne pourroit être
qu'en vertu de quelque Patente, par
le droit de naiſſance, ou à cauſe des
terres qu'ils poſſédoient.

Pour ce qui eſt des Patentes, nous
ſçavons qu'elles ne commencérent à
être en uſage que longtemps après
que les Normands ſe furent établis en
Angleterre; & ceux qui ſont en poſſeſſion de ces Patentes ne peuvent pas
légitimement prétendre à aucun avantage, en conſidération de leur naiſſance, ou des terres qu'ils poſſédent,
préférablement à ceux qui ne les ont
pas. Bien plus, outre les différentes
branches des familles qui ſont à préſent en poſſeſſion des plus anciens titres d'honneur, & qui par conſéquent
ſont auſſi nobles que celles qui ont
ces Patentes, & quelques-unes d'entre

elles qui font des plus anciennes familles, nous en connoiffons, qui ne
tiennent rang qu'entre les Communes,
qui par leur ancienneté & par leur
fplendeur ne font en rien inférieures
aux plus confidérables de la grande Nobleffe : Et il n'y a rien de plus ridicule que de préférer Cr-v-n, T-ft-n,
Bnn-t, Osb-rn, & quelques autres
aux Cliftons, aux Hampdens, aux
Courtneys, aux Pelbams, aux St. Johns,
aux Baintons, aux Wilbrahams, aux
Hungerfords & à plufieurs autres,
comme fi la naiffance de ces premiers
leur donnoit quelque prérogative au-
deffus des derniers. Et fi on confidéro
les titres en vertu de quoi ils poffédent leurs biens, ils font auffi anciens,
ou pour mieux dire, ils ont les mêmes,
qu'ont ceux qui portent aujourd'hui
le nom de Ducs ou de Marquis. Je
n'ai pas deffein de parler des moyens
infâmes & fordides dont on fe fert en
nos jours pour obtenir des Lettres de
Nobleffe ; mais quiconque voudra
prendre la peine de les éxaminer,
verra qu'ils deshonorent ceux qui les
obtiennent, bien loin de les anoblir.
Et au lieu qu'il n'y a que la vertu
qui puiffe véritablement anoblir, &

que l'on doit du respect à ceux dont
les ancêtres ont rendu des services
considérables à leur patrie ; parce que,
jusqu'à ce qu'ils fassent voir le contraire par leur mauvaise conduite, on
a lieu de croire qu'ils marcheront sur
leurs traces, ces Courtisans modernes,
au contraire nous obligent souvent,
par leurs grands noms & par leurs titres
éclatants, de nous mettre dans l'esprit des choses dont on ne peut parler sans rougir. Quels qu'ayent été les
anciens Nobles d'Angleterre, toûjours
est-il certain qu'ils ne ressembloient
pas à ces nouveaux Nobles. Et quand
même on demeureroit d'accord qu'il
n'y avoit que les Ducs, les Marquis,
les Comtes, les Vicomtes & les Barons
qui eussent séance dans les Conseils
dont César & Tacite font mention,
ou dans les grandes Assemblées des
Saxons, ceux qui portent ces titres
aujourd'hui ne tireroient aucun avantage de cet aveu. C'étoit des titres
d'offices qu'on conféroit à ceux qui
commandoient les armées en temps
de guerre, & qui étoient les plus capables de cet emploi, qui donnoient
Conseil au Roi, qui administroient
la justice, & qui remplissoient d'au-

G. 6.

très chargés publiques ; mais ces charges n'étoient point héréditaires ; & si cela est arrivé quelquefois, ç'a été par abus ; on ne les acquéroit pas par argent, & elles ne servoient pas alors de récompense aux services les plus bas. Si cet ancien ordre est tout-à-fait renversé, aussi-bien que la fin de cet établissement, il faut que ceux qui prétendent se faire distinguer du commun par ces titres, fondent leurs prétentions sur quelque chose bien différente de la pratique ancienne.

Ce que je viens de dire étant plus que suffisant, si je ne me trompe, pour faire voir que les anciens Conseils de notre nation n'étoient pas composés de personnes semblables à celles qu'on appelle aujourd'hui Nobles, je crois qu'il sera bon d'éxaminer de quelle sortes d'hommes ils étoient composés : Et quoique je n'aye pas lieu d'ajoûter beaucoup de foi à ce que dit Cambden, qui s'en est rendu indigne par plusieurs faussetés, néanmoins je commencerai par lui, parce que * notre Auteur l'a cité. Si

* *Quod Saxones olim Wittenagemot, Parliamentum & Pananglicum recte dici possit, summamque & sacrosanctam habet authorita-*

nous voulons l'en croire, *nous pouvons avec juſtice donner le nom de Parlement à ce que les Saxons appelloient
Wittenagemots, puiſque c'eſt en cette
Aſſemblée que réſide la Souveraine &
très-ſacrée Autorité de faire, d'abroger
& d'interpréter les Loix, & en général
de régler tout ce qui a rapport à la ſûreté & au bien de l'Etat.* Selon le † ſentiment de Guillaume de Malmsbury,
cet Wittenagemot étoit *l'aſſemblée générale du Sénat & du peuple*; Et le
¶ Chevalier Henri Spelman l'appelle
*le Conſeil général du Clergé & du peu-
ple.* Dans l'aſſemblée qui ſe tint à Cal-
cuth il fût ordonné par les Archevê-
ques, les Evêques, les Abbés, les
Ducs, les Sénateurs & le peuple du
pays, *Populo terra*, que § *les Rois ſeroient élûs par les Prêtres & les anciens
du peuple.* Ce fut par eux que Offa,
Ina & pluſieurs autres furent faits

tem in legibus ferendis, antiquandis, confor-
mandis, interpretandis, & in omnibus quæ
ad Reipublicæ ſalutem ſpectant. Brit. fol. 63.

† *Generalis Senatus & populi conventus.*
Malms.

¶ *Commune Concilium tam Cleri, quam
populi.* Spelm.

§ *Ut Reges à Sacerdotibus & Senioribus populi eligantur.*

Rois : Et Alfred * reconnoît dans
son testament qu'il tient sa Couronne
d'eux. Edgard fut élu par tout le peuple, & bientôt après déposé, & enfin
rétabli dans une assemblée † générale
de toute la nation. Or parceque on
trouve quelquefois dans les Historiens
que ces choses se font du consentement
des Barons du Royaume, Cambdem
dit que ¶ *sous le nom de Barons on comprend en quelque façon tous les Ordres
du Royaume* ; & nous ne pouvons pas
entendre en un autre sens ce que disent souvent les Historiens en parlant
de la Noblesse d'Angleterre ou de ceux
qu'on appelle nobles, qu'il y en a une
multitude infinie, *infinita multitudo*.

Si l'on me demande comment il se
peut faire que la Noblesse soit devenuë si nombreuse ; je répons que les
peuples du Nord qui étoient continuellement en armes, avoient une estime toute particuliére pour la valeur
militaire ; que par leurs conquêtes ils

---

* *Quam Deus & Principes cum Senioribus*
populi misericorditer & benigne dederunt.

† *Coram omni multitudine populi Anglo-*
rum.

¶ *Nomine Baronagii, omnes quodammodo*
regni ordines continentur. Camb.

cherchoient la poſſeſſion d'un pays
meilleur que celui de leur naiſſance;
qu'ils s'eſtimoient conſidérables à proportion du nombre de Combattans
qu'ils pouvoient mettre ſur pied; & que
pour les diſtinguer des payſans ou roturiers, ils appelloient Nobles ceux
qui avoient défendu leur patrie avec
valeur, & qui avoient accrû leur domination par les guerres; & pour recompenſe de leurs ſervices, dans le
partage des terres conquiſes, ils leur
donnoient des franc-fiefs, à condition
de continuer à rendre à leur patrie les
mêmes ſervices qu'ils lui avoient déja
rendus. C'eſt ce que l'on peut voir
par le nom de ſervice de Chevalier, un Chevalier n'étant pas plus qu'un
Soldat, & les appointemens ou biens
d'un de ces Chevaliers n'éxcédant pas
la ſomme qui lui étoit néceſſaire pour
ſon entretien. Il eſt certain que les
Chevaliers ont toûjours été conſidérés
comme Nobles; juſques-là qu'un Seigneur de quelque qualité qu'il fût ne
croyoit pas qu'un Chevalier lui fût
en rien inférieur, & les perſonnes les
plus illuſtres par leur naiſſance ne pouvoient pas agir en Nobles avant que
d'être entrés dans l'ordre de la Che-

valerie. Parmi les Goths, en Espagne, les cheveux longs étoient la marque de la Chevalerie, c'étoit une espèce de dégradation que de les couper à un Chevalier, & c'étoit une si grande note d'infamie chez ces peuples là, que celui à qui ce malheur étoit arrivé, étoit incapable de posséder jamais aucun emploi ni aucune dignité dans l'état; & il n'y avoit point de poste si relevé, ou tout homme qui étoit Chevalier ne pût fort bien parvenir. Parmi ces Goths il n'y avoit point de titre au-dessus, & même encore à présent *Baron* ou *Varon*, en leur langage, ne signifie autre chose que *Vir* en latin, nom qui ne se donne proprement qu'à celui qui est libre. C'étoit la même chose en France sous le règne des Princes, des premieres races, jusques à ce que ceux de la troisiéme instituérent les douze Pairs, dont il n'y en avoit que six de séculiers : on les éleva audessus des Barons, & on rendit héréditaires les emplois qui étoient annexés à leurs titres; mais cela ne diminua en rien l'honneur de la Chevalerie. Quoi qu'il y eût des Ducs, des Comtes, des Marquis & des Barons du temps de Froil.

fard, cependant cet Historien les appelle tous Chevaliers : & Philippe de
Commines en parlant des plus illustres
de son temps les appelle bons, sages,
ou vaillans Chevaliers. Aujourd'hui
même sous le nom de Gentilhomme
on comprend, en France, tous ceux
qui sont élevés au dessus du commun
peuple ; Henri I V. avoit coutume de
dire qu'il étoit le premier Gentilhomme de France, & c'est une phrase ordinaire parmi les François lorsqu'ils
parlent d'un Gentilhomme de bonne
naissance, de dire *il est Noble comme
le Roi.* Dans leur Assemblée générale
des Etats, la chambre de la Noblesse,
qui est une des trois qui ont séance
dans cette assemblée, est composée
des Députés que la * Noblesse de
chaque Province y envoye ; & dans la
recherche qu'on fit de la Noblesse en
mil six cent soixante & huit, on n'in-
quiéta point ceux qui avoient pris les
titres de Marquis, Comte, Vicomte
ou Baron, mais seulement ceux qui

----

* Mr. *Sidney se sert en cet endroit du terme
de* Gentry, *dont on se sert en* Anglois *pour exprimer tous ceux qui sont simples Gentilhommes, celui de* Nobility *étant affecté aux* Ducs,
Comtes, Marquis, *&c.*

prenoient la qualité de Gentilhommes, & qui ne l'étoient pas; & on
laiſſa ceux qui purent prouver qu'ils
étoient véritablement Gentilhommes,
dans la liberté de prendre ces autres
titres s'ils le jugeoient à propos. Lorſque les duels étoient à la mode, comme tout le monde ſçait qu'ils y étoient
il n'y a pas long-temps, perſonne, excepté les Princes du Sang & les Ma-
réchaux de France, ne pouvoit, ſans
ſe perdre de réputation, refuſer l'appel qu'un Gentilhomme lui auroit pû
faire: Les premiers en étoient excep-
tés, parce qu'on croyoit qu'il n'étoit
pas à propos que celui qui pouvoit
être Roi combattît avec un ſujet, au
préjudice de l'Etat qui par un ſemblable combat pouvoit perdre ſon chef:
les autres parce que leur emploi leur
donnant le commandement ſur la Nobleſſe, & le jugement de tous les différends qui ſurviennent entre les Gen-
tilshommes touchant le point d'honneur, on ne pouvoit pas raiſonable-
ment éxiger d'eux ce qu'on pouvoit
éxiger de ceux qui n'occupoient pas
le même poſte. En Dannemarc un Noble ou un Gentilhomme eſt la même
choſe; & juſqu'en l'an mil ſix cent

soixante ces Gentilhommes avoient
le plus de part au Gouvernement. Lorſque Charles Guſtave Roi de Suéde
envahit la Pologne l'an mil ſix cent
cinquante cinq , on dit qu'il ſe trouva en ce Royaume plus de trois cent
mille Gentilhommes en armes pour
s'oppoſer à lui. C'eſt là la Nobleſſe
Polonoiſe , c'eſt elle qui choiſit ſes
Rois : en ce Royaume auſſi bien qu'en
France un chacun de ces Gentilhommes ne fait point difficulté de dire,
qu'il eſt auſſi noble que le Roi. Le dernier
Roi étoit un particulier d'entre-eux ,
qu'on croit n'avoir pas eu plus de
quatre mille livres ſterling de rente
avant ſon élection. Celui qui régne
à préſent n'étoit pas d'une naiſſance
plus illuſtre , & ſes biens n'étoient pas
plus conſidérables, avant qu'il ſe fût
élevé par les ſervices ſignalés qu'il
rendit à ſa patrie dans pluſieurs guerres ; & il n'y avoit pas un ſeul Gentilhomme parmi toute la nation qui n'eût
pû être élû auſſi bien que lui , ſi l'aſſemblée qui lui donna la Couronne,
l'avoit voulu.

Cela étant la véritable Nobleſſe des
nations du Nord , & les véritables
Barons d'Angleterre , il ne faut pas

s'étonner qu'on les appellât *Nobles*;
les plus illustres d'entre-eux *Magnates*,
Principes, *Proceres*; & qu'ils ayent été
en si grand nombre que les Historiens
ayent dit qu'il y en avoit une multitude infinie, *infinita multitudo*. Il n'y
avoit presque point de Place assez
grande pour les pouvoir tous contenir; & ils trouvérent qu'il y auroit
tant d'inconvénient à s'assembler tous
en un même lieu, qu'ils aimérent
mieux dans la suite y envoyer leurs
députés que de s'y trouver en personne. L'Autorité leur étant donc toujours demeurée, il importe fort peu
de quelle maniére ils l'ont exercée.
Ceux qui avoient la substance en leurs
mains, pouvoient lui donner telle
forme que bon leur sembloit. Notre
Auteur fait bien voir son ignorance
lorsqu'il dit qu'il ne pouvoit pas y
avoir de Chevaliers *de Shire* du temps
des Rois Saxons, parce que le Royaume n'étoit pas alors divisé en *Shires*;
car ce terme est Saxon, & nous trouvons très-souvent dans les écrits de
ce temps là, les noms de *Barkhire*,
de Wiltshire, *de Devonshire*, *de Dor-
setshire* & plusieurs autres; & nous
y lisons que l'administration de la jus-

tice dans chacune de ces *Shires* ou Comtés étoit commise à des Ducs, à des Comtes, à des Thanes ou Aldermens, qui avoient aussi le commandement des troupes. Selden cite un passage d'Ingulphus qui dit qu'*Alfréde fut le premier qui changea les Provinces &c. en Comtés*: mais il réfute cet écrivain & prouve que la division des terres en Shires ou Comtés, car le mot de Shires ne signifioit autre chose que la partie de terre qui étoit commise aux soins d'un Comte, est beaucoup plus ancienne. Il ne s'agit pas ici de sçavoir si la premiere division des terres que firent les Saxons, donnoit plus ou moins d'étenduë aux Shires ou Comtés, qu'elles n'en ont à présent; ceux qui leur donnérent l'étenduë qu'elles avoient alors, auroient pû leur en donner plus ou moins s'il leur avoit plû. Et soit qu'ils ayent cessé, immédiatement après cette division, à assister en personne aux assemblées générales, & qu'ils ayent mieux aimé y envoyer leurs députés; soit que ces députés fussent choisis, comme cela se pratique aujourd'hui, par les Comtés, Cités & Bourgs, ou d'un autre maniére, cela ne fait ni

Seldens. Tit. of Hen. P. 1. c. 5.

bien ni mal à la caufe que je défens.
Si le pouvoir de la nation, lorfqu'elle
étoit partagée en fept Royaumes, ou lorfqu'elle fut réunie en un, réfidoit dans
les Micklegemots ou dans les Wittenagemots; fi ces affemblées étoient
compofées de la Nobleffe & du peuple, qui étoit quelquefois en fi grand
nombre qu'il n'y avoit point de place affez grande pour les pouvoir contenir; & fi la préférence qu'on donnoit
aux principaux d'entre eux, ne leur
appartenoit qu'en confidération des
emplois militaires ou politiques qu'ils
éxerçoient, ce qui eft inconteftable,
j'ai tout ce que je demande. Il m'importe fort peu qu'on les ait appellés
Comtes, Ducs, Aldermens, Hérethogs
ou Thanes; car il eft fûr que * la
grande Nobleffe qui eft aujourd'hui
en Angleterre ne reffemble en aucune
façon à la Nobleffe de ce temps-là.
La nouveauté eft donc du côté de

---

* La grande Nobleffe comprend tous les dégrés depuis les Chevaliers jufqu'aux Ducs in-
clufivement, fçavoir les Barons, Vicomtes,
Comtes, Marquis & Ducs; & la petite Nobleffe, tous les dégrés inférieurs à celui de Baron, fçavoir les Chevaliers, les Ecuyers & les
fimples Gentilhommes; & ce font ces derniers
Nobles que l'on entend par le mot de Gentry.

Filmer , & c'est la plus dangéreuse
nouveauté qu'on puisse s'imaginer ;
parce qu'en honorant du nom de Noble, qui ne se donnoit autrefois qu'à
ceux qui étoient les plus fermes défenseurs de la liberté , des Créatures
de Cour qui souvent se mettent fort
peu en peine du bien public , & qui
obtiennent ce titre d'honneur à force
d'argent , ou pour récompense des services qu'ils ont rendus au Roi , &
quelque fois même pour avoir été les
Ministres impurs de ses débauches , ou
pour avoir fait du mal à leur patrie ,
cet établissement a été entiérement renversé , & les Rois à qui on avoit en
quelque façon confié la disposition des
emplois & des titres d'honneur , ont
abusé de l'autorité qu'on leur avoit
donnée. Cette nouvelle maxime est
d'autant plus pernicieuse , qu'on prétend qu'il n'y a que ces nouveaux Nobles ; au lieu que la nation n'ayant
été partagée anciennement qu'en personnes libres ou Nobles , car c'étoit
tout un , & en paysans ou roturiers ;
les premiers, comme le rapporte Tacite
en parlant des Allemands leurs Ancêtres, *étoient exempts des impôts &*

contributions, * étant réservés comme
des armes, pour le service des Guerres,
pendant que les autres n'étoient guéres mieux traités que des esclaves,
étant employés à cultiver les terres &
à d'autres emplois serviles. Je laisse à
juger à tout homme raisonnable si la
condition de ces derniers, est celle de
ceux que nous appellons aujourd'hui
les Communes. Néanmoins quiconque s'imaginera que la qualité de Noble appartient uniquement à ceux qui
portent ce titre en vertu de leurs Patentes, n'a qu'à considerer les bons
succès que nous pourrions espérer de
nos guerres, si on donnoit la conduite
des armées à ces Nobles *à Patente*,
à l'exclusion des autres. Si on trouve
que cela soit avantageux, Sa Majesté
fera fort bien de n'employer que ses
cent cinquante Nobles dont la valeur
& l'expérience militaire brillent avec
tant d'éclat, à commander les Armées
qu'il sera obligé de lever si quelque
ennemi l'attaque; & de mépriser les
Communes comme de miserables paysans,

---

* *Exempti oneribus & collationibus, &*
tantum in usum praliorum repositi, velut tela
& arma bellis reservantur. Tacit. de mor.
German.

fans, en leur laiffant le foin de pourvoir à leur propre fûreté, fi le fuc-
cès ne répond pas à fon attente. Mais
fi les Communes font auffi libres que
les Nobles; fi plufieurs d'entre elles
font d'une naiffance auffi illuftre que
ceux qui ont obtenu des patentes; s'ils
ont des biens plus confidérables que
la plûpart de ces Nobles de Cour; &
fi on s'attend non-feulement qu'elles
affifteront le Roi de leurs biens & de
leurs perfonnes dans fes guerres, mais
qu'on demeure auffi d'accord, qu'en
elles réfident toute la force & la vertu de la Nation, il faut convenir que
c'eft de ce corps que fortent les véritables Nobles d'Angleterre, & que
tous les priviléges qui appartenoient
anciennement à leurs femblables leur
doivent encore appartenir, puifqu'ils
rempliffent les devoirs en confidération defquels on les avoit accordé à
ceux-là. Cela fait voir avec combien
de raifon on a dit que la Nobleffe
étoit en fi grand nombre, qu'il n'y
avoit point de Place affez grande pour
la pouvoir contenir. Les Armées des
Saxons qui vinrent dans ce pays, fous
un climat fain & propre à la géné-
ration, en l'efpace de quatre ou cinq

Tome IV. H

siécles pouvoient bien produire une aussi grande multitude de personnes, que les Francs, les Goths & plusieurs autres peuples qui s'étoient venus établir en Espagne, en France, en Italie & ailleurs : & lorsqu'ils furent devenus si nombreux, ils se trouvérent nécessairement obligés de mettre l'autorité, qu'ils avoient jusques alors éxercée en personne, entre les mains de représentans ou députés qu'il choisissoient eux-mêmes. Or ces deux méthodes différant plûtôt dans la forme que dans l'essence, l'une tendant à la Démocratie & l'autre à l'Aristocratie, elles sont toutes deux également opposées au pouvoir absolu d'un seul qui ne régneroit que pour lui-même, & qui gouverneroit la nation, comme si c'étoit son patrimoine ; & elles établissent également bien le droit que les peuples ont de donner à leur Gouvernement la forme qui leur plaît. Cela étoit conforme à ce qu'ils avoient pratiqué en leur propre pays ; *De minoribus consultant Principes, de majoribus omnes.* Bien plus on ne peut pas dire proprement que le jugement de ces affaires de *moindre importance* fût réservé au Roi ; car il n'est qu'un,

Tacit. de Mor. Germ.

& le mot de *Principes* eſt au pluriel,
& ne peut ſignifier que les principaux
de la nation que le même Auteur
dit être choiſis par les aſſemblées générales pour adminiſtrer la juſtice &c.
& les cent *Comtes*, Comites, qu'on
donnoit à chacun d'eux, non ſeulement pour les aſſiſter de leurs Conſeils, mais auſſi pour autoriſer ce qu'ils
faiſoient.

Il faut auſſi prendre le mot d'*Omnes*
dont cet Hiſtorien Romain ſe ſert,
dans le ſens que les Romains s'en
ſervent ordinairement, & alors il ſi-
gnifiera tous les Citoyens, c'eſt-à-
dire tous ceux qui étoient membres
du Corps de la République. S'il avoit
parlé de Rome ou d'Athènes, dans
le temps que ces Villes étoient libres,
il auroit fallu qu'il ſe fût ſervi du même
terme, parceque tous ceux qui com-
poſoient ces Républiques avoient voix
dans les aſſemblées, quelque grand que
pût être le nombre des Eſclaves ou
des étrangers qui y habitoient. C'eſt
avec beaucoup de raiſon qu'on a dit
que les Lacédémoniens avoient gagné,
perdu & recouvré la Seigneurie ou
a Principauté de la Grèce. Ils étoient
tous Seigneurs par rapport aux Ilotes,

& les Doriens l'étoient aussi par rapport à cette espece d'hommes qu'ils en-
tretenoient sous divers noms, comme
les Saxons faisoient leurs paysans,
pour les occuper à des emplois qu'ils
croyoient indignes de ceux qui étoient
anoblis par les armes qu'ils portoient utilement pour la défense &
l'agrandissement de l'Etat. Quoique
les Romains ne fussent pas gens à
donner le titre de Seigneur à ceux
qui usurpoient un pouvoir injuste sur
leurs biens & leurs vies ; cependant
un chacun d'eux étoit Seigneur par
rapport à ses serviteurs, & on leur
donnoit souvent à tous en général le
titre de * Seigneurs du monde. On voit
la même chose presque par tout ailleurs. Le Gouvernement de Venise
ayant continué quelque temps dans
les mêmes familles les a toutes anoblies. Il n'y a rien de plus ordinaire
en Suisse que d'entendre dire les Seigneurs de Berne ou les Seigneurs de
Zurich, & on donne le même titre
à ceux qui gouvernent les autres can-
tons, quoi qu'il n'y en ait peut-être
pas un parmi eux qui prétende être
Gentilhomme, en prenant ce terme

* Romanos rerum Dominos. Virgil.

dans le nouveau sens qu'on lui donne. On appelle les Etats des Provinces-unies, Hauts & Puissans Seigneurs,
& on donne le même titre à un chacun d'eux en particulier. Bien plus,
le mot de *Heir*, qui signifie Seigneur
en Hollandois aussi-bien qu'en Allé-
mand, est aussi commun en Hollande
que celui de *Monsieur* en France, de
Signor en Italie ou de *Sennor* en Espagne, & on s'en sert en parlant à
tous ceux qui ne sont pas de la lie
du peuple, & sur tout lorsque l'on
parle à des gens de guerre : Et quoi
qu'un simple Soldat soit bien moins
considéré aujourd'hui qu'il ne l'étoit
autrefois, cependant en parlant à une
Compagnie de Soldats en Italien, on
ne les appelle point autrement que
Signori Soldati, & on les traite de la
même manière en d'autres Langues.
On ne doit donc pas trouver étrange
que les Saxons, qui dans leur patrie
avoient dédaigné tout autre emploi
que celui des armes, se soient crûs
encore plus Nobles, lorsqu'ils eurent
fait la conquête d'un grand & riche
pays, & qu'ils en eurent chassé ou
mis sous le joug les anciens habitans.
Ils pouvoient fort bien se distinguer

des payſans qu'ils avoient amenés avec
eux, ou des Bretons qu'ils avoient aſ-
ſervis. Rien n'empêchoit qu'ils ne ſe fiſ-
ſent appeller *Magnates, Proceres regni,
Nobiles, Anglia Nobilitas, Barones;*
& on pouvoit avec juſtice appeller
leurs Aſſemblées *Conſilium regni gene-
rale, univerſitas totius Anglia Nobilium,
univerſitas Baronagii,* ſuivant la différence des temps & des circonſtances.
Ce qui nous reſte encore du nom de
Baron, nous fait clairement connoître
la véritable ſignification de ce mot.
Tout le monde ſçait que les Barons
de Londres & des cinq Ports ſont
ſeulement des Bourgeois de ces lieux-
là. Dans ce que nous appellons ✝ *Petty
Court-Barons,* tout homme qui peut
être Juré eſt Baron. Ces perſonnes-là
ſont Nobles ; car il y a des nations
Nobles auſſi-bien qu'il y a des perſonnes Nobles dans la nation. Tous
les Mammelucs ſe croyent Nobles
quoique nés dans l'eſclavage ; & lorſqu'ils s'étoient anoblis par l'éxercice
des armes, ils conſidéroient les plus
Nobles d'entre les Egyptiens comme
leur eſclaves. Tertulien écrivant, non
à quelques perſonnes diſtinguées du
commun, mais à tout le peuple de

Carthage les appelle *antiquitate Nobi-*
les, Nobilitate felices. C'eſt ainſi que
les Saxons s'étoient anoblis par une
application continuelle aux exercices
qui ſont affectés à la Nobleſſe, & par
le mépris qu'ils témoignoient pour tous
les Arts méchaniques.

Afin que ceux qui ſe plaiſent à chicaner ſur la moindre choſe, ne s'i-
maginent pas que ce que je viens de
dire ſoit trop forcé, il ſera bon de
leur apprendre que d'autres Ecrivains
employent d'autres termes pour exprimer les * mêmes Conſeils géneraux.
Ils les appellent *le Conſeil général des*
Evêques, des Nobles, des Comtes, de
toutes les perſonnes ſages, anciens & du
peuple de tout le Royaume, ce ſont-là
les noms qu'on leur donne en écrivant
ce qui ſe paſſa ſous le regne d'Ina.
Sous celui † d'Edoüard l'ancien on
les appelloit *le Grand Conſeil des Evê-*
ques des Abbés, des Nobles & du
peuple. Guillaume de Malmsbury les

---

* *Commune Concilium Epiſcoporum, Pro-*
cerum, Comitum & omnium Sapientum, Se-
niorum & populorum totius regni. Bed. Eccl.
Hiſt.

† *Magnum Conſilium Epiſcoporum, Ab-*
batum, fidelium, Procerum & populorum.

appelle § *le Sénat général & assemblée du peuple*. Quelquefois on l'appelloit tout court le Clergé & le peuple ; mais toutes ces différentes appellations expriment toûjours le même pouvoir résidant dans ces assemblées, qui ne le tenoient pas de la libéralité des Rois, à qui il n'appartenoit pas d'y prescrire des bornes, puisque ces écrivains témoignent, que ces assemblées choisissoient ou faisoient les Rois, & les déposoient quelque fois. Guillaume de Normandie trouva la nation Angloise dans cet état à son avénement à la Couronne, & n'innova rien à cet égard : Henri I I. Jean & Henri I I I. qui n'avoient rien que ce que le Clergé & le peuple leur avoient conféré, firent la même chose. La grande-Charte ne pouvoit rien donner au peuple qui avoit originairement tout en soi ; elle ne fit que rédiger en un petit volume, tous les droits & priviléges que la nation avoit résolu de maintenir ; elle obligea le Roi de reconnoître que ces droits & priviléges étoient attachés originairement à la personne des peuples, qu'ils en avoient joüi depuis un temps immémorial ; & de jurer qu'il

§ *Senatum generalem & populi conventum.*

les maintiendroit inviolablement ; elle
lui déclaroit que s'il violoit son serment, en empiétant en aucune façon
sur quelqu'un de ces droits, il étoit
excommunié *ipso facto*, & que par cela
même étant déclaré coupable de parjure, les peuples sçauroient bien comment il faudroit agir avec lui. Cet
acte a été confirmé par trente Parlemens ; & la conduite que l'on a tenuë
à l'égard des Princes qui ont violé
leur serment, tant avant le regne de
Henri III. que depuis ce temps-là,
suffit pour prouver que la Nation
Angloise a toûjours été gouvernée par
elle même, & qu'elle n'a jamais reconnu d'autres Souverains que ceux
qu'elle a jugé à propos d'élever sur
le Trône.

SECTION XXIX.

*Les Rois d'Angleterre n'ont jamais été
les maîtres primitifs des terres du
Royaume.*

CEux qui sans aucun égard à la
vérité veulent se servir de tout ce

H ij

qu'ils croyent pouvoir favoriſer la
cauſe qu'ils défendent, voyant qu'on
ne peut nier que les Anglois & pluſieurs autres nations n'ayent éxercé
l'autorité ſouveraine dans toutes les
occaſions dont nous venons de parler, diſent, que c'étoit par une pure
conceſſion des Rois, qui étant maîtres de toutes les terres du Royaume
pouvoient en donner quelque partie
à des particuliers à telles conditions
qu'il leur plaiſoit, s'en réſervant toûjours la Souvraineté. Ces gens ſans
honneur & ſans ſincérité croyant avoir
parfaitement bien réüſſi dans le deſſein qu'ils ont eu de perſuader aux
peuples que les Rois ſont la ſource
d'où déeoulent tous les titres d'honneur, voudroient auſſi qu'on crût
qu'ils ſont la ſource de la propriété
des biens; & pour le prouver, ils al-
léguent que toutes les terres, celles-
mêmes qu'on tient de quelque Seigneur, relévent, en dernier reſſort du
Roi, comme du chef qui en a la propriété & qui en donne la jouïſſance.
Cette raiſon auroit quelque force ſi
elle étoit véritable; mais, comme on
ne doit ſe rendre qu'à des preuves
très-évidentes & incontestables, lorſ-

qu'il s'agit d'affaires de la dernière
importance, il est bon d'éxaminer
premierement si cela est possible; &
en second lieu, si cela est véritable.

Premiérement, nul ne peut donner
ce qu'il n'a pas. Quiconque donc prétend que le Roi a donné aux particuliers la propriété des terres, doit prouver que cette propriété lui appartenoit originairement. J'avoüe que le
Pape a donné aux Rois d'Espagne &
de Portugal les terres qu'ils avoient
conquises dans l'Amérique; & cette
donation pourroit être valable si le Pape, en qualité de Vicaire de Jesus-
Christ, étoit Souverain de tout l'univers; mais si cela n'est pas, cette donation est nulle, & il se tourne en ridicule en faisant largesse de ce qui ne
lui appartient pas. Ce n'est pas à moi
d'éxaminer cette question; mais avant
que cela puisse avoir aucune influence
sur les affaires de notre Patrie, il faut
que nos Rois prouvent qu'ils sont
Seigneurs de l'Angleterre, en vertu
d'une semblable donation, ou de quelque autre titre équivalent à celui-là.
Lorsqu'ils auront fait cela, nous con-
noitrons de qui ils dépendent, &
nous cosidérerons à loisir si nous de-

vous nous foumettre à ce pouvoir,
ou déclarer les raifons de notre refus.
Mais puifque nous n'en fommes pas
réduits à ce point là , il faut que la
propriété de nos Rois foit fondée fur
quelque autre chofe, ou bien nous
pouvons conclure avec juftice que cette propriété ne leur appartient point.

Pour réüffir dans cet éxamen , il
n'eft pas néceffaire que nous ayons
recours à ce qui nous refte des Hiftoires Bretonnes, dont il n'eft pas facile de pénétrer l'obfcurité : car lorfque les Romains abandonnérent notre
Ifle , ils ne conférérent pas le droit
qu'ils avoient à aucun particulier, mais
ils en laifférent la jouïffance aux dé-
plorables reftes de la nation, & aux
colonies qu'ils y avoient établies , &
qui unies aux naturels du pays, ne
faifoient plus qu'un même peuple avec
eux. Les Saxons y abordérent enfuite
fous la conduite de Gengift & de
Horfa , deux infolens Corfaires ; mais
nous ne lifons en aucun endroit que
ces Commandans ayent eu en leur perfonne aucun caractére de cette Majefté Souveraine , qui pût leur donner
une puiffance abfoluë ou la propriété
des terres , foit dans leur patrie , foit

dans les autres pays dont ils pouvoient faire la conquête. Ils vinrent ayant environ cent hommes avec eux ; & aimant mieux se mettre au service de Vortigern, que de faire fond sur leurs pirateries, ils se contentérent d'une petite portion de terre qu'il leur assigna pour leur subsistance. Il semble qu'il n'y avoit pas là de quoi les encourager à rester dans le pays ; cependant c'en fut assez pour servir d'amorce à plusieurs autres, & pour les porter à suivre leur éxemple & courir leur fortune ; de sorte que leur nombre devenant tous les jours plus considérable, on leur donna la Comté de Kent, à condition qu'ils serviroient les Bretons dans leurs guerres. Peu de temps après on donna des terres aux mêmes conditions à une autre bande de Saxons dans le Northumberland. Voilà tout le droit qu'ils prétendirent avoir aux terres dont ils étoient en possession, jusqu'à ce qu'ils tuérent en trahison quatre cent soixante, ou comme le raporte Guillaume de Malsburi, trois cent des principaux de la Noblesse Bretonne, & jettérent dans les fers Vortigern, qui leur avoit fait tant de bien, qu'il semble qu'ils de-

Mat. Westm. Flor. Hist.

Ibid.

voient lui faire tout un autre traite-
ment : en effet, ce Prince s'étoit attiré la haine des Bretons autant par
les faveurs qu'il faisoit à ces nouveaux
venus, que par les plus détestables
crimes qu'il eût jamais commis. Certainement des actions de cette nature,
accompagnées de trahison & de cruauté, ne sont pas capables de fonder un
droit ; au moins suis-je bien sûr que
personne ne peut se mettre une pareille chose dans l'esprit, à moins que
d'être imbu des principes de Filmer
& de ses Sectateurs, qui croyent qu'on
ne doit avoir égard qu'à la Puissance,
& non pas aux moyens dont on s'est
servi pour l'obtenir. Mais quand même
on demeureroit d'accord qu'une action si perfide & si cruelle auroit fondé
le droit des Saxons, ce droit auroit
dû appartenir à eux tous en général,
& non pas à Hengist & à Horsa en
particulier. Si on peut donner le nom
de conquête à une pareille acquisition,
il faut que le profit en revienne aux
Conquérans. Cette conquête n'étoit
pas l'ouvrage de deux hommes ; &
on ne peut pas croire que ceux qui
jouïssoient d'une entiére liberté dans leur
patrie, ayent voulu quitter le pays de

leur naiſſance pour venir combatre
dans un autre pour le profit & pour
la gloire de deux particuliers. On ne
peut pas dire que la néceſſité les y
obligea, car leurs Chefs n'étoient pas
plus riches qu'eux, & ne pouvoient
devenir plus heureux que par leur aſſiſtance ; & ſoit que leur entrepriſe
fût bonne ou mauvaiſe, juſte ou in-
juſte, cela les regardoit tous également. Aucun particulier ne pouvoit
avoir de droit qui ne fût commun à
tous les autres, à moins que ceux qui
l'avoient acquis ne s'en dépoüillaſſent
en ſa faveur : & il n'eſt pas vraiſem-
blable que des gens qui, dans leur
patrie, avoient preſcrit des bornes très-
étroites à l'autorité de leurs Princes,
ayent ſoumis eux & leurs biens, à la
volonté de leurs Chefs auſſi-tôt qu'ils
eurent fait la Conquête d'un autre
pays. Or nous avons déja fait voir
qu'ils continuérent toûjours dans les
mêmes principes de liberté, qu'ils la
défendirent toûjours avec beaucoup
d'opiniâtreté auſſi bien que le Gouvernement auquel ils étoient accoutumés,
qu'ils ſe réſervérent l'adminiſtration
de ce Gouvernement, & qu'ils n'o-
beïrent jamais à d'autres Loix qu'à

celles qu'ils s'étoient eux-mêmes imposées. Bien plus, s'ils s'étoient dépouillés de leur droit d'une maniére si autentique, qu'il n'eût pas fallu autre chose pour fonder celui de leurs Chefs, cela même suffiroit pour détruire la proposition de Filmer ; car il s'ensuivroit que ce ne seroit pas le Chef qui donneroit au peuple, mais le peuple au Chef. Si les peuples n'étoient pas en droit de donner ce qu'ils ont donnés, cette donation n'a rien conféré à celui à qui elle a été faite ; si ces peuples avoient quelque droit, il faut que celui qui prétend en tirer quelque avantage fasse voir qu'ils lui en ont fait donation, afin qu'on en puisse connoître la nature & l'intention.

Secondement, si l'on dit qu'il paroît par les actes publics que c'est originairement de la libéralité du Roi qu'on a obtenu toutes les terres & priviléges ; je réponds à cela que quand même on demeureroit d'accord que cela est vrai, ce que je nie absolument, & soûtiens au contraire que nous tenons de la nature tous nos droits & libertés & que nous en avons joüi de temps immémorial avant que nous

suffions gouvernés par des Rois ; je
réponds, dis-je, que quand on en demeureroit d'accord, cela ne fignifie-
roit rien par rapport à notre queftion,
puifqu'il s'agit de fçavoir ce qui eft
raifonnable & jufte ; & fi ces actes publics n'en parlent point, on ne peut
fuppléer à leur défaut par aucun fait,
quelque clairement qu'on le pût prouver. Ou fi l'on prétend qu'un droit
foit fondé fur un fait, il faut prouver que le peuple a effectivement conféré ce droit au premier Roi, ou à
quelqu'un de fes fucceffeurs : & fi l'on
ne trouve pas que cela foit, on doit
regarder comme nul tout ce qui a été
fait par un ou par plufieurs de ces
Princes en vertu de ce droit qu'ils
prétendoient réfider en leur perfonne. Or dans le cas dont il s'agit ici,
on ne prétend point que le peuple
ait accordé rien de tel au premier
Roi, ou à quelqu'un de fes fucceffeurs ; ceux qui font venus après eux
n'ont pu hériter un droit que ces premiers n'avoient pas, & par conféquent ils ne peuvent pas l'avoir,
à moins que ce ne foit par ufurpation.

Mais comme ceux qui ne fe propo-

sent pour but que la recherche de
la vérité, ne doivent pas nier ou déguiser aucune chose, je puis bien accorder que c'étoit en quelque façon
en vertu de quelque acte signé par
les Rois qu'on jouissoit des fiefs, terres, &c. Mais cet aveu ne préjudicie rien en à la cause que je défends,
& cela ne signifie autre chose, sinon
qu'on devoit partager entre les Saxons
les pays dont ils avoient fait la conquête; & que pour éviter les querelles
qui auroient pû survenir, si chaque
particulier s'étoit mis de soi-même en
possession de ce dont il auroit pû
s'emparer, on avoit trouvé qu'il étoit
absolument nécessaire de suivre une
certaine méthode fixe dans le partage
de ces terres; & qu'il étoit à propos
que chaque particulier eût entre ses
mains dequoi justifier le droit qu'il
prétendoit avoir à ce qu'il possédoit,
afin que cela servit à décider les di-
férends qui pourroient arriver entr'eux.
Il falloit que quelqu'un certifiât que
leurs prétentions étoient légitimes, &
il n'y en avoit point qui fût si propre
à cela, ni dont le témoignage eût plus
de poids, que celui qui étoit leur Chef;
& c'est ce qui se pratique ordinaire-

ment dans toutes les sociétés du monde. Le Maire de chaque Communauté, l'Orateur de la chambre haute,
celui de la chambre basse, le premier
Président de chaque Parlement ou de
chaque Présidial de France; le Consul, le Bourguemestre, l'Avoüé ou Bai-
lif de chaque Ville libre de Hollande,
d'Allemagne ou de Suisse, signent
les actes publics qu'on passe en ces
lieux-là. Les Doges de Venise & de
Génes font la même chose, quoiqu'ils
n'ayent point d'autre pouvoir que
celui qu'on leur confére, & que d'eux-
mêmes ils ne puissent rien faire ou au
moins fort peu de chose. Ces dons de
nos Rois sont de même nature, quoiqu'il semble que ces termes de *mero
motu nostro*, signifient le contraire;
car les Rois parlent toûjours en pluriel, pour faire voir qu'ils n'agissent
pas pour eux-mêmes & en leur privé
nom, mais pour & au nom des sociétés qu'ils gouvernent; & toute la
venération que l'on a ou que l'on peut
avoir pour leurs actes, ne tourne pas
à leur gloire particuliére, mais à la
gloire de ceux qui leur ont mis l'autorité en main, & pour l'avantage
desquels ils doivent l'éxercer. Les Ty-

rans de l'Orient & plusieurs autres Princes Barbares qui ont un pouvoir très-
absolu, parlent en singulier, comme
cela paroît par ces Edits de Nabucho-
donosor, de Cirus, de Darius & d'As-
suérus, rapportés dans l'Ecriture Sainte, & par ceux que nous voyons tous
les jours des Monarques de ces pays-
là ; mais dans tous les autres Etats
civilisés & bien réglés, le Prince parle
en pluriel, pour faire voir qu'il agit
en vertu d'une capacité publique. C'est
de là, dit Grotius, que procéde le
droit que les Rois ont d'envoyer des
Ambassadeurs, de faire des alliances,
&c. Les alliances que ces Princes font
ne finissent pas avec leur vie, parce
qu'elles ne font pas faites pour eux
mêmes ; ils ne parlent pas en leur propre & privé nom, mais au nom de

Rex regno exutus, jus legandi amittit. Grot.

leurs peuples qu'ils réprésentent. *Un*
Roi dépouillé de son Royaume perd le
droit d'envoyer des Ambassadeurs, parce
qu'il ne peut plus parler pour ceux
qui se font séparés de lui volontairement, ou qui y ont été contraints par
une force étrangére. Il ne s'agit pas de
sçavoir si ce Prince a été privé de son
Royaume justement ou injustement ;
mais s'il peut engager le peuple qui

lui étoit autrefois soumis; car ce seroit une chose tout-à-fait ridicule à une nation d'entrer en traité avec un homme qui n'est pas en état d'accomplir les articles dont on seroit convenu; & une très grande folie à cet homme de stipuler tout ce qui peut obliger, puisque n'ayant plus le Gouvernement entre les mains, il ne peut obliger que lui-même.

Mais quoiqu'on puisse bien laisser aux Rois la liberté de partager une grande partie des terres & autres choses semblables, cela ne diminue en rien le droit du peuple, & ne leur confére aucun droit de disposer de ce qui appartient au public, qu'entant que cette disposition qu'ils en peuvent faire, a pour but le bien commun & l'accomplissement de ce que l'on s'est proposé, lorsqu'on leur a mis cette autorite en main. Bien plus, s'il étoit vrai qu'un pays conquis appartint à la Couronne, le Roi ne pourroit pas néanmoins disposer, parce que ces biens sont annéxés à la dignité de Roi, & qu'ils ne peuvent être aliénés par la personne qui est revêtuë de cette dignité. Cela se pratique non seulement dans les Monarchies mixtes, & bien

réglées, comme en Suéde, où l'Affemblée générale des Etats a révoqué
depuis peu les dons faits par les derniers Rois, comme contraires aux
Loix, mais mêmes dans les Gouvernemens les plus abfolus, comme en France, où le Roi d'àpréfent qui a étendu
fon pouvoir aufli loin qu'il lui a été
poffible, n'a pas fait difficulté de reconnoître, il n'y a pas long-temps,
qu'il ne peut pas difpofer des biens
de la Couronne : Et conformément à
cette maxime d'Etat, qui eft connuë
de tout le monde, qu'on ne peut
aliéner les Domaines de la Couronne
qui font deftinés pour les dépenfes
publiques, on a révoqué tous les dons
qui avoient été faits les quinze der-
niéres années : on a même fait rendre compte à ceux qui avoient achepté
des Terres appartenantes à la Couronne, & après avoir éxaminé ce qu'ils
avoient reçû, & leur avoir accordé un
intérêt fort médiocre, on leur a payé
ce qui leur étoit dû de refte & on a
repris les terres.

SECTION XXX.

Henri premier monta sur le Trône d'Angleterre, en vertu d'un aussi bon droit qu'aucun de ses prédécesseurs ou de ses successeurs.

AYant fait voir que l'ancienne Noblesse d'Angleterre étoit composée de personnes qui avoient été anoblies par la profession des armes, dont ils s'étoient glorieusement servi pour défendre leur Patrie, & pour en étendre les limites; que les Ducs, Comtes, &c. étoient leurs Commandans; qu'on leur donnoit, & à ceux qui les suivoient, des terres en récompense de leurs services, à condition d'en rendre de semblables dans la suite, & de fournir & entretenir des hommes & des chevaux en temps de guerre, à proportion des terres qu'un chacun d'eux avoient eues en partage; on ne peut nier qu'ils n'ayent été Gentilhommes & Seigneurs fonciers, tels que ceux que nous appellons aujourd'hui Gentilhommes des Communes, ou ceux qui ont des francs-

fiefs, & que ce ne fuſſent proprement
des hommes qui ſe trouvoient les plus
capables pour ſervir de chef à la nation
dans les guerres qu'elle avoit à ſoûte-
tenir. Les Micklegemots, les Witena-
gemots & les autres aſſemblées publiques étoient compoſées de ces Nobles;
& rien n'eſt plus ridicule que de donner les noms & les droits de Ducs, de
Comtes & de Vicomtes, qui n'étoient
que des titres d'Offices, à des perſonnes qui ne rempliſſent point ces emplois, & qui ne ſont point capables de
les remplir. Si donc nôtre Auteur avoit
dit que des perſonnes ſemblables à cel-
les-ci, qui avoient toujours compoſé
les aſſemblées publiques de la nation,
avoient bien voulu, en faveur d'Henri
I. lui donner la Couronne, comme ils
l'avoient donnée à ſon pere & à ſon
frere, j'en demeurerois d'accord avec
lui : mais c'eſt la derniere des extravagances de dire que celui qui n'avoit ni
titre ni poſſeſſion, ait donné la puiſſance à ceux qui en avoient toujours été
en poſſeſſion, & qui avoient éxercé
cette puiſſance en lui donnant à lui-
même tout ce qu'il avoit. Mais ce qui
me ſurprend le plus, c'eſt de voir qu'il
s'oublie juſqu'au point d'appeller Henri

I.

ri I. ufurpateur , & de vouloir annuller
tout ce qu'il a fait pendant fon régne ,
parce qu'il n'avoit point de droit à la
Couronne. En effet, c'eft agir contre
fes propres principes , puifqu'il n'y a
jamais eu & qu'il ne peut jamais y avoir
d'ufurpateur , fi fa doctrine eft véritable ; car il nous enfeigne lui-même
qu'il ne faut faire attention qu'à l'autorité des Souverains , & non aux moyens
qu'ils ont employés pour y parvenir ;
& ne faifant aucune différence entre un
Roi légitime & un Tyran , il nous dit
que nous devons obéïr avec foumiffion
à l'un auffi-bien qu'à l'autre. S'il croit
effectivement qu'Henri I. ait été ufurpateur, parce que fon droit n'étoit pas
bien fondé, je voudrois bien qu'il nous
dît à quoi l'on peut connoître un Roi
légitime d'avec un ufurpateur , & en
quoi confifte un titre légitime. S'il le
fait confifter dans la fucceffion héréditaire, il faut que nous fçachions fi l'on
doit tirer ce droit d'un feul Seigneur
univerfel du genre-humain , ou d'un
Seigneur particulier de chaque peuple :
fi c'eft d'un Seigneur univerfel , la même fucceffion qui lui donne droit au
Gouvernement de quelque pays particulier, foumet auffi le refte du monde

à ses Loix : si c'est d'un Seigneur particulier de quelque Place , il faut faire
voir de quelle maniere il est devenu
Seigneur de cette Place ; car si le premier qui a eu ce droit , dont il hérite ,
ne l'a pas eu légitimement , il ne peut
pas non plus y avoir aucunes prétentions
légitimes, & ce sera par conséquent une
usurpation sur une usurpation. Mais
ayant déja fait voir que c'est la chose
du monde la plus déraisonnable de prétendre à ce droit , soit en qualité d'héritier d'un Seigneur universel , soit en
qualité de successeur d'un Seigneur particulier , je me dispenserai de répéter
ici ce que j'ai dit ailleurs , & me contenterai d'ajoûter , que s'il n'est jamais permis d'interrompre le cours de
la succession , la famille de Merové n'a
pû avoir aucun droit à la Couronne de
France : Pepin étoit un usurpateur , s'il
est vrai que cette Couronne dût demeurer à perpétuité dans la famille de Merové ; & Hugues Capet n'y pouvoit
avoir aucun droit , si on ne pouvoit,
sans injustice , l'ôter aux descendans de
Pepin. Je laisse à Filmer à débattre cet
article avec le Roi de France , & lorsqu'il l'aura assez bien convaincu qu'il
est un usurpateur , pour que cela obli-

ge ce Prince à réfigner fa Couronne
aux Princes de la maifon d'Autriche,
qui prétendent qu'elle leur appartient
en qualité d'héritiers de Pharamond,
ou à ceux de la maifon de Lorraine, qui
fe difent defcendus de Pepin ; je lui
donnerai après cela une demi douzai-
ne de nœuds qu'il n'aura pas moins de
peine à dénoüer, & qui au lieu d'établir les droits de la plûpart des Rois que
nous connoiffons, les renverfent & les
détruifent entiérement, à moins qu'on
ne veüille donner un droit à l'ufurpation, ou que le confentement du
peuple ne fuffife pour conférer ce droit.

Or, s'il y a des ufurpateurs dans le
monde, & qu'il y ait une certaine régle dont on puiffe fe fervir pour juger
fi un homme eft ufurpateur, il ne nous
eft pas feulement permis, mais il eft
même néceffaire que nous éxaminions
les droits de ceux qui portent le nom
de Roi, afin que nous fçachions s'ils
font véritablement Rois ou non, de peur
que par ignorance nous ne rendions à
celui qui n'eft pas Roi, la vénération
& l'obéïffance qui ne font dûes qu'à
celui qui l'eft véritablement, & que
nous ne refufions nos devoirs à celui
qui par une fucceffion, dont il n'eft

pas permis d'interrompre le cours, eſt notre Seigneur naturel, & que de cette maniere il ne nous arrivât de préférer le plus ſcélérat de tous les hommes, & notre plus cruel ennemi, à celui que nous devons conſidérer comme notre véritable pere : & ſi cet éxamen devient préjudiciable à un de ces Rois ou à pluſieurs, ce ne ſera pas ma faute ; c'eſt à Filmer qu'on doit s'en prendre.

S'il n'y a point d'uſurpateur au monde, notre Auteur eſt le plus grand impoſteur qu'on ait jamais vû, puiſqu'il établit les raiſons dont il ſe ſert pour prouver les choſes les plus importantes, ſur des principes qu'il connoît être évidemment faux : mais la vérité eſt qu'il ſemble en tous ſes diſcours ſe déclarer contre l'humanité & le ſens commun, avec autant d'opiniâtreté, qu'il s'eſt déclaré contre la vertu & toutes ſortes de Loix ; & ſi l'on pouvoit dire d'un homme qui ſe contredit ſi ſouvent, qu'il veut dire telle ou telle choſe, on pourroit juſtement ſoûtenir que ſon deſſein eſt d'autoriſer le vol & le meurtre, & de nous perſuader de conſidérer comme Rois légitimes ceux qui par trahiſon, & par d'autres moyens injuſtes, renverſent le droit des Princes, en

interrompant le cours de la fucceffion :
cependant il veut que nous foyons perfuadés qu'il croit ce droit facré, auffi-
bien que les priviléges & les libertés
des nations, qui, felon l'opinion de
meilleurs Juges que lui, le font effectivement ; & il donne le nom odieux
d'ufurpateur à celui qui eft élevé fur le
Trône du confentement libre du peuple.

Mais fi Henri I. a été un ufurpateur,
je voudrois bien qu'il nous dît fi on
doit donner le même nom à tous nos
Rois, & qui eft celui qui ne le mérite
pas, afin que nous puiffions connoître
celui dont on croit les actes légitimes,
& à l'origine duquel nous devons du
refpect, ou fi nous ne devons obéïr à aucun Roi ; car je ne vois pas qu'il foit
poffible d'accufer d'ufurpation Henri I.
fans en accufer plufieurs de nos Rois,
pour ne pas dire tous.

S'il n'avoit point de droit à la Couronne, parce que fon frere Robert étoit
encore en vie, par la même raifon Guillaume le Roux n'en pouvoit pas avoir ;
& Guillaume leur pere étant bâtard,
n'y avoit aucun titre, non plus qu'eux.
On n'a pû corriger ce défaut fondamen-
tal de droit dans la fuite ; car leurs fuc-

cesseurs n'ont pû hériter autre chose,
que le droit de ces premiers, qui n'étoit
rien. Etienne ne pouvoit tirer aucun
droit ni des Saxons ni des Normands :
Henri II. ne pouvoit prétendre au Trône qu'en qualité de fils de Mathilde,
& on auroit pû préférer à cette Princesse tout autre que lui, si on l'avoit
jugé à propos. Si elle dérivoit son droit
des Princes Normands, il étoit nul, car
ils n'en avoient point; & l'histoire d'Edgard Athelin est si ridicule, qu'elle ne
mérite pas d'être rapportée. Mais quoiqu'il en soit, cette Princesse n'en pouvoit retirer aucun avantage ; car David
Roi d'Ecosse, frere de la mere de Mathilde, qui étoit le seul dont elle pût
réclamer son droit, étoit encore vivant,
aussi-bien que son fils Henri, qui mou-
rant bien-tôt après, laissa trois fils &
trois filles, dont la postérité étant entrée par mariage dans plusieurs familles Ecossoises, subsiste encore aujour-
d'hui ; & si on doit avoir égard à la
proximité du sang, cette postérité auroit dû monter sur le Trône préférablement à cette Princesse & à ses descendans, à moins qu'il n'y ait quelque Loi
qui donne la préférence aux filles à l'exclusion des mâles. Quelque légitime

qu'eût pû être le droit d'Henri II. il
s'éteignit néceffairement avec lui, tous
fes enfans étant nés en adultère manifeste, ce Prince s'étant marié avec Eléo-
nore de Guyenne pendant la vie de Loüis
Roi de France , fon premier mari ; &
on ne peut rien alléguer pour juftifier
cette action criminelle, fi ce n'eft une
difpenfe du Pape, directement contraire à la Loi de Dieu , & aux paroles
de notre Sauveur, qui dit, *que nul ne
peut délaiffer fa femme, finon pour caufe
d'adultère ; & que celui qui époufe la
femme délaiffée, commet adultère.* Il eft
impoffible de purifier cette fource cor-
rompue : mais quand même on ne
prendroit pas garde à cela , toujours
eft-il certain que depuis ce temps-là le
cours de la fucceffion s'eft fouvent
trouvé interrompu. Jean fut préferé à
Arthur , fils de fon frere aîné : Edoüard
III. fut fait Roi par la dépofition de
fon pere : Henri IV. par celle de Richard II. Si la maifon de Mortimer
ou celle d'York avoient droit à la Couronne , Henri IV. Henri V. & Henri
VI. n'étoient pas Rois légitimes , ni
tous ceux qui font montés fur le Trône
en vertu du droit qu'ils n'ont hérité que
d'eux. Quoiqu'il en foit , Richard III.

I 4

ne pouvoit avoir aucun titre légitime ;
car les enfans du Duc de Clarence, son
frere aîné, étoient encore en vie. On
pouvoit soupçonner que les enfans d'E-
doüard IV. étoient bâtards ; & quoique ce soupçon pût être mal fondé, toujours est-il certain qu'on n'est pas aussi
assuré qu'ils fussent légitimes, qu'il seroit à souhaiter qu'on le fût dans une
affaire de cette importance, dont les
conséquences s'étendent fort loin. Mais
quand même on n'auroit aucun doute
sur cet article, il est constant qu'Henri
VII. ne monta pas sur le Trône en vertu du droit de sa femme Elizabeth ; car
il régna avant que de l'avoir épousée,
& aussi après qu'elle fut morte : & à
l'égard des autres titres en vertu desquels il pouvoit prétendre à la Couronne, nous en pouvons croire Philippes de Commines, qui dit qu'*il n'avoit
ni croix ni pile*. Si Henri VIII. avoit eu
quelque droit personnel, ou qu'il en
eût hérité quelqu'un de sa mere, il auroit monté sur le Trône immédiatement après la mort de cette Princesse ;
ce qu'il ne prétendit jamais, ni de lui
succéder, sinon après la mort de son
pere : reconnoissant par cela même qu'il
n'avoit point d'autre droit que celui

qu'il héritoit de lui, à moins que le
Parlement & le peuple ne puiſſent en
donner à qui bon leur ſemble. On peut
dire la même choſe de ſes enfans: Marie ne pouvoit avoir aucun droit, ſi elle
étoit bâtarde, ſortie d'un mariage in-
ceſtueux ; mais ſi le mariage de ſa mere
étoit valable & elle légitime, Elizabeth
ne pouvoit avoir aucun droit à la Couronne.

Cependant toutes ces perſonnes ont
été Rois & Reines légitimes; leurs actes ſubſiſtent encore aujourd'hui, &
ont conſervé leur force à tous égards.
Le Parlement & le peuple les firent monter ſur le Trône, quoiqu'ils n'euſſent
aucun droit pour y prétendre : les Parlemens & le peuple ont donc le pouvoir de faire des Rois : ceux à qui ils
donnent la Couronne ne ſont donc
point uſurpateurs. Depuis plus de ſept
cent ans nous n'en avons point eu qui
n'ayent été faits Rois de cette maniere.
Diſons donc qu'ils ont été Rois légitimes, ou que pendant tout ce temps-là
nous n'en avons point eu qui l'ayent
été ; & ſi cette concluſion eſt du goût
de notre Auteur, on pourra remonter
auſſi loin que nous conduit l'hiſtoire
d'Angleterre, & il y verra pluſieurs

I 5

autres éxemples de l'interruption de
l'ordre de la succeffion.

Ce que je viens de dire étant fondé
fur le fondement inébranlable des Loix,
confirmé par toutes les hiftoires, & ap-
puyé par la raifon, l'opinion particuliere d'un homme, quelqu'il foit, n'eft
pas capable de la détruire, fur tout fi
c'eft le fentiment d'un homme qui fe
trouve dans les mêmes circonftances
où fe trouva le Chevalier Walter Raleigh, les dernieres années de fa vie ; &
il y a de la baffeffe & de la mauvaife
foi à donner aux paroles d'une perfonne de mérite, environnée de circonftances très-fâcheufes, un fens tout-à-
fait oppofé à fes actions précédentes,
& aux ouvrages qu'il a publiés durant
fa profpérité, fur tout lorfque ce fens
ne tend pas moins à ternir la réputation de cette perfonne, qu'à jetter les
autres dans l'erreur. Filmer s'eft rendu
coupable de ces deux chofes, en citant
quelques paffages du Chevalier Walter
Raleigh, pour affoiblir la grande Char-
te qui contient nos priviléges & libertés, comme fi *elle devoit fon origine à*
l'ufurpation, & qu'elle n'eût été mife au
jour que pour prévenir ou éteindre la ré-
bellion : au lieu que dans tous les ou-

vrages qui méritent de porter son nom,
on ne trouve ni principe ni conféquence qui approche en aucune façon de ce
que Filmer lui fait dire. Le dialogue
dont il s'agit ici & quelques autres petits Traités publiés après sa mort, ne
peuvent, sans injuftice, être attribués
à ce grand homme : ou fi le defir de
conferver fa vie, lorfqu'il fe vit prêt
de perdre la tête, lui a fait tenir quelques difcours contraires à ce qu'il
avoit toûjours fait profeffion de croire,
on doit plûtôt les enfevelir dans un perpétuel oubli, que de s'en fervir pour
deshonorer fa mémoire. Mais afin que
fa faute ne préjudicie point à la caufe
publique, il eft bon qu'on fçache que
quoique ce fût un homme de mérite,
cependant fa morale n'étoit pas auffi
pure qu'il auroit été à fouhaiter, comme cela paroît par fon procédé à l'égard
du brave Comte d'Effex : & dans la
compofition de fon *Hiftoire du Monde*,
il eut de fi bons fecours, qu'un homme
du commun, avec les mêmes aides, auroit pû y réüffir auffi-bien que lui.
Quand même fa vie n'auroit pas dépendu de la volonté du Prince, on ne
devroit pas s'étonner que ce qu'il écri-
vit de lui-même, fans aucune affiftan-

L 6

ce étrangere, femble être la production
d'un autre efprit : s'il avoit été fecondé
comme auparavant, il n'eût jamais dit
que *les liens* * *qui attachent les fujets aux*
Rois, devroient toûjours être de fer ; &
ceux qui attachent les Rois aux fujets, de
toile d'araignée.

* *Voyez la Lettre du Chevalier Walter*
Raleigh au Roi Jacques I.

SECTION XXXI.

Les nations libres ont droit de s'affembler
quand & où elles veulent, à moins
qu'elles ne fe foient volontairement dé-
pouillées de ce droit.

LE difcernement faux fait qu'on s'é-
gare toûjours, & qu'on fe perfua-
de que des chofes favorifent la caufe
qu'on défend, quoiqu'effectivement
elles la renverfent tout - à - fait. Pour
prouver cette vérité, on n'a qu'à éxaminer les paroles de notre Auteur. *Dans*
les précédens Parlemens, dit-il, *établis*
& continués depuis le régne d'Henri I. on
ne trouve point qu'on y ait fait aucun ufa-

ge de la liberté naturelle au peuple ; car si la liberté étoit un don de la nature, elle donneroit pouvoir au peuple de s'afsembler quand & où il lui plairoit, pour donner la Souveraineté, & pour en borner & diriger l'éxercice par des Traités qu'il feroit avec celui à qui il conféreroit cette autorité souveraine. Et moi je soûtiens que toutes les nations naturellement libres peuvent s'assembler quand & où elles veulent ; qu'elles peuvent disposer de la Souveraineté, & en diriger & limiter l'éxercice, à moins que par un acte volontaire elles ne se soient dépouillées de ce droit ; & qu'il n'y a point de peuple au monde qui eût jamais pû tenir aucune assemblée légitime de toute la société, si les nations n'avoient pas eu ce pouvoir originairement en elles-mêmes. On a prouvé dans la Section précédente, que tous nos Rois n'ayant aucun titre, n'ont pû être que ce qu'il a plû à la Noblesse & au peuple de les faire ; qu'ils n'ont pû avoir d'autre pouvoir que celui qui leur étoit conféré, ni conférer que ce qu'ils avoient reçû. S'ils ont donc le pouvoir de convoquer les Parlemens, il faut que le pouvoir de les convoquer leur ait été donné ; & il ne pouvoit leur être

donné par ceux en qui il ne résidoit pas
originairement. Les Israëlites s'assemblérent, & choisirent pour leurs chefs
Ehud, Gédéon, Samsom, Jephté &
plusieurs autres, qu'ils jugérent capables de les délivrer de la main de leurs
ennemis. En vertu du même droit, ils
s'assemblérent à Mitspa pour faire la
guerre à la tribu de Benjamin, lorsqu'elle leur eut refusé de faire justice
de ceux qui avoient violé la concubine
du Lévite. En vertu du même droit ils
offrirent la Couronne à Gédéon, mais
il la refusa. Il s'assemblérent au même
lieu, & y choisirent Saül pour Roi. Ce
Prince étant mort, les hommes de Juda
s'assemblérent, & oignirent David :
peu de temps après, toutes les tribus
s'assemblérent en Hébron, firent accord
avec lui, & le reconnurent pour leur
Roi. Ce fut aussi de cette maniere qu'ils
élevérent Absalon sur le Trône, quoiqu'en cette occasion on ne puisse guéres justifier leur conduite. Ils voulurent
faire la même chose en faveur de Sceba,
fils de Bicri, quoiqu'ils eussent actuellement un Roi qu'eux-mêmes avoient
choisi. Lorsqu'ils se trouvérent trop
chargés des impôts que Salomon avoit
mis sur eux, ils s'assemblérent en Si-

chem ; & mécontens de la réponse que
Roboam avoit faite à leurs plaintes, dix
tribus établirent Jéroboam pour Roi.
Jéhu & tous les autres Rois d'Israël n'a-
voient point d'autre droit que celui qui
leur fut conféré par la plus considérable
partie de la nation, qui ne leur en auroit pû conférer aucun, à moins que
de se trouver ensemble pour cet effet,
ni s'assembler sans le consentement &
& contre la volonté de ceux qui ré-
gnoient, à moins que ce pouvoir n'eût
résidé originairement en la personne des
peuples.

Dans les Etats où les Gouvernemens
sont mieux réglés, on laisse à un ou à
plusieurs Magistrats, le soin d'assembler le Sénat ou le peuple, lorsqu'ils
jugent que cela est nécessaire : à Rome
c'étoient aux Consuls ou aux Tribuns à
convoquer ces assemblées ; à Athènes
c'étoit aux Archons, & à Thébes aux
Beotarques ; mais aucun de ces Magistrats n'auroit pû avoir cette autorité, si
elle ne leur avoit été donnée par ceux
qui les avoient élevés aux emplois ausquels elle étoit annexée ; & cette autorité n'auroit pû être annexée à ces charges, si ceux qui les avoient créées n'a-
voient pas été en droit de le faire. Si

ces Magiſtrats étoient aſſez peu ſoigneux
de s'acquitter de leur devoir pour négliger la convocation de ces aſſemblées,
lorſque lès affaires publiques le requé-
roient, le peuple s'aſſembloit de ſa propre autorité , & les puniſſoit en leurs
perſonnes , ou aboliſſoit leurs Magiſtratures, comme on le peut voir par ce
qui arriva aux Décemvirs , & par pluſieurs autres éxemples qu'on pourroit
alléguer , s'il étoit beſoin de prouver
une vérité qui eſt ſi claire d'elle-même.
La raiſon de ceci eſt, que ceux qui établiſſent une Magiſtrature ſçavent mieux
que perſonne ſi ceux à qui ils l'ont conférée, tendent, où non, au but qu'on
s'eſt propoſé en l'établiſſant ; & toutes
les Magiſtratures légitimes étant eſſen-
tiellement les mêmes, quoique différentes quant à la forme , il faut néceſſairement que le même droit appartienne en tout temps à ceux qui mettent
l'autorité ſouveraine entre les mains
d'un ſeul, d'un petit nombre, ou d'un
plus grand nombre : c'eſt ce que notre
Auteur appelle le droit de diſpoſer de
la Souveraineté. C'eſt ainſi qu'agirent
les Romains , lorſqu'ils créérent les
Rois, les Conſuls , les Tribuns Militaires, les Dictateurs ou les Décemvirs ;

& ce feroit la chofe du monde la plus
ridicule que de dire, que ces Magiftrats
donnérent au peuple le pouvoir de s'affembler & de les choifir ; car ceux qui
font élûs font les créatures de ceux qui
les élifent ; & jufqu'à ce qu'ils foient
choifis, ils ne font pas plus que les autres. Le dernier Roi de Suéde, Charles-
Guftave, dit un jour à un Ambaffa-
deur qui étoit à fa Cour, que les Suédois l'ayant fait Roi dans le temps qu'il
étoit pauvre, ou pour mieux dire qu'il
n'avoit rien du tout, la feule chofe à
quoi il fe croyoit indifpenfablement
obligé de s'appliquer, c'étoit de régner
d'une maniere qui ne leur donnât jamais lieu de fe repentir de la bonne
opinion qu'ils avoient conçue de lui.
Ces peuples pouvoient donc d'eux-mêmes s'affembler, & conférer la Royauté à ce Prince, autrement il n'auroit pû
y parvenir : car quoique ce Royaume
foit héréditaire aux mâles, auffi-bien
qu'aux femelles, & que fa mere fût
fœur du grand Guftave ; cependant,
comme cette Princeffe étoit mariée à
un étranger fans le confentement des
Etats, elle avoit contrevenu aux conditions aufquelles on admet les femelles à la fucceffion de la Couronne ; &

étant de cette maniere déchûe de son droit, son fils ne prétendoit pas en avoir aucun. L'acte de son élection déclare qu'il n'avoit aucun droit à la Royauté, & lui donne la Couronne, à lui & à ses héritiers issus de son corps, avec cette clause, que le Prince Adolphe son frere ne peut prétendre pour soi aucun avantage, ni aucun titre, en conséquence de cette élection ; & toute la nation Suédoise convient que si le Roi qui régne aujourd'hui venoit à mourir sans enfans, on procéderoit à une nouvelle élection.

Notre Auteur a fort bien remarqué que si le peuple pouvoit s'assembler de sa propre autorité, & disposer du pouvoir souverain, il pourroit aussi le limiter comme il jugeroit à propos, & prescrire la maniere dont on doit l'éxercer : il ne se trompe point à cet égard ; car les nations se sont assemblées en ce pays-ici, aussi-bien qu'en plusieurs autres ; elles en ont conferé l'autorité souveraine ; elles lui ont donné des bornes, & ont prescrit en même-temps la maniere dont on devoit l'éxercer ; & les Loix de chaque peuple enseignent comment on doit se conduire à cet égard. Cela est aussi certain par rapport

aux Rois, que par rapport à aucun
autre Magiſtrat. L'emploi des Dictateurs Romains étoit d'avoir ſoin *
que *la République ne reçût aucun dommage.* On donnoit quelquefois la même commiſſion aux Conſuls. Ce que
diſoit le Roi Offa, qu'on lui avoit donné la Couronne † *afin qu'il maintînt la
liberté publique,* fait bien voir qu'il étoit
perſuadé que ce n'étoit pas pour lui-
même qu'on lui avoit conféré une dignité ſi éminente ; & Charles-Guſtave
qui avoüoit, ſans déguiſement, que la
ſeule choſe à quoi il devoit s'appliquer,
c'étoit de gouverner ſes peuples avec
tant d'équité & de modération, que
ceux qui l'avoient fait Roi n'euſſent
pas lieu de s'en repentir , & de perdre
la bonne opinion qu'ils avoient conçûe
de lui , nous apprend qu'il étoit convaincu qu'il y avoit une régle qu'il étoit
obligé de ſuivre , & une fin qu'il devoit procurer , afin que ſes ſujets ne ſe
repentiſſent pas de l'avoir élevé ſur le
Trône. Ce pouvoir de conférer la Souveraineté fut éxercé en France par ceux
qui donnérent la Couronne à Merové,

* *Ne quid detrimenii Reſpublica accipiat.*
Tite-Live.
† *In veſtra libertatis tuitionem.* Mat. Par.

au préjudice des petits fils de Pharamond, qui étoient enfans de Clodion;
par ceux qui exclurent fa race pour élever Pepin fur le Trône; par ceux qui dé-
poférent Loüis le Débonnaire & Charles le Gros; par ceux qui donnérent la
Couronne à cinq Princes qui étoient
étrangers ou bâtards, avant que de la
mettre fur la tête de Charles le Simple;
par ceux qui rejettérent la feconde race
pour faire monter Hugues Capet fur le
Trône; par ceux qui élevérent à la
Royauté Henri premier, au préjudice
de Robert fon frere aîné, & qui voulurent en laiffer la joüiffance aux defcendans d'Henri jufqu'à la dixiéme gé-
nération, pendant que la poftérité de
Robert fut obligée de fe contenter du
Duché de Bourgogne. La même chofe
eft arrivée dans le Royaume de Caftille
& d'Arragon, où l'on a fouvent préferé le cadet à l'aîné; les defcendans
des femelles à ceux de la ligne mafcu-
line, en même degré; les plus éloignés
du fang aux plus proches, & quelquefois des bâtards aux légitimes. On a
pratiqué la même chofe en Angleterre,
par rapport à chaque Roi, depuis que
les Normands y font venus, comme je
l'ai fait voir dans la Section précédente,

aussi-bien qu'en plusieurs autres endroits de cet ouvrage.

Les différens réglemens faits par les
nations pour établir l'ordre de la succession, font bien voir que ceux qui con-
féroient l'autorité souveraine, étoient
en droit de la limiter, & de prescrire
la maniere dont on devoit l'éxercer. Il
y a des Couronnes purement électives,
comme l'Empire d'Allemagne & le
Royaume de Pologne, qui le font encore aujourd'hui ; le Royaume de Dannemarc, qui l'a été jusqu'en 1660.
celui de Suéde jusqu'au temps de Gus-
tave Ericson, qui délivra cette nation
de la tyrannie du cruel Roi de Dannemarc Chrétien II. En d'autres Etats, la
Couronne étoit aussi élective ; mais elle
étoit, pour ainsi dire, affectée à une
certaine famille, ou à plusieurs familles, comme celle des Goths en Espagne,
dont les Rois étoient choisis d'entre les
Halthei & les Amalthei. Dans de certains Royaumes on préféroit l'aîné de
la famile régnante au plus proche du
sang, comme cela se pratiquoit en
Ecosse avant le temps de Kennethus. En
d'autres lieux on préfere le plus proche
du sang à l'aîné, si cet aîné est le plus
éloigné. En quelques-uns on n'a au-

cun égard aux femelles ou à leurs defcendans, comme en France & en Turquie. En d'autres, elles & leurs defcendans héritent *fimplement*, auffi-bien
que les mâles, ou à condition qu'elles
ne fe marieront point hors du pays, ou
fans le confentement des Etats, comme en Suéde. On ne peut donner aucune autre raifon de cette variété de
conftitutions, qui eft prefque infinie,
finon que ceux qui ont fait ces réglemens ont voulu que cela fût ainfi; ce
qui ne pourroit pas être fi Dieu & la
nature avoient affigné une régle générale à toutes les nations du monde. Car
en ce cas, il faudroit que le Royaume
de France fût électif, auffi-bien que celui de Pologne & l'Empire; ou que les
Couronnes de la Pologne & de l'Empire fuffent héréditaires, auffi-bien que
celle de France: les filles devroient
fuccéder en France, auffi-bien qu'en
Angleterre, ou être exclues de la fucceffion en Angleterre comme elles le
font en France; & il faut de toute néceffité que celui qui veut qu'on croye
qu'un de ces réglemens eft d'inftitution
divine & naturelle, renverfe abfolument tous les autres.

Les différentes manieres dont les peu-

ples ont limité le pouvoir souverain,
sont encore une preuve convaincante
de l'usage qu'ils ont fait, à cet égard,
de leur liberté naturelle. Il y a des Rois, *De Jure Bel.*
dit Grotius, qui ont le *summum Impe-* *& Pac.*
rium summo modo, d'autres qui l'ont
modo non summo; & entre ceux qui ne
possèdent la Couronne qu'avec de certaines restrictions, les degrés du plus
au moins sont presque infinis, comme
je l'ai déja prouvé du Royaume d'Arragon, des anciens peuples d'Allemagne, des Rois Saxons, des Rois Normands, de ceux de Castille, de l'Empire d'aujourd'hui, aussi-bien que de
plusieurs autres Etats : Et je puis dire,
sans crainte de me tromper, que l'ancien Gouvernement de France étoit de
même nature, & qu'on y a presqu'à
tous égards suivi la même méthode
jusqu'au temps de Charles VII. & de
Loüis XI. mais ces Princes commencérent à s'émanciper, comme on dit ; &
leurs successeurs, dignes imitateurs d'un
si bon éxemple, ont si bien réüssi dans
ce dessein, qu'ils se sont élevés à un
degré de grandeur & de puissance sans
bornes, & ont amassé des trésors im-
menses aux dépens du peuple, qui se
voit réduit dans une misere qu'il n'est
pas possible d'exprimer.

Il faudroit être fou pour s'imaginer
que cette diversité de limitations procéde de la liberalité des Rois, puisque
naturellement ils prennent tous plaisir à
éxercer un pouvoir absolu, & qu'ils détestent tout ce qui s'oppose à leur volonté. Il y auroit plus de raison à croire
que les Consuls Romains, qui avoient
été élevés sous un Gouvernement libre,
qui avoient contracté un amour ardent
pour la patrie, & qui étoient contens
de vivre dans une parfaite égalité avec
leurs Concitoyens, furent d'avis qu'on
ne leur laissât l'éxercice de leur Magistrature que pour un an ; ou que les
Doges de Venise voulurent bien, de
leur pure grace, accorder au *Conseil des
dix* le pouvoir de les faire mourir s'ils
violoient les Loix, que de s'imaginer
que les Rois ayent consenti volontairement qu'on limitât leur autorité, puisque c'est la chose du monde qu'ils ont
le plus en horreur ; ou qu'ils voulussent
porter si long-temps ces chaînes, s'ils
pouvoiént les rompre si facilement. Si
quelqu'un de ces Princes avoit autant
de modération que Trajan, qui en donnant l'épée au Préfet des Gardes Préto-
riennes, lui ordonna de l'employer à la
défense de sa personne, s'il gouvernoit
juste-

juftement, & de s'en fervir contre lui
s'il faifoit le contraire ; le fucceffur d'un
Prince fi moderé donneroit bien-tôt un
autre ordre : une Loi qui n'eft fondée
que fur l'acte d'un homme , peut être
annullée par un autre. De forte que rien
ne prouve mieux que les Loix établies
en différens pays, pour réprimer la puiffance royale , & pour difpofer diver-
fement de la fucceffion , ne procédent
point de la volonté des Rois , que les
éxemples fréquens qu'on a eu de la fureur de ces Monarques , qui fe font
expofés aux plus grands dangers, & ont
attiré fur leurs peuples des malheurs
fans nombre , en voulant violer ces
Loix , & s'affranchir , par ce moyen,
d'un joug qu'ils trouvoient infupporta-
ble. Concluons donc que les nations
ont le pouvoir de s'affembler quand &
où il leur plaît , de conférer & limiter
l'autorité fouveraine, auffi-bien que de
prefcrire la maniere dont on doit l'éxercer ; autrement, il faudra dire que tous
ces actes publics des peuples font fondés fur une injuftice manifefte , & qu'ils
font coupables de l'ufurpation la plus
criante.

Nul ne peut avoir de pouvoir fur
une nation , s'il ne l'a *de jure* ou *de facto*.

Tome IV.   K

Il faut que celui qui prétend avoir un pouvoir *de jure*, prouve que ce pouvoir est originairement attaché à sa personne, ou qu'il a résidé en celle de son prédécesseur, dont il l'a hérité, ou qu'il l'a légitimement acquis. Pour prouver qu'on ne peut prétendre à aucun droit naturel à cet égard, je ne crois pas qu'il soit besoin d'autres preuves que de celles dont je me suis déja servi, en faisant voir que les premiers peres du genre-humain n'avoient point ce droit ; ou que s'ils l'avoient, il n'y a personne aujourd'hui qui pût en hériter, parce qu'il n'y a personne qui pût prouver par sa généalogie, que la succession lui appartient de droit. De plus, la facilité avec laquelle nous pouvons prouver les commencemens de toutes les familles qui régnent parmi nous, suffit pour nous faire voir qu'il seroit aussi ridicule à aucune de ces familles de prétendre à un droit perpétuel de domination universelle, qu'il le seroit à un Citoyen de Londres, dont nous connoissons les parens & la naissance, de dire qu'il est le véritable Noë qui vivoit du temps du déluge, & qu'il est à présent âgé de quatre ou cinq mille ans.

Si ce pouvoir a été conferé à lui ou

à ses prédécesseurs, nous n'en demandons pas davantage ; car aucune donation ne peut être valable, à moins qu'elle ne soit faite par ceux qui sont en droit de la faire ; & le droit originel venant à manquer, faute de connoître l'héritier, personne ne peut avoir ce droit sur un peuple libre : ce peuple seul l'a, ou ceux à qui il a bien voulu le donner.

Si l'on dit qu'on a ce pouvoir par voye d'acquisition, c'est toujours la même chose ; car on ne peut avoir aucun droit à ce que l'on a acquis, à moins qu'on ne prouve que l'on a été en droit de s'en emparer ; & cela étant, on ne peut acquérir que ce qui appartenoit à la personne sur qui on a fait l'acquisition ; & cette acquisition n'appartient légitimement qu'à celui qui est en droit de la faire. Jamais il n'y a eu d'homme au monde qui ait pû conquérir seul, & par ses propres forces, toute une nation : il n'y a donc jamais eu d'homme au monde qui ait pû acquérir un droit personnel sur aucun peuple ; & si quelque droit lui a été conferé par ceux qui ont fait la conquête avec lui, c'étoit le peuple qui lui a aidé, & c'est par conséquent ce peuple qui

K 2

lui a conferé. On ne peut pas dire, avec plus de justice, que ce droit réside originairement en sa personne, & qu'il ne le tient que de lui, qu'on le pouvoit dire d'un Magistrat de Rome ou d'Athènes immédiatement après sa création; & n'ayant point d'autre droit au commencement, il n'en peut avoir aucun dans la suite, car la nature de ce droit doit être conforme à son origine, & le temps n'y peut faire aucun changement.

Il faut donc que tout ce qui ne procéde pas du consentement du peuple, soit seulement *de facto*, c'est-à-dire, vuide de tout droit; & il n'est pas possible de s'imaginer qu'on n'est pas en droit de détruire ce qui n'est fondé sur aucun droit ; & par la même régle que quand un homme joüit de ce qu'il a acquis par violence, un autre peut le lui ravir. Cyrus renversa l'Empire des Assiriens & des Babiloniens; Aléxandre, celui des Médes & des Perses ; & s'ils n'étoient pas en droit de faire la guerre à ces nations, il ne se peut pas qu'elles n'ayent été en droit de reprendre, par force ou autrement, tout ce qu'on leur avoit ôté avec tant d'injustice, & de se venger des maux qu'on leur avoit fait

souffrir. Si ces Princes avoient la justice de leur côté, que la guerre qu'ils
leur firent fût fondée sur des causes très-
légitimes, & qu'ils n'ayent point abusé de leur victoire, on demeurera peut-
être d'accord que ces peuples conquis
étoient obligés de porter patiemment le
joug qu'on leur avoit imposé ; mais les
armées conquérantes qui avoient donné
à leurs Généraux ce qu'ils avoient ôté
à leurs ennemis, pouvoient avec autant
de justice éxiger qu'on leur rendît
compte de ce qu'ils avoient donné, &
qu'on l'employât aux usages ausquels il
avoit été destiné par ceux qui l'avoient
donné, que le peuple d'une ville, quelle qu'elle soit, le pourroit éxiger des
Magistrats qu'il auroit lui-même établis ; parce qu'il étoit aussi impossible
à Cyrus, à Aléxandre ou à César, de
soumettre à leur puissance les armées
qui étoient sous leur conduite, sans
qu'elles y voulussent bien consentir,
qu'il l'auroit été à Péricles, à Valérius,
ou à quelqu'autre Citoyen désarmé,
d'acquérir dans leurs villes respectives
plus de pouvoir qu'on ne leur en avoit
donné volontairement. Et la seule différence qu'il y ait, selon moi, entre les
Royaumes établis par des armées con-

quérantes, & ceux qui font établis de
la maniere du monde la plus réguliere,
confiste en ce que les premiers font
ordinairement plus portés à la guerre
& à la violence ; au lieu que les derniers font plus pour la justice & pour
la paix. Mais on a vû plusieurs Gouvernemens de cette premiere forte,
fur-tout ceux qui furent établis par les
nations forties du Nord, qui n'avoient
pas moins d'éxactitude à bien régler
tout ce qui pouvoit tendre au maintien
de la liberté, & à prendre garde qu'on
éxécutât ponctuellement ces réglemens,
qu'en auroient pû avoir les Républiques
les mieux policées : & il y auroit auffi
peu de raison à dire que les Goths re-
çurent leurs priviléges d'Alan ou de
Théodoric ; les Francs, de Pharamond
ou de Merové ; & les Anglois, d'Ina
ou d'Ethelred, qu'il y en auroit à foûtenir que la liberté d'Athènes étoit un
don de Thémistocles ou de Péricles,
que Rome tenoit l'Empire du monde de
la libéralité de Brutus ou de Valérius,
& que la République de Venife d'aujourd'hui ne fubfifte que par un effet
de la bonté de Contarini ou de Moro-
fini ; ce qui nous remet dans la queftion de droit, puifque celle de fait, &
vuide de droit, ne fignifie rien.

SECTION XXXII.

*Les pouvoirs des Rois font fi différens,
felon les Loix différentes des Peuples
aufquels ils commandent , qu'on ne
peut tirer aucune conféquence des uns
aux autres, à leur préjudice ou à leur
avantage , en ne confultant que le
nom.*

POur détruire ce que nous avons
dit ci-deffus, quelques uns allé-
guent le nom de Roi , comme s'il y
avoit quelque charme dans ce mot;
& il femble que Filmer efpére en retirer plus d'avantage que de toutes les
raifons dont il s'eft fervi pour défendre fa caufe. Mais afin que nous puiffions voir que ce terme ne renferme
aucune vertu en foi, & qu'il ne confére point d'autre droit que celui que
chaque nation y a bien voulu attacher,
il nous faut confidérer.

I. Que les Princes les plus abfolus
qui vivent à préfent ou qui ayent jamais vécu, n'ont point porté le nom
de Roi; aulieu qu'on l'a fouvent donné à des Princes dont l'Autorité étoit

fort bornée. Avant le sixiéme Siécle du Christianisme on n'avoit jamais appellé les Césars Rois: Les Caliphes, les Soldats d'Egypte & de Babilonne, le grand Turc, le Cham de Tartarie ou le grand Mogol n'ont jamais pris ce nom, ni aucun autre qui signifie la même chose. Le Czar de Moscovie ne le prend point, quoique ce Monarque soit aussi absolu qu'aucun Roi du monde, & qu'il n'y ait pas de peuple plus esclave ni plus misérable que ses sujets. D'un autre côté, on a donné pendant quelques temps, le nom de Roi aux principaux Magistrats de Rome & d'Athènes, à ceux de Lacédémone, d'Arragon, de Suéde, de Dannemarc & d'Angleterre, *quoique ces Magistrats ne pussent rien faire que conformément aux Loix.* Je crois que cela suffit pour faire voir qu'un certain nom n'étant en aucune maniére essentiel, en fait de Gouvernement, quelque titre qu'on donne au souverain Magistrat, il ne peut néanmoins avoir de puissance, qu'autant que lui en donne les Loix & les Coutumes du Pays qu'il gouverne, ou que le peuple a bien voulu lui en conférer.

II. On change souvent le nom des

Magiftrats, fans rien changer au pouvoir; & on change quelquefois le pouvoir quoiqu'on laifle toûjours le même
nom aux Magiftrats. Lors qu'Octave
Céfar, avec le fecours de fes troupes
mercénaires, corrompuës & furieufes,
eut renverfé toutes les Loix de fa
patrie, il ne prit point d'autre titre,
par rapport aux affaires militaires,
que celui d'Empereur, que les armées
donnoient fouvent aux Préteurs & aux
Confuls, du temps même que la République joüiffoit de toute fa liberté :
A l'égard des affaires civiles, ce Prince   *Tribunitia*
voulut faire croire qu'il fe contentoit   *poteftate con-*
de la puiffance des Tribuns ; fon fuc-   *tentus.*
ceffeur fuivit la même méthode, en   *C. Tacit.*
donnant à fes nouvelles ufurpations des
noms établis dès les commencemens
de la République, & qui par conféquent ne choquoient point les oreilles.
D'un autre côté, par une reftriction
modérée, on rend quelquefois populaires des noms qui par un éxercice
violent de l'autorité abfoluë, étoient
devenus odieux & éxécrables; comme
en Allemagne, où quoiqu'il femble
que la Monarchie foit auffi bien tempérée qu'en aucun endroit du monde,
les Princes y retiennent les mêmes noms.

K 5

d'Empereur, de César & d'Auguste, que portoient autrefois ceux qui par une rage & une fureur excessive, avoient ravagé & désolé la meilleure partie de l'Univers.

Les Souverains ont quelquefois changé de nom, quoique leur pouvoir ait toûjours été le même à tous égards. Les Seigneurs de Castille, pendant plusieurs siécles, n'ont point eu d'autre titre que celui de Comte; & lorsque la Noblesse & le peuple le jugea à propos, ce nom fut changé en celui de Roi, sans rien ajoûter à la puissance de ces Souverains.

En Pologne le souverain Magistrat s'appelloit Duc, n'y ayant qu'environ deux cent ans qu'on donna le nom de Roi à un Prince de la famille des Jagelons, nom qui a resté à tous ses successeurs, sans que cela ait en rien changé la nature du pouvoir de ces premiers Magistrats. Et je ne crois pas qu'un homme raisonnable puisse s'imaginer que si les Vénitiens s'avisoient d'appeller leur Doge Roi, ce titre donnât à ce Magistrat plus d'autorité qu'il n'en a déja, à moins que le grand Conseil ne lui en donnât d'avantage.

III. Les mêmes noms qui en quel-

ques endroits fignifient la Magiftrature fouveraine, marquent en d'autres
lieux un emploi fubordonné, & ne
font fouvent que des titres fans pouvoir. En Angleterre, en France & en
Efpagne les Ducs & les Comtes font
fujets : En Allemagne les Electeurs &
les Princes qui portent ces titres font
peu différens des Souverains ; & les
Ducs de Savoye, les Grands Ducs de
Tofcane & ceux de Mofcovie, auffi-
bien que plufieurs autres, ne recon-
noiffent point de fupérieur en terre,
non plus que ceux de Pologne & de
Caftille qui n'en avoient point avant
qu'ils euffent changé ce nom en celui
de Roi. On peut dire la même chofe
des Princes qui portent le titre de
Roi. Il y en a qui font fujets d'une
puiffance étrangére. Il y avoit autrefois plufieurs Rois qui étoient fujets
aux Monarques de Babilone & de Per-
fe, c'eft pourquoi on les appelloit
Rois des Rois. Il y en a auffi qui font
tributaires; en effet, lorfque les Efpagnols abordérent en Amérique, les
Grands Rois du Méxique & du Pérou
en comptoient plufieurs entre leurs
Vaffaux. Septante Rois recueilloient du
pain fous la table d'Adonibézeck. Les

K 6

Romains avoient plufieurs Rois qui dépendoient d'eux. Hérode & ceux de fa race étoient de ce nombre : c'étoit à ces Maîtres du monde à décider le différend qu'il y avoit entre lui & fes fils Ariftobule & Alexandre, & ce Prince n'ofa fe faire juftice jufqu'à ce que le jugement de cette affaire lui eût été renvoyé par l'Empereur. Mais il reftoit toûjours aux condamnés la liberté d'appeller de la fentence de ces Princes, comme cela paroît par ce que fit Saint Paul fous le régne d'Agrippa. Les Rois de Mauritanie furent dans la même dépendance depuis Mafiniffa : Jugurtha alla à Rome pour fe juftifier de la mort de Micipfa, dont on l'accufoit d'être l'auteur. Scipion, Petréïus & Afranius, Magiftrats Romains, commandoient le Roi Juba : un autre Juba fut fait Roi de ce pays par Augufte, & Néron donna la Couronne d'Arménie à Tiridate : on pourroit alléguer un nombre infini d'éxemples de même nature. De plus, le pouvoir de ces Souverains eft différent, felon la diverfité du tempérament des peuples, & felon la différence des temps. Il y a eu des nations qui ont prefcrites des bornes au pouvoir de leurs Rois, lorſqu'ils ont vû par expérience qu'il étoit exceſſif: D'autres leur ont donné plus d'autorité qu'ils n'en avoient auparavant: & les Loix qui ont rapport à l'établiſſement, à l'abrogation, à l'accroiſſement & à la diminution de la Puiſſance Royale ne ſignifieroient rien, ſi on ne les pouvoit pas mettre en éxécution. Il eſt vrai que ces Loix n'ont aucun effet, excepté dans les pays où elles ſont établies. La vie des Lacédémoniens ne dépendoit pas de la volonté d'Agéſilaus ou de Léonidas, quoique Nabuchodonoſor pût tuer ou ſauver qui bon lui ſembloit: & quoique le Roi de Maroc puiſſe poignarder ſes ſujets, les faire dévorer par des Lions, ou les précipiter ſur des clous à crochet pour les y laiſſer expirer de la maniére du monde la plus cruelle, il ne s'enſuit pas que le Roi de Pologne en puiſſe faire autant, & il ne faut pas douter qu'on ne lui fit rendre compte de ſes actions, s'il lui arrivoit d'ôter injuſtement la vie à un de ſes ſujets.

SECTION XXXIII.

La liberté d'un peuple est un don de Dieu & de la Nature.

SI quelqu'un demande comment les Nations ont acquis le pouvoir de faire toutes ces chofes, je répons que la liberté étant une éxemption de la domination d'autrui, on ne doit pas demander comment un peuple eft devenu libre, mais comment un homme l'a pû foûmettre à fa domination; car jufques à ce que l'on ait prouvé que ce droit de nomination eft fondé fur la juftice, la liberté fubfiftera toûjours comme une propriété de la nature & de l'effence de l'homme. Tertulien, parlant des Empereurs, dit, *Ab eo imperium à quo spiritus*; & nous, en confidérant l'homme dans fon état originel, pouvons dire avec juftice, *Ab eo libertas à quo spiritus*; car nul ne peut devoir plus qu'il n'a reçû. La Créature n'ayant rien, & n'étant que ce que le Créateur l'a fait être, il s'enfuit néceffairement qu'elle lui doit tout, & rien à celui dont elle n'a rien reçû. Il faut donc que l'homme foit

naturellement libre, à moins qu'il n'ait
été créé par une autre Puissance que
celle à qui nous avons toûjours crû
qu'il devoit attribuer son être. C'est
de là que résulte l'obéïssance que l'on
doit aux Péres, parce qu'ils sont les
instrumens dont Dieu s'est servi pour
nous donner la vie; & les lumiéres de
la raison nous apprennent que nous
devons témoigner beaucoup de recon-
noissance à ceux de qui après Dieu
nous avons tout reçû. Lorsqu'ils sont
morts nous sommes leurs héritiers,
nous joüissons des mêmes droits, &
ils passent à notre postérité après nous.
Dieu qui seul nous a conféré ces droits,
est aussi le seul qui puisse nous les
ôter; & nous ne pouvons pas sçavoir
qu'il nous les ait ôté, à moins qu'il
n'ait déclaré par une révélation ex-
presse que telle est sa volonté, ou qu'il
n'ait établi parmi les hommes une certaine marque à laquelle on puisse connoître ceux qui doivent commander
& ceux qui doivent obéïr; ou bien à
moins comme le disoit derniéremen t
une personne d'esprit, qu'il ne fasse
naître quelques uns avec une Couronne sur la tête & tous les autres avec
une selle sur le dos. Il faut donc que

les hommes joüiſſent de cette liberté
juſqu'à ce qu'ils l'ayent perduë par
voye de confiſcation ou qu'ils s'en
ſoient dépouillés volontairement. Il
n'eſt preſque pas poſſible de comprendre comment une multitude qui n'eſt
point encore entrée en ſociété peut
perdre ſa liberté par cette voye ; car
comme ils ſont tous égaux, & que
ceux qui ſont égaux ne peuvent avoir aucun droit les uns ſur les autres, un homme à qui on ne doit rien ne peut pas
avec juſtice s'approprier par confiſcation ce que nous poſſédons, à moins
que nous ne lui ayons fait quelque
injure perſonnelle : & ce n'eſt pas de
cela dont il eſt ici queſtion ; parceque
où il n'y a point de ſociété un homme n'eſt pas reſponſable des actions
d'un autre. Tous ne peuvent pas l'o-
bliger par le même acte, parcequ'ils
ne ſont en aucune maniére unis en-
ſemble; ou s'ils l'étoient, nul ne pourroit s'approprier la confiſcation, & encore moins la tranſmettre à un autre ;
& n'étant pas tranſmiſe, il faut nécef-
ſairement qu'elle périſſe comme ſi elle
n'avoit jamais été, & perſonne ne
peut prétendre aucun droit en vertu
de cette confiſcation.

Par in pa-
rem non ha-
bet imperium.

La voye de réfiguation ne fera pas plus favorable au deſſein de Filmer ; car les hommes n'ont pû ſe dépoüiller de leur liberté , à moins qu'ils ne l'ayent euë naturellement. La réfiguation eſt une déclaration publique qu'ils font de conſentir à être gouvernés par la perſonne à qui ils réſignent leurs droits ; c'eſt à dire que par cet acte ils le font leur Gouverneur. Cela nous méne néceſſairement à l'éxamen des raiſons qui les ont portés à réſigner leur liberté : cela prouve auſſi que le Gouverneur eſt leur Créature, & nous engage en même temps à nous enquérir de quelle maniére ils ont voulu être gouvernés : il s'enfuit auſſi de là, que le droit de diſpoſer du Gouvernement réſidoit en leurs perſonnes ; autrement, les Gouverneurs qu'ils ont créés n'auroient aucun droit. Cela ſaute aux yeux pour peu de ſens commun que l'on ait, & il faudroit être fou pour demander qui a donné la liberté aux Villes de Carthage, d'Athènes, de Rome ou de Veniſe ; ces Républiques n'ont point reçû leurs Chartres des hommes, Dieu & la Nature les leur ont donnés. Lorſqu'un certain nombre de Phéniciens fût abordé fur les côtes de la mer Adriatique, peut-être s'acordérent ils avec les habitans du pays pour quelque morceau de terre, mais ils y apportérent avec eux leur liberté. Lorsqu'une troupe de Latins, de Sabins & de Toscans se furent rencontrés sur les bords du Tibre, & qu'ils eurent résolu de bâtir une Ville, plûtôt que d'aller s'établir dans aucune de celles qui étoient aux environs, ils portoient avec eux leur liberté & avoient des bras & des armes pour la défendre. C'étoit-la leur Chartre ; Romulus ne pouvoit pas leur donner plus que Didon n'avoit donné aux Carthaginois. Lorsqu'une multitude de Nations barbares eut inondé l'Italie, & qu'on n'eut plus lieu d'attendre aucune protection d'un Empire corrompu & prêt à périr, ceux qui s'associérent volontairement ensemble pour aller chercher un azile dans les Isles éparses du Golphe Adriatique, n'eurent pas besoin de l'autorité de qui que ce soit pour ratifier l'établissement de leur nouveau Gouvernement. Il ne se pouvoit pas que ceux qui avoient bâti cette Ville pour eux-mêmes ne fussent en droit de la gouverner comme bon leur sembloit, puisque s'ils

faifoient mal, il n'y avoit qu'eux qui
en duffent fouffrir. Il y a affez d'apparence que quelques uns des Empereurs
en qualité de Seigneurs des terres auroient pû prétendre le droit de Souveraineté fur cette nouvelle Ville, s'ils
avoient crû pouvoir colorer en quelque façon leurs prétentions; mais puifqu'on n'en a formé aucune de cette
nature en l'efpace de treize cent ans,
il n'y a guéres d'apparence qu'on chi-
cane les Vénitiens fur cet article. Tout
le monde demeure d'accord que la
fujettion & la protection font deux
chofes relatives; & que c'eft en vain
que celui qui ne peut pas défendre
ceux qui font fous lui, prétend être
en droit de dominer fur eux. Le feul
but qu'on s'eft propofé dans l'inftitution des Gouvernemens, c'eft d'obtenir juftice & protection; & ces Princes
qui ne peuvent procurer ni l'une ni
l'autre, mettent le peuple en droit de
prendre telles mefures qu'il juge à propos pour fa fûreté.

Cela eft encore plus clair par rapport
à ceux qui n'ont jamais entré en aucune fociété, comme au commencement & au renouvellement du monde
après le déluge; ou par rapport à ceux

qui après la difperfion des fociétés
dont ils étoient membres, ou par quelque autre accident ont été obligés de
chercher de nouvelles demeures. Tels
étoient ceux qui fe retirerent de Babilonne après la confufion des Langues,
ceux qui fe garentirent de l'embrafe-
ment de Troye ; & prefque tous les
peuples de l'Europe auffi bien que ceux
de l'Afie & de l'Afrique après la ruïne
de l'Empire Romain. A ceux-là on
peut ajoûter une multitude de nations
du Nord qui étant tellement accrûës
en nombre de perfonnes que leur pays
ne pouvoit plus leur fournir de quoi
fe nourrir, ou qui , faute de fçavoir
cultiver leur terres , furent obligés de
fortir de leurs pays pour aller s'établir ailleurs ; & qui érigérent enfuite
plufieurs Royaumes & Etats, pour eux-
mêmes en particulier, ou en fe joignant
aux anciens habitans.

Il ne fert de rien de dire que dans
tous les lieux où ils vinrent , la terre
appartenoit à quelqu'un , & que ceux
qui venoient pour s'y établir devoient
être foumis aux loix de ceux qui étoient
Seigneurs de la terre , car ce n'eft pas
toujours une vérité de fait. Les uns
viennent dans des pays déferts , qui

n'ont point de Seigneur; d'autres s'établissent dans des lieux peu peuplés & habités par des gens qui n'ayant pas assez d'adresse pour améliorer leurs terres, en accordent une partie aux nouveaux venus à des conditions avantageuses, ou s'unissent avec eux pour posséder le tout ensemble : on trouve dans les histoires un nombre infini d'exemples de cette nature.

Si nous voulons remonter jusqu'à notre propre origine sans nous arrêter aux contes fabuleux qu'on fait de Samothes, fils de Japhet, & de ses Magiciens, ou des Géans engendrés du commerce qu'eurent de certains esprits avec les trente filles de Danaus qui vinrent de Phénicie dans un vaisseau sans voiles, ni rames, ni gouvernail, nous verrons que lorsque les Romains eurent abandonné notre Isle, les habitans restérent dans une entiére liberté de pourvoir à leurs affaires ; & soit que nous tirions notre origine de ces anciens Insulaires, ou des Saxons, ou des uns & des autres, nos ancêtres étoient parfaitement libres ; & les Normands ayant hérité du même droit lorsqu'ils se furent tellement unis aux naturels du pays qu'ils ne firent plus qu'une même nation avec eux, il ne se peut pas que nous ne, soyons encore en possession de cette liberté, à moins que nous ne nous soyons volontairement rendus esclaves.

Rien n'est plus contraire à la raison qu'une pareille pensée. Lorsqu'un climat plus tempéré eut adouci la férocité des Saxons, les arts & la religion qu'ils apprirent, leur enseignérent à réformer leurs mœurs & les rendirent plus capables d'établir des loix pour la conservation de leur liberté, bien loin de diminuer l'amour qu'ils avoient pour un bien si précieux : Et quoique les Normands ayent pû souhaiter au commencement de se mettre en possession des terres de ceux qui avoient suivi le parti de Harold, & de quelques autres, cependant lorsqu'ils se furent établis dans le pays, & unis par mariage avec les anciens habitans, ils devinrent véritables Anglois, & n'eurent pas moins d'amour pour la liberté, ni moins de zéle pour la défendre que les Saxons mêmes. On n'entendit plus parler des Conquérans Normands ni des Saxons vaincus, mais d'un grand & vaillant peuple composé des uns & des autres, uni de

fang & d'intérêt pour la défenfe de
leur commun droit qu'ils ont toûjours
fi bien fçû maintenir que de tous les
Princes qui depuis ce temps-là ont
voulu enfreindre ces priviléges avec
trop de hauteur, il n'y en a pas un
qui pour récompenfe de fa folie n'ait
vécu miférablement & n'ait fini fes
jours avec infamie.

Il me femble que cette conduite
de nos ancêtres ne tient guéres de
la foumiffion avec laquelle des efclaves qui tiennent leur patrimoine de la
libéralité de leur Seigneur, obéïffent
à fes volontés. Au contraire, ils fe
font toûjours avantageufement fervis
du pouvoir qu'ils avoient en eux-mêmes pour défendre cette liberté qu'ils
avoient apportée avec eux en naiffant.
Tous leurs Rois furent élevés fur le
Trône aux mêmes conditions & pour
la même fin. Alfred reconnût qu'il les
avoit trouvé parfaitement libres à fon
avénement à la Couronne, & qu'il les
laiffoit dans la même liberté ; & l'aveu
d'Offa qui reconnoiffoit qu'ils ne l'a-
voient pas fait Roi pour fon mérite
perfonnel mais pour le maintien de
leur liberté, eft une confeffion qui
comprend celle de tous fes prédécef-

feurs & de tous ceux qui font venus après lui. Nos ancêtres fçavoient combien il y avoit d'honneur à être fait chef d'un grand peuple, c'eft pourquoi ils éxigeoient à la rigueur que celui à qui on faifoit un fi grand honneur s'acquittât éxactement des devoirs aufquels il étoit obligé, & qu'il tendit toûjours au but qu'on s'étoit propofé en l'élevant fur le Trône; ils puniffoient févérement ceux qui abufoient lâchement de l'autorité qu'on leur avoit confiée ou qui trahiffoient méchamment ce précieux dépôt, violant de cette maniére ce qu'il y a de plus facré parmi les hommes; ce qu'ils n'auroient pû faire s'ils n'avoient été naturellement libres, car on ne peut défender une liberté qui n'éxifte point.

SECTION

SECTION XXXIV.

Le respeEt que l'on rend à un Magis-
trat légitime , l'honneur qu'on lui por-
te , les Titres magnifiques qu'on lui
donne, ne dérogent point à la liber-
té d'un peuple , & ne la diminuënt
en rien.

IL y a des personnes qui ont crû
que quoiqu'un peuple soit naturellement libre, & que ce soit lui qui
établisse ses Magistrats, cela n'empêche
pas que par cet établissement il ne
se prive de cette liberté naturelle; &
que les titres de *Roi*, de *Souverain*
Seigneur, de *Monarque Auguste* étant
incompatibles avec la liberté, ceux
qui donnent ces noms à leurs Magistrats renoncent entiérement à leur liberté. Filmer porte cette objection fort
loin, & insiste beaucoup sur les discours
soumis que les peuples tiennent à leur
Souverain, lorsqu'ils *supplient très-hum-*
blement qu'il plaise à sa Majesté de leur
permettre de lui parler avec la liberté or-
dinaire, & de leur accorder accès auprès

de sa personne sacrée; & il donne le nom *de requêtes & de supplications aux adresses qu'on lui présente;* dans le temps qu'il reléve les termes fiers & hautains dont les Souverains se servent, comme *le Roi le veut, le Roi s'avisera,* & autres choses semblables. Mais ceux qui parlent de cette maniére font bien voir qu'ils ne connoissent pas la nature de la Magistrature, & qu'ils ignorent ce qui se pratique chez les Nations. Celles qui ont été les plus libres & qui ont maintenu leurs droits avec le plus d'opiniâtreté ont crû qu'ils ne pouvoient faire trop d'honneur aux Magistrats qui signaloient leur zéle en défendant les libertés du peuple, qui ne leur avoit mis l'autorité en main que dans cette vûë. On auroit pû donner avec justice le nom d'Auguste Souverain aux Consuls ou aux Dictateurs Romains, car ils avoient l'Autorité Souveraine en leurs mains, & autant de pouvoir qu'il leur en falloit pour la mettre à éxécution. Tant qu'ils éxerçoient leurs Magistratures, ils étoient la terreur des mêmes personnes dont les haches & les faisceaux de verges leur imprimoient de la crainte & du respect un mois ou un an auparavant,

& qui l'année fuivante pouvoient re-
devenir leurs Souverains. Les Romains
ne croyoient pas pouvoir jamais avoir
trop de vénération pour leurs Dictateurs, ni leur donner trop d'Autorité, & Tite-Live nous dit, *que leurs*
Edits étoient eftimés facrés & inviolables. *EdictumDic-*
tatoris pro
J'ai déja fait voir que ce peuple fier *numine ob-*
fervatum.
& fuperbe qui auroit pû commander,
voulut bien fe joindre aux Tribuns,
pour prier le Dictateur Papirius d'accorder la vie à Quintus Fabius qui
avoit combattu en fon abfence, &
fans fes ordres ; car c'étoit-là tout fon
crime pour lequel ce Dictateur le vouloit faire mourir, quoiqu'il eut remporté une grande & mémorable victoire. Le même Fabius étant devenu
Conful dans la fuite fut loüé par fon
pere Quintus Fabius Maximus d'avoir
commandé aux Licteurs de le faire defcendre de cheval pour l'obliger à lui
rendre le même refpect que tous les
autres devoient lui rendre. Les Tribuns du peuple qui avoient étés établis pour le maintien de la liberté,
étoient auffi eftimés facrés & inviolables ; comme cela paroît par cette
phrafe fi commune dans les anciens
Auteurs, *Sacro-fancta Tribunorum po-*

teſtas. Je ne crois pas que perſonne puiſſe s'imaginer qu'il y ait au monde de Monarchie plus bornée que celle des Empereurs d'Allemagne, cependant lorſque l'on parle à ces Princes on ne ſe ſert point d'autre terme que de *Sacra Cæſarea Majeſtas.* Bien plus, les Hollandois appellent aujourd'hui leurs Bourguemaîtres *Nobles Seigneurs*, auſſi-tôt qu'ils ſont du nombre des trente-ſix, quarante-deux ou quarante-huit Magiſtrats qui compoſent la Régence d'une petite Ville, quoiqu'il y en ait parmi ces Magiſtrats qui ont été, ou qui ſont actuellement dans le négoce. On ne doit donc pas s'étonner qu'un grand peuple croye qu'il lui ſoit glorieux de donner des titres magnifiques & de parler en des termes très-reſpectueux & très-ſoumis à un ſeul homme qu'il a pris pour lui ſervir de Chef; ſur tout ſi nous conſidérons que ce peuple eſt venu originairement d'un pays, où ces titres & ce langage ont été inventés.

Nous ne liſons pas que parmi les Romains & les Grecs on ait jamais donné à une ſeule perſonne le titre de Majeſté, d'Alteſſe, de Sérénité & d'Excellence: ce ſont de ſimples ex-

preffions qui n'étoient point en ufage anciennement & que nous avons
reçûës des Allemands & des autres
peuples du Nord. Nous trouvons bien
dans les meilleurs Auteurs latins *Majeftas populi Romani* & *Majeftas Imperii*;
mais jamais perfonne, en parlant à Ju-
les Céfar ou à Augufte, ni même aux
plus orgueilleux d'entre leurs fucceffeurs, ne s'eft fervi de ces vains titres,
ni ne s'eft dit leur ferviteur, comme
cela fe pratique parmi nous en parlant au premier venu. Lorfque ces maniéres de parler font une fois établies
par l'ufage, on peut bien croire qu'on
ne les épargne pas en parlant aux Princes, & qu'on leur donne au contraire
les titres les plus magnifiques & les
plus relevés. La plus part de ces Princes font naturellement vains, ils aiment ces titres faftueux, & les Cour-
tifans ne parlent jamais avec plus de
vérité que lorfqu'en élevant leurs maîtres, ils fe donnent à eux-mêmes des
noms très-propres à exprimer l'efclavage lâche & méprifable auquel ils
font réduits. Ces expreffions étant une
fois à la mode, s'augmentent par
l'ufage comme toutes les mauvaifes
coutumes; alors un homme ne peut

éviter de s'en servir à moins que de vouloir s'exposer à la haine du Prince & à des dangers aufquels peu de perfonnes veulent s'expofer, finon pour des affaires de la derniére importance. Lorfqu'il s'agit de formalités & de titres, on ne croit pas d'abord qu'il y ait aucun danger à en faire trop ; & comme cela paroit fort peu important au commencement, ces coutumes s'établiffent fi bien qu'il n'eft pas facile de les abolir dans la fuite. D'un ufage particulier ces expreffions paffent dans les actes publics ; & ces flateurs qui les ont inventées, s'en fervant dans les Confeils publics où il ne fe trouve que trop de gens de ce caractére, ont plus de crédit qu'ils ne leur en faut pour les faire recevoir. L'Eglife Romaine fur tout a beaucoup contribué à cet établiffement, fuivant fa coutume de donner dans tout ce qui tient de la vanité & de la corruption ; & les Papes auffi bien que fes partifans ont toûjours été affez libéraux de ces fortes de titres & en ont gratifié fans répugnance les Princes qui avoient rendu quelque fervice à l'Eglife, fans fe mettre en peine que cela fût préjudiciable au

peuple. Ces plantes empoisonnées ayant
pris racine se sont tellement élevées
en peu de temps, que les titres qu'on
donnoit il y a cent ans aux Rois &
aux Reines d'Angleterre, ont été donnés dépuis peu à Monk & à la Du-
chesse sa femme. On a inventé de nouvelles phrases pour plaire aux Princes,
ou bien on a corrompu le sens des
vieilles, comme de celle-ci, *le Roi
s'avisera*; d'où quelques-uns prennent
aujourd'hui occasion de soutenir que
le Roi, en tant que Roi, est en droit
de rejetter les Bills qui lui sont présentés par les Lords & les Communes; quoique le serment qu'il a prêté
à son avénement à la Couronne l'oblige de maintenir, garder & défendre
les justes Loix & les loüables coutumes *quas vulgus elegerit*; au lieu que
cette expression signifioit simplement
que le Roi s'il le jugeoit à propos auroit la liberté de délibérer avec les
Lords sur les Bills qui lui seroient
présentés par les Communes. Et si on
n'arrête pas cet abus excessif, il est à
craindre qu'on ne trouve moyen d'ôter
des actes du Parlement les termes qui
y restent encore & qui font voir que
ses actes sont nos Loix.

L 4

Mais quand ce malheur arriveroit par la négligence ou la lâcheté des Seigneurs & des Communes, cela n'établiroit point de nouveau droit en la personne du Roi, & ne diminueroit en aucune façon celui du peuple; mais ce seroit sans doute le prétexte le plus plausible que pourroient souhaiter ceux qui sont ennemis de leur patrie, pour rendre le pouvoir de la Couronne arbitraire.

SECTION XXXV.

La Loi d'Angleterre qui autorise les actes faits par celui qui est actuellement en possession de la Couronne, soit qu'il y ait un légitime droit ou non, ne préjudicie point au droit que les peuples ont de la donner à qui il leur plaît.

IL semble que ceux qui ont plus d'égard au pouvoir qu'au droit, & qui s'appuient beaucoup sur une Loi d'Henri VII. qui autorise les actes faits par un Roi * *de facto*, ne considérent

---

* *Les Anglois entendent par Roi de facto, celui qui est actuellement en possession de la Couronne, soit qu'il y ait un légitime droit ou non.*

pas que par - là ils détruisent tout le
droit qu'on pourroit avoir en qualité
d'héritier ; que celui-là seul est Roi *de
facto*, qui a été reçû par toute la nation ; & que cette réception ne peut
avoir de force en elle-même, ni être
renduë valable par un Statut, à moins
que le peuple & leurs représentans qui
ont fait le Statut, n'ayent eu originairement le pouvoir de recevoir, d'autoriser & d'élever sur le Trône qui bon
leur semble. Car celui qui s'attribue le
titre de Roi, n'est pas pour cela Roi *de
facto*, comme Perkin, ou Simuel ; mais
bien celui qui, du consentement de la
nation, est en possession de la Couronne. S'il étoit vrai qu'il y eût un Seigneur
naturel pour chaque pays, & que ce
droit de Souveraineté naturelle ne pût
être transmis qu'aux légitimes héritiers,
nul autre ne pourroit l'acquérir, ni le
peuple le conférer à aucun, ni autoriser
les actes faits par un homme qui n'est
ni ne peut être Roi, puisque la Royauté ne peut appartenir qu'à celui en la
personne de qui ce droit réside insépa-
rablement. On ne peut pas non plus
disconvenir que le même pouvoir qui
fait que les actes d'un homme qui n'est
pas Roi, sont aussi valables que ceux

L 5

d'un Roi légitime, ne le puiſſe auſſi facilement faire Roi ; car l'eſſence d'un
Roi conſiſte dans la validité de ſes actes.
Et il ſeroit auſſi ridicule à un homme,
dont les actes, en qualité de Roi, ne
ſont pas valables, de prétendre qu'il eſt
véritablement Roi, que de s'imaginer
que ſes actes puiſſent être valables, ſi
ceux d'un autre homme le ſont en même temps ; car alors deux Puiſſances
différentes & oppoſées l'une à l'autre,
éxerceroient un droit que Filmer & ceux
qui reçoivent ſes principes ſoûtiennent
être inſéparablement attaché à la perſonne.

De plus, on peut remarquer que cette Loi ne fut faite qu'après de ſanglan-
tes & de fréquentes guerres, qui s'allu-
mérent entre différens prétendans à la
Couronne ; & ſoit que la cauſe fût bonne ou mauvaiſe, les vaincus non-ſeulement étoient expoſés à perdre la vie
dans les combats, mais on les pourſui-
voit auſſi dans la ſuite comme criminels de léze-Majeſté. Celui qui rem-
portoit la victoire étoit toujours élevé
ſur le Trône par ceux de ſon parti, &
il ne manquoit jamais de traiter comme des rebelles ceux qui s'étoient op-
poſés à lui. Cela produiſit des malheurs

horribles & fans nombre. La fortune
des armes changeoit fouvent ; & je crois
qu'on peut dire, fans crainte de fe
tromper, qu'il y a eu peu de familles
illuftres en Angleterre, fi même il y en
a eu aucune, qui n'ayent été détruites,
ou au moins fi fort ébranlées par ces
violentes fecouffes, qu'elles en ont perdu leurs chefs, & plufieurs de leurs
plus confidérables branches : & l'expérience apprit aux Anglois qu'au lieu de
procurer quelque avantage au public,
par rapport au Gouvernement, fouvent
celui pour qui ils avoient combattu
étoit encore pire que fon concurrent.
Ils prévirent que la même chofe pourroit encore arriver, quand même le
titre du Roi actuellement régnant feroit fondé fur la généalogie du monde
la plus inconteftable : ainfi ils ne pouvoient qu'être dans une appréhenfion
continuelle ; & on ne doit pas trouver
étrange que la Nobleffe & le peuple,
ennuyés de fe voir expofés à de femblables malheurs, ayent tâché d'en arrêter le cours. Il n'y avoit point de Loi
qui fût capable de les garantir des dangers aufquels l'on eft expofé dans un
combat ; car celui qui avoit des partifans, & qui vouloit bien rifquer le

L 6

tout pour le tout , pouvoit les engager
dans une affaire dont la décifion étoit
entre les mains de Dieu feul. C'eft pourquoi , perfuadés que tout ce que l'on
pouvoit éxiger raifonnablement d'eux,
étoit qu'ils s'acquittaffent de leur devoir envers le Roi , en s'expofant pour
fes intérêts au hazard d'une bataille, &
ne pouvant d'ailleurs répondre du fuc-
cès , ils ne voulurent pas fouffrir que
leurs ennemis , qui par le fort des armes
pouvoient devenir les interprétes de la
Loi , fe ferviffent pour les détruire de
cette même Loi qu'ils tâchoient de
maintenir en fon entier. Or, comme ils
ne pouvoient fe mettre à couvert de ce
danger qu'en faifant une nouvelle Loi,
pour autorifer les actes d'un Roi fans
titre , & pour fe juftifier d'avoir obéï à
fes ordres , il eft manifefte que c'étoit à
à eux qu'appartenoit le droit de faire
des Loix , & que les actes de celui qui
portoit la Couronne n'étoient point valables en eux-mêmes. Il auroit été ab-
furde de faire une Loi pour les autorifer , s'ils avoient pû être valables fans
Loi ; & l'intervention des Parlemens
auroit été inutile, fi les Rois *de facto*
avoient pû , par leur propre autorité ,
rendre valables les actes qu'ils faifoient,

Or, s'il étoit au pouvoir des Parlemens de donner force de Loi à ce qui n'étoit point Loi ; d'éxempter des peines portées par la Loi ceux qui agiſſoient conformément à ces actes ; & de donner aux actes d'un homme qui n'eſt pas Roi la même force qu'auroient ceux d'un Roi légitime, on ne peut nier qu'il ne ſoit en leur pouvoir de donner la Couronne à celui qui ne l'a pas, & qui n'y a aucun droit ; c'eſt-à-dire, que tout dépend abſolument de leur autorité.

De plus, celui-là n'eſt pas Roi qui prend de ſoi-même le titre de Roi, ou qui le reçoit d'une faction corrompuë ; mais bien celui qui eſt élevé ſur le Trône conformément à ce qui s'eſt toujours pratiqué, & avec toutes les formalités requiſes en pareil cas : autrement il n'eſt Roi ni *de facto* ni *de jure*, mais Tyran ſans titre, *Tyrannus ſine titulo*. Néanmoins ſi ce même homme vient à être reconnu pour Roi par le peuple, il devient, par cette reconnoiſſance, Roi *de facto* : ſes actes ſont valables : on lui doit la fidélité & le même ſervice qu'on devroit à tout autre : ceux qui le ſervent & qui lui obéïſſent ſont protégés par la Loi ; c'eſt-à-dire, qu'il eſt véritablement Roi. Si donc Filmer recon-

noît que ces Rois *de facto* sont véritablement Rois, il faut qu'il reconnoisse
en même temps la validité du pouvoir
qui les fait être véritablement Rois,
quoiqu'ils n'ayent originairement aucun droit à la Royauté. S'il nie qu'ils
soient Rois, il faut non-seulement
qu'il soûtienne qu'il n'y a jamais eu
au monde de Roi *de facto*, contre ce
que nos Statuts nous enseignent, mais il
faut encore qu'il dise que nous n'avons
jamais eu de Roi en Angleterre ; car,
comme je l'ai fait voir ci-devant, nous
n'en avons jamais eu d'autres que de
ceux dont je viens de parler.

Par ce moyen il détruira si bien toutes les Loix, que personne ne pourra
sçavoir ce qu'il doit faire ou éviter ; &
il ne pourra trouver aucun reméde à
ceci, à moins qu'il ne demeure d'accord que les Loix faites par des peuples
qui n'ont point de Rois, sont aussi
bonnes & aussi valables que celles qui
sont faites dans un Etat gouverné par
des Monarques ; ce qui reviendra éxactement à ce que j'enseigne : car ceux
qui ont le pouvoir de faire des Loix,
peuvent par la Loi faire un Roi aussi facilement qu'aucun autre Magistrat. Et
certainement lorsqu'on a fait un Statut,

on ne s'eſt propoſé pour but que de
mettre à couvert la vie & les biens des
ſujets, & de déclarer ſi poſitivement
que c'eſt aux Parlemens qu'appartient
le droit de donner & d'ôter la Couronne, qu'il ne reſtât plus aucun lieu de
diſputes en conſéquence des titres que
les différens Compétiteurs pourroient
avoir, puiſque ce Statut porte que celui-là eſt véritablement Roi, qui eſt
reconnu pour tel par les Parlemens.

SECTION XXXVI.

Le ſoulévement général de toute une na-
tion ne mérite point le nom de rébellion.

Comme il arrive rarement qu'un
impoſteur puiſſe faire recevoir ſes
fauſſetés, à moins qu'il n'ait trouvé le
ſecret de les déguiſer ſous de faux noms,
ceux qui reſſemblent à Filmer tâchent
de perſuader aux peuples qu'ils ne doivent pas défendre leur liberté, en donnant le nom de rébellion aux actions les
plus juſtes & les plus honorables qu'on
ait jamais faites pour s'aſſurer la poſſeſſion d'un bien ſi précieux ; & pour nous

en faire concevoir encore plus d'horreur, ils ne craignent pas de nous dire
que la rébellion eſt ſemblable au crime
de ſorcélerie. Mais ceux qui cherchent
la vérité verront ſans peine, que le ſoulévement de toute une nation contre ſes
Magiſtrats, ne peut pas, avec juſtice,
être appellé rébellion, & que la rébellion n'eſt pas toujours mauvaiſe.

Pour mettre cette vérité dans tout
ſon jour, il ſera bon d'éxaminer la véritable ſignification de ce mot, & de
conſidérer attentivement ce que l'on
entend par ce terme, lorſqu'on s'en ſert
dans un mauvais ſens.

Ce mot vient du latin *rebellare*, qui
ſignifie ſimplement renouveller une
guerre. Lorſque les Romains avoient
ſubjugé & mis ſous leur domination
une Ville ou une Province, ſi elles violoient les conditions qu'elles avoient
promis d'obſerver en faiſant la paix,
& qu'elles commiſſent quelqu'attentat
contre leurs maîtres, qui les avoient
épargnées, on donnoit à leur entrepriſe le nom de rébellion. Mais il auroit
été encore plus ridicule d'appliquer ce
mot au ſoulévement des Romains contre les Décemvirs, contre leurs Rois,
ou contre leurs autres Magiſtrats, qu'aux

guerres qu'ils avoient avec les Parthes, ou avec les autres peuples qui n'étoient point soumis à leur domination ; car on ne trouvoit dans ces soulévemens aucunes des circonstances qui accompagnent, ou plûtôt qui font l'essen- de la rébellion, ce mot impliquant une supériorité en ceux contre qui on se souléve, aussi-bien que l'infraction d'une paix établie. Mais quoiqu'un chacun des membres de la société, en particulier, soit obligé d'obéïr aux ordres du Magistrat, il ne s'ensuit pas que tout le corps du peuple soit dans la même obligation ; car le Magistrat est établi par le peuple & pour le peuple, au lieu que le peuple ne subsiste pas par lui, ni pour lui. La loi générale est le fondement & la régle de l'o- béïssance que chaque particulier doit lui rendre ; & cette loi ne se propo- sant que le bonheur du peuple, ne peut pas préférer l'intérêt d'une personne ou d'un petit nombre de personnes, à celui du public. Toute une nation ne peut donc être obligée d'obéïr qu'entant qu'elle juge que son obéïssance peut compatir avec le bien public ; & n'ayant jamais été subjugée par les Magistrats, ni contrainte de faire la paix avec eux à de certaines conditions, on ne peut pas dire qu'elle se révolte contre eux, puisqu'elle ne leur doit que ce qu'elle juge elle-même à propos de leur rendre, & qu'originairement ces Magistrats ne sont pas plus que les autres membres de la société.

De plus, ce que l'on entend par rébellion n'est pas toujours mauvais ; car quoique toute nation vaincuë soit obligée de reconnoître quelque supériorité en ceux qui l'ont soumise, & que le mot de rébellion implique une infraction de paix, cependant cette supériorité ne va pas à l'infini : on peut rompre la paix pour de justes causes, & on peut le faire sans crime & sans infamie, Les Privernates avoient été subjugués plus d'une fois par les Romains, & s'étoient révoltés aussi souvent : leur ville fut enfin prise par le Consul Plautius, après que leur chef Vitruvius, une grande partie de leur Sénat & du peuple, eurent péris dans les combats. Réduits dans un si triste état, ils envoyérent des Ambassadeurs à Rome pour demander la paix: un des Sénateurs leur ayant demandé quelle punition ils croyoient mériter, un d'entre-eux lui répondit, *celle que méritent ceux qui se croyent di-*

gnes de vivre en liberté. Alors le Consul lui demanda, *s'il y avoit lieu de se promettre qu'ils observeroient la paix, en cas qu'on leur pardonnât leur faute :* à quoi cet * Ambassadeur répondit, *la paix sera perpétuelle, & nous l'observerons fidellement, si les conditions que vous nous imposerez sont justes & raisonnables ; mais si elles sont fâcheuses & rudes, cette paix ne sera pas de longue durée, & nous l'aurons bien-tôt rompuë.* Quoique quelques-uns des Sénateurs fussent scandalisés de la fierté de cette réponse, cependant la plûpart d'entr'eux l'approuvérent, disant *qu'elle étoit digne † d'un homme, & d'un homme libre ;* & reconnoissant qu'il n'y a point d'homme ni de peuple qui veuille observer des conditions fâcheuses, à moins que d'y être contraints par force, ils s'écriérent, *que ceux-là seuls étoient ¶ dignes d'être faits Citoyens de Rome, qui n'estimoient rien en comparaison de la liberté.* Sur quoi ils furent tous faits Citoyens

---

* *Si bonam dederitis, fidam & perpetuam ; si malam, haud diuturnam.* Liv.

† *Viri & liberi vocem auditam.* Ibid.

¶ *Eos demum, qui nihil præterquam de libertate cogitant, dignos esse qui Romani fiant.* Ibid.

Romains , & obtinrent tout ce qu'ils demandoient.

Je ne crois pas qu'on puisse pousser la chose plus loin ; car s'il étoit vrai qu'un peuple qui résiste à ceux qui veulent l'opprimer , & qui fait tous ses efforts pour recouvrer sa liberté , ne le pût faire sans crime & sans infamie, on ne peut nier que les Privernates ne fussent coupables & infâmes; puisqu'ayant été vaincus plusieurs fois , ils avoient autant de fois pris les armes contre leurs maîtres : cependant au jugement même de ces conquérans qu'ils avoient souvent offensés , la protestation qu'ils firent par leurs Ambassadeurs de n'observer aucun traité forcé, passa pour un témoignage autentique d'une vertu qui les rendoit dignes de devenir compagnons de ceux qui étoient alors les plus braves & les plus vertueux peuples du monde.

Or , si la patience d'un peuple conquis peut avoir des bornes , & si des gens qui n'ont pas voulu se laisser opprimer par ceux qui leur avoient donné la vie qu'ils pouvoient leur ôter , ont mérité des loüanges & des récompenses de leurs conquérans, il faudroit être fou pour s'imaginer qu'aucune na-

tion foit obligée de fouffrir tout ce qu'il
plaît à fes Magiftrats de lui faire fouffrir. Ceci paroîrra peut-être furprenant à ceux qui parlent fi fouvent des
conquêtes que les Rois ont faites ; des
immunités, des libertés & des priviléges que ces Souverains ont, felon eux,
accordés aux nations ; des fermens de
fidélité qu'on leur prête, & des prérogatives extraordinaires qui leur ont été
conférées. Mais ayant déja affez parlé
de ce qui regarde les conquêtes, &
prouvé que le Magiftrat qui n'a rien
que ce qui lui a été donné, ne peut difpofer que des franchifes & priviléges
dont on lui a confié la difpofition pour
récompenfer ceux qui ont rendu de
bons fervices à l'Etat, & pour porter
les autres à la vertu, je me contenterai pour le préfent de l'éxamen des deux
derniers points.

Allégéance ne fignifie autre chofe,
comme on le peut voir par ces mots *ad
legem* d'où il eft dérivé, qu'une obéïffance telle que la Loi éxige. Or, comme
la Loi ne peut rien éxiger de tout un
peuple qui eft le maître de la Loi, ce
mot ne peut avoir rapport qu'aux particuliers, & non à tout le corps de la
nation. Il n'y a que ceux qui ont prêté

un ferment qui font obligés de l'obferver, en s'attachant uniquement à la
véritable intention de ce ferment : or,
il n'y a que les particuliers qui prêtent
ce ferment de fidélité ; il n'y a donc que
les particuliers qui foient obligés de
l'obferver. Le corps de la nation ne fait
ni ne peut faire un pareil acte. On a
fait des accords & paffé des contrats :
la Tribu de Juda, & enfuite toutes les
autres, firent alliance avec David, après
quoi il fut élevé fur le Trône d'Ifraël ;
mais il n'y a point de perfonne raifonnable qui croye que par cet accord ou
alliance, les Ifraëlites fe foient faits
créatures de leur créature.

On doit auffi confidérer la véritable
intention du ferment. Le ferment n'o-
blige qui que ce foit de rien faire au-
delà de ce à quoi il s'eft engagé par ferment, ni d'agir contre la véritable intention de cette promeffe folemnelle :
les particuliers qui jurent obéïffance à
la Loi, *ad legem*, ne promettent pas
d'obéïr au-delà des Loix, ou contre les
Loix *extra* ou *contra legem* : quelque
chofe qu'ils puiffent promettre ou jurer,
cela ne diminue en rien la liberté publique, dont la confervation eft le principal but qu'on s'eft propofé en faifant

la Loi. Quoique plusieurs d'entr'eux puissent être obligés, dans les emplois dont ils sont revêtus, de rendre de certains services au Prince, le peuple ne laisse pas de rester aussi libre que les pensées internes de l'homme, & ne peut jamais perdre le droit qu'il a de maintenir sa liberté, & de se venger de ceux qui y ont donné quelques atteintes.

Si l'on éxaminoit bien toutes choses, on trouveroit peut-être que plusieurs Magistrats ne peuvent pas former de grandes prétentions en conséquence de leur mérite personnel, sur tout si eux ou leurs ancêtres ont éxercé long-temps les emplois de la Magistrature. On peut croire, sans crainte de se tromper, que les commodités & les avantages annéxés à l'éxercice de la puissance souveraine suffisent pour payer tout ce que l'on pourroit devoir, & que les meilleurs Princes ont lieu d'en être contens ; & de la maniére dont les affaires du Gouvernement vont aujourd'hui, on auroit de la peine à croire que tous les Princes soient en droit de prétendre à une autorité à laquelle il ne soit pas permis de résister, en conséquence des biens & des avantages qu'ils procurent à leurs peuples. Lorsque la

famille des Médicis s'empara de la Souveraineté de la Toscane, ce pays étoit
sans contredit une des plus florissantes
Provinces du monde, tant par le nombre de ses habitans que par celui de ses
soldats, comme on le peut voir par
le détail qu'en fait Machiavel & par la
relation de ce qui se passa entre Charles VIII. & les Magistrats de Florence,
dont j'ai déja parlé en rapportant ce
qu'en dit Guichardin. Or, qui voudra
considérer les forces de cet État en ces
temps-là, & l'augmentation de puissance qu'il auroit pû acquérir en l'espace de cent quarante ans qu'il a été
éxempt de guerre, & de toute autre
peste, n'ayant eu à souffrir que les extorsions, la fraude, la rapine & la cruauté de ses Princes, & qui voudra com-
parer ce florissant Etat avec la condition triste & méprisable où cette Province désolée est présentement réduite,
peut croire, s'il lui plaît, qu'on doit
avoir beaucoup de respect pour les
Princes qui la gouvernent ; mais il ne
fera jamais croire à personne que leur
titre est fondé sur les avantages qu'ils
ont procurés à leurs misérables sujets,
& sur la tendresse paternelle qu'ils ont
eu pour eux. On en peut dire autant du
Duc

Duc de Savoye, qui prétendant, je ne sçai par quelle raison, que chaque payfan de son Duché doit lui payer deux écus toutes les demi années, découvrit fort fubtilement en 1662. qu'il y avoit treize demi années en un an : de forte qu'un pauvre homme, qui n'avoit pour vivre que ce qu'il gagnoit à la fueur de fon vifage, fe vit obligé, par un effet du foin paternel & de la bonté de fon maître, de payer vingt-fix écus par an à fon Alteffe Royale, pour les employer aux plaifirs & aux divertiffemens fages & vertueux qu'elle prend à Turin.

La condition des dix-fept Provinces des Pays-Bas, & d'Efpagne même, ne fut pas plus heureufe, lorfque ces pays retombérent entre les mains des Princes de la maifon d'Autriche ; & je demeurerai d'accord de tout ce que l'on voudra, fi l'on trouve qu'il refte encore dans ces Provinces quelque marque du gouvernement de ces bons Souverains, qui ne foit une preuve manifefte de leur orgueil, de leur avarice, de leur luxe, & de leur cruauté.

Les François font, en apparence, plus heureux ; mais rien au monde ne furpaffe la mifere où ce pauvre peuple eft réduit, à l'abri du foin paternel de fon triomphant Monarque. Semblables aux ânes & aux mâtins, le plus grand bonheur dont ils joüissent, c'est de travailler & de combattre, d'être opprimés & massacrés pour le service ou pour le plaisir de leur bon maître. Ceux d'entr'eux qui ont de l'esprit n'ignorent pas que leur adresse, leur courage & leurs bons succès, non-seulement ne leur sont d'aucune utilité, mais même que tout cela contribuë à leur ruine; & qu'en travaillant à l'accroissement de la puissance de leur maître, ils ne font qu'appesantir leurs chaînes. Que si l'on a vû quelques Princes avoir plus de modération, faire un meilleur usage de leur autorité, & s'acquitter plus fidélement de l'importante charge qu'on leur avoit confiée, on doit principalement attribuer ce bonheur aux vertus personnelles de ces Princes, & on n'en peut tirer aucune conséquence par rapport aux autres Souverains.

Le droit des Rois n'est donc pas fondé sur leurs conquêtes: les libertés & privilèges des nations ne procèdent pas de la libéralité de leurs Princes, puisque leurs concessions n'en sont pas le fondement: le serment de fidélité n'oblige les particuliers qu'à obéir aux

commandemens qui font conformes à
la Loi, & n'a aucune influence fur tout
le corps d'une nation : plufieurs Princes ne font connus de leurs fujets que
par leurs injuftices, & par les pertes &
les malheurs qu'ils ont attiré fur eux :
on doit récompenfer ceux qui font bons
& juftes, en confidération de leurs vertus perfonnelles ; mais cela ne doit pas
tirer à conféquence pour ceux qui ne
leur reffemblent point, ni fervir à établir
leur droit; & quiconque prétend qu'on
doit avoir pour lui les mêmes égards
qu'on a eu pour un bon Prince, doit
faire voir, par fes actions, qu'il n'a pas
moins de mérite que lui. Le mot de
rébellion ne fignifiant autre chofe que
le renouvellement d'une guerre, on ne
peut pas s'en fervir en parlant d'un fou-
lévement général d'un Gouvernement
qui n'a pas été établi par la guerre ; &
cette rébellion en foi-même n'eft ni
bonne ni mauvaife, non plus que toute
autre guerre ; mais jufte ou injufte fuivant les raifons que l'on a euës de fe révolter, & felon les moyens dont on
s'eft fervi dans cette révolte. De plus,
cette rébellion que Samuël compare au
péché de devinement, n'eft pas la rébellion des particuliers ou de toute une

Sam. I. 15.
15. 23.

M 2

nation contre le Souverain ; mais il
parle en cet endroit de l'action criminelle du Prince qui se rébelle contre
Dieu. Nous trouvons en plusieurs lieux
de l'Ecriture que les Israëlites se sont
rébellés contre la Loi, contre la parole
ou contre le commandement de Dieu ;
mais quoiqu'ils se soient souvent opposés aux entreprises de leurs Rois, nous
ne voyons pas que les Livres sacrés dé-
sapprouvent ces actions, & qu'ils se
soient servis du terme de rébellion pour
marquer cette résistance des Israëlites
aux volontés de leurs Rois. Ces mêmes
Livres font aussi mention de quelques
Rois qui avoient été subjugés, & ensuite s'étoient révoltés contre Kedor
Laomer, & quelques-autres Princes ;
mais ils ne nous disent point que leur
cause fût mauvaise : au contraire, nous
avons lieu de croire qu'elle étoit bonne, puisqu'Abraham prit le parti de
ces rébelles. Quoiqu'il en soit, cela ne
peut en rien préjudicier à celle que je
défends : car quand même il seroit vrai
que ces Rois vaincus n'auroient pû,
sans injustice, prendre les armes contre celui qui les avoit assujettis, ou
qu'en général un Roi qui a été une fois
vaincu, ne pût jamais être en droit de

se révolter contre celui qui l'a vaincu, cela ne pourroit avoir aucun rapport aux actions d'un peuple qui défend, ou qui tâche de maintenir ses Loix & ses libertés contre les attentats d'un Prince qui veut les enfreindre ; car on ne peut pas renouveller une guerre qui n'a jamais été auparavant. Et si on n'a jamais pû dire avec vérité, que les mains & les armes ont été données aux hommes afin qu'il n'y ait que les lâches qui soient esclaves, cela est vrai sans contredit lorsque la liberté est renversée par ceux qui auroient dû la défendre avec le plus d'industrie & de vigueur.

Il est nécessaire qu'on sçache ceci, non-seulement pour la sûreté des nations, mais aussi parce que cette connoissance est avantageuse aux Rois qui sont bons & sages. Ceux qui connoissent la fragilité de la nature humaine se défient toujours d'eux - mêmes ; & souhaitant uniquement de s'acquitter de leur devoir, ils sont bien aises qu'on mette des bornes à leur autorité, & qu'on les empêche par ce moyen de faire ce qu'ils ne doivent pas faire : instruits par les lumieres de la raison, & par l'expérience, que les peuples aiment la paix & l'équité d'un bon Gouverne-

M 3

ment, ils ne craindront jamais un soulévement général, tant qu'ils auront soin
de gouverner équitablement , & d'empêcher leurs Officiers de commettre des
injustices ; & de cette maniere se trou-
vant en sûreté, ils verront sans répugnance qu'on oblige leurs enfans ou
leurs successeurs à suivre le même chemin , & imiter leur éxemple.

Si l'on me dit que cela peut quelquefois causer du désordre , je ne puis le
désavoüer ; mais n'y ayant point de
condition dans la vie où l'on puisse joüir
d'un bonheur parfait , on doit toujours
choisir celle dont on peut plus facilement supporter les incommodités ; &
comme il est beaucoup plus avantageux
de limiter l'autorité des Princes , afin
de les empêcher de tomber dans des excès & dans des irrégularités qui seroient
funestes au public , ou de les réprimer
s'ils abusent de leur pouvoir, que de
souffrir que toute une nation périsse par
leur mauvaise conduite , ces Gouvernemens sont les plus loüables & les
meilleurs, qui ont sçû sagement pourvoir aux maux les plus pressans & qui
sont les plus à craindre. Si les Gouvernemens avoient été établis pour l'avantage & le plaisir d'un seul , ceux-là ne

feroient pas de bons Gouvernemens, qui ont fait des Loix pour tenir les Princes en bride : mais tout ce qu'il y a de personnes raisonnables demeurant d'accord qu'ils ont été établis pour le bien des peuples, ceux-là seuls méritent des loüanges, qui sur toutes choses tâchent de le procurer par toutes sortes de moyens conformes à cette fin. La grande diversité de Gouvernemens que nous voyons dans le monde, n'est autre chose qu'un effet de ce soin ; & tous les peuples sont plus ou moins heureux, selon qu'eux ou leurs ancêtres ont fait paroître plus ou moins de sagesse, de prudence & d'intégrité dans les Loix qu'ils ont faites pour procurer ce bien qu'ils recherchoient tous. Mais comme il n'y a point de régle, quelqu'éxacte qu'elle soit, qui puisse pourvoir à toutes les contestations qui peuvent naître, & que tous les différends qui s'élevent touchant le droit, se terminent naturellement par la force, lorsqu'on ne peut obtenir justice, les méchans ne se soumettant pas volontiers à aucune décision qui est contraire à leur intérêt & à leurs passions, les meilleures Loix deviennent inutiles, s'il n'y a point de Puissance établie pour les maintenir &

M 4

les faire obferver. Cette puiffance fe
manifefte d'abord en faifant adminiftrer la juftice par les Officiers ordinaires ; mais n'y ayant jamais eu de nation
affez heureufe pour n'avoir pas quelquefois produit des Princes du caractére d'Edoüard II. & de Richard II. &
des Miniftres femblables à Gavefton,
à Spencer & à Tréfilian, fouvent les
Officiers ordinaires ne veulent pas réprimer leur infolence, & ils n'en ont
jamais le pouvoir. Ainfi il faut de toute néceffité que les droits & les priviléges d'une nation foient entiérement ren-
verfés & abolis, fi on ne peut fe fervir du pouvoir de toute la fociété pour
les maintenir, ou pour punir les ufurpateurs. Or, comme le droit fonda-
mental & originaire de chaque nation
confifte en ce qu'elle fe gouverne par
fes propres Loix, de la maniere qu'elle
juge le plus convenable, & par le mi-
niftere de ceux qu'elle croit les plus
propres à procurer le bien public, elle
ne doit rendre compte qu'à elle-même
de tout ce qu'elle fait dans cette importante affaire.

SECTION XXXVII.

La constitution du Gouvernement d'An-
gleterre n'étoit pas mauvaise en elle-
même, les défauts qu'on a observés de-
puis peu dans ses Loix procédant uni-
quement du changement de mœurs &
de la corruption des temps.

JE sçai qu'il y a d'honnêtes gens
parmi nous, qui demeurant d'accord de ces droits du peuple, & du
soin que nos ancêtres ont pris pour en
assûrer la joüissance à leur postérité, ne
laissent pas de croire qu'ils n'ont pas
eu toute la prudence & les lumiéres
qu'il auroit fallu avoir pour propor-
tionner les moyens à la fin. Il ne suffit
pas, disent-ils, qu'un Général d'Armée souhaite de remporter la victoire;
celui-là seul mérite d'être loüé, qui a
assez de capacité, d'adresse & de courage pour sçavoir si bien prendre ses
mesures, qu'elle ne puisse lui échapper.
Ce n'est pas non plus assez à un sage
Législateur de conserver la liberté, &
d'établir un Gouvernement qui peut

M 5

subsister pendant quelque temps ; mais il faut encore que les Loix qu'il fait soient si claires & si distinctes, qu'elles puissent servir de régle infaillible à ceux qui éxercent l'autorité souveraine, afin qu'un chacun puisse voir, sans peine, s'il viole ces Loix ou non, & qu'il prescrive, pour les réprimer, les moyens prompts, sûrs, efficaces, & qui n'exposent point le public à aucun péril. Le Gouvernement de Lacédémone étant établi sur ce modéle, nous ne voyons pas qu'en l'espace de de plus de huit cent ans, aucun de leurs Rois ait entrepris de passer les bornes prescrites par la Loi. Dans la République Romaine, si un Consul abusoit de son autorité, il étoit facile de le mettre à la raison sans répandre de sang, & sans que le public fût exposé à aucun danger ; & jamais Dictateur n'attenta à la liberté de Rome, jusqu'au temps de Sylla, que toutes choses étoient tellement changées dans cette Capitale du monde, que ces fondemens anciens ne pouvoient plus porter ce vaste édifice. A Venise, la puissance du Doge est si bornée, qu'en l'espace de 1300. ans, aucun de ces Magistrats, excepté Falério & Tiépoti, n'a osé entreprendre au-

cune chofe qui fût contraire aux Loix;
& on prévint les mauvais deffeins de
ces deux Doges, fans qu'il fe fît aucune
émotion confidérable dans cette République. D'un autre côté, ajoûtent ces
mêmes perfonnes, nos Loix font fi embroüillées & défectueufes en divers
points, & fi obfcures, qu'on ne fçait
fouvent de quel côté fe déterminer pour
les fuivre. Dans toutes les guerres qui
fe font allumées entre les différens Prétendans à la Couronne, il s'eft trouvé de
part & d'autre des perfonnes éclairées,
fages & intégres, qui croyoient toutes
fuivre le bon parti, & combattre pour
une caufe très-jufte. On a trouvé des
moyens fi faciles pour enfreindre les libertés de la nation, & pour engager un
fi grand nombre de perfonnes à employer la force, lorfqu'il s'agiffoit de
maintenir les ufurpations les plus manifeftes des droits du peuple, que de
tous les Princes qui ont entrepris de
violer les libertés de leurs fujets, il n'y
en a pas eu un qui n'ait trouvé, fans
peine, un grand nombre de partifans,
& qui n'ait fait des maux infinis avant
qu'on ait pû le dépofer. La nation s'eft
vûë obligée de combattre contre des
Princes qu'elle-même avoit fait ce

M. 6

qu'ils étoient ; & c'étoit proprement
hazarder tout contre rien. Si les peuples remportoient la victoire, ils ne
gagnoient rien qu'ils n'eussent eu auparavant, & dont la Loi auroit dû leur
assurer la possession : au lieu que s'ils
avoient échoué dans la juste défense
de leurs priviléges, on ne peut douter
qu'ils n'eussent été réduits dans un
cruel esclavage ; & on n'a jamais remporté de victoire, qu'il n'en ait coûté
la vie à un grand nombre d'innocens,
& que la Noblesse n'y ait répandu la
meilleure partie de son sang.

À ceci je réponds, qu'on ne peut
juger sainement des choses humaines,
à moins que de considérer attentivement le temps auquel elles se sont pas-
fées. Nous disons qu'Hannibal, Scipion, Pirrhus, Aléxandre, Epaminon-
das & Céfar ont été de très-grands Capitaines, parce qu'ils possédoient, dans
un degré très-éminent, toutes les qualités requifes & nécessaires à un excellent Général, & qu'il n'y en avoit point
alors qui sçût se servir aussi-bien qu'eux
des armes & de la discipline de ce
temps - là ; & cependant personne ne
doute que si on pouvoit faire sortir du
tombeau le plus expérimenté de ces an-

ciens Héros ; qu'il en fortît avec toute
la vigueur de corps & d'efprit qu'il ait
jamais eu ; qu'on le mît à la tête des
meilleures armées dont il ait jamais eu
la conduite, & qu'il fe trouvât fur les
frontiéres de France ou de Flandres, il
ne fçauroit pas comment s'y prendre
pour avancer ou reculer, ni de quels
moyens il faudroit fe fervir pour prei-
dre quelqu'une de ces Places, de la maniere dont elles font fortifiées & défen-
duës à préfent : tout le monde eft perfuadé au contraire qu'il feroit aifément
défait par le plus chetif Commandant,
fuivi d'un petit nombre de foldats, qui
fe ferviroient des armes dont on fe fert
aujourd'hui, & qui fuivroient la méthode qui eft préfentement en ufage.
Bien plus, la maniere de faire marcher
& camper une armée, d'afliéger, d'attaquer & de défendre une Place, aufli-
bien que de combattre, eft fi différente
de ce qui fe pratiquoit il n'y a pas plus
de foixante ans, qu'un homme qui ob-
ferveroit la difcipline qu'on croyoit a-
lors la meilleure, ne pourroit pas fe défendre contre celle qu'on a inventée
depuis, quoique les termes foient toujours les mêmes. Or, fi l'on fait réflé-
xion que les affaires politiques font fu-

jettes aux mêmes changemens, comme
c'eſt une choſe très-certaine, on n'aura
pas de peine à excuſer nos ancêtres,
qui réglant leur Gouvernement conformément aux temps auſquels ils vivoient,
n'ont pû prévoir de certaines choſes
qui ſont arrivées dans la ſuite, ni remédier à ces inconvéniens qu'ils ne pré-
voyoient pas.

Ils ſçavoient que les Rois de pluſieurs
nations avoient été retenus dans les bornes que la Loi preſcrivoit, par la vertu &
la puiſſance d'une Nobleſſe conſidérable
& vaillante; & qu'on n'avoit jamais pû
trouver d'autre moyen de maintenir
un Gouvernement mixte, qu'en mettant la balance entre les mains de ceux
qui avoient le plus de crédit parmi la
nation, & qui par leur naiſſance, auſſi-
bien que par leurs terres, poſſédoient
des avantages beaucoup plus conſidérables que ceux que le Roi pouvoit
leur offrir, pour les engager à trahir
leur patrie. Ils n'ignoroient pas que
lorſque la Nobleſſe étoit en ſi grand
nombre, le peu de bien qui reſtoit en
la diſpoſition du Roi n'étoit pas ſuffiſant pour corrompre pluſieurs de ces
Nobles; & que s'il arrivoit par hazard
que quelques-uns d'entr'eux ſuccom-

baſſent à la tentation, ceux qui conſer-
voient leur intégrité pourroient ſans
peine les punir de la lâcheté qu'ils auroient eu d'abandonner la cauſe publique, & détourneroient par ce moyen
les Rois du deſſein d'en ſéduire d'autres. Tant que les affaires demeurérent ſur ce pied-là, on pouvoit, ſans
aucun riſque, laiſſer aux Rois la diſpoſition des Charges militaires, pour
conférer, de l'avis de leur Conſeil, le
commandement de la Milice, dans les
Villes & dans les Provinces, aux plus
illuſtres des habitans ; & tant que ces
Rois étoient preſque toujours occupés
en de perpétuelles guerres, & faiſoient
conſiſter toute leur gloire dans les grandes actions, dont ils venoient à bout
par la puiſſance & la valeur de leurs
peuples, il étoit de leur intérêt de choi-
ſir, pour remplir ces importans Emplois, les perſonnes qui leur ſembloient
être les plus dignes de cet honneur. On
n'avoit garde de s'imaginer que par la
foibleſſe des uns & la malice des autres,
ces Dignités dégénéreroient peu à peu
en de vains titres, & deviendroient la
récompenſe des plus grands crimes,
auſſi-bien que des ſervices les plus bas ;
ou que les plus Nobles, déſcendans de

ces grands-Hommes, ne remplissant plus
ces Emplois, seroient pour cela même
mis au rang des Communes, & privés
de tous priviléges, sans en avoir aucun qui ne leur soit commun avec leurs
Palfreniers. Un changement si surprenant étant arrivé insensiblement dans
la suite du temps, on a ôté les fondemens du Gouvernement qu'ils avoient
établis, & tout l'édifice a été renversé :
la balance par le moyen de laquelle il
subsistoit, a été rompuë ; & il est aussi
impossible de la rétablir, qu'il est impossible à la plûpart de ceux qui portent aujourd'hui le titre de Nobles, de
remplir les devoirs qu'on éxigeoit autrefois de l'ancienne Noblesse d'Angleterre. Quand même il y auroit quelque charme dans ce nom, en sorte que
ceux qui le portent fussent incontinent
saisis du même esprit qui animoit nos
ancêtres, & qu'ils fissent tous leurs efforts pour se rendre dignes des honneurs qu'on leur a conférés, en rendant
à la Patrie les services qu'ils auroient
dû lui rendre avant qu'on les leur con-
férât, il leur seroit impossible d'en venir à bout. Ils n'ont ni assez de crédit,
ni assez de bien pour réüssir dans ce dessein. Ceux qui ont leurs biens en rente

n'ont point de créatures qui dépendent
d'eux : lorfque leurs Fermiers leur ont
payé de leurs terres le prix dont ils font
convenus, ils ne leur doivent plus rien ;
& fçachant qu'on leur ôtera leurs fermes , auffi-tôt qu'il fe préfentera quelqu'un qui fera d'humeur à en donner
quelque peu davantage, ils confidérent
leurs Seigneurs comme des perfonnes
qui reçoivent plus de bien d'eux qu'ils
ne leur en font. De cette maniere , perfonne ne dépendant de ces Seigneurs ,
tout ce qui leur refte , c'eft qu'ils ont
plus d'argent à dépenfer ou à ramaffer
que les autres ; mais pour de commandement fur les autres , ils n'en ont aucun, & ne peuvent par conféquent pro-
téger les foibles , ni réprimer les infolens. De cette façon , tout eft venu entre les mains du Roi & des Communes,
& il ne refte plus rien pour cimenter &
maintenir l'union qui doit être dans un
Etat. Les continuelles difputes qui arrivent tous les jours parmi nous, les
différentes factions qui déchirent la nation d'une maniere qui la menace d'une
ruine totale , & tous les defordres que
nous voyons arriver , ou que nous ap-
préhendons pour l'avenir , font les funeftes effets de cette rupture. On ne doit

pas attribuer tous ces malheurs à nos
Loix, telles qu'elles étoient dans leur
origine, mais à ceux qui les ont renversées ; & si ceux qui en corrompant,
en changeant, en affoiblissant & en détruisant le corps de la nation, qui étoit
le principal appui de la Monarchie ancienne, ont mis au rang des Communes, & dans les mêmes intérêts, les véritables Nobles, & ont par ce moyen
fortifié considérablement un parti qui
n'a jamais été, & qui, à ce que je crois,
ne pourra jamais être uni avec la Cour,
c'est à eux à répondre des funestes suites de cette desunion ; & s'ils périssent,
ils ne doivent s'en prendre qu'à eux-
mêmes.

Ces inconvéniens ne procédent donc
pas de nos Loix, considérées par rapport
à leur origine, mais des innovations
qu'on y a faites. Ces Loix étoient très-
claires, mais on les a embroüillées &
obscurcies à dessein : ceux qui auroient
dû les maintenir les ont renversées. Ce
que l'on auroit pû faire sans peine lorsque le peuple étoit armé, & qu'il avoit
pour Chefs un grand nombre de Nobles, forts, puissans & vertueux, est
très-difficile, pour ne pas dire impossible, à présent qu'il est desarmé, &

que l'ancienne Nobleſſe eſt anéantie.
Il eſt donc évident que le deſſein de
nos ancêtres étoit non-ſeulement bon,
mais encore qu'ils avoient pris de juſtes meſures pour éxécuter ce qu'ils
avoient réſolu. Ceci produiſit ſon effet
auſſi long-temps que la cauſe ſubſiſta ;
& le ſeul défaut qu'on peut réprendre
dans le Gouvernement qu'ils établirent, c'eſt qu'il n'a pas toujours continué tel qu'ils l'avoient établi : mais
c'eſt un défaut qui ſe rencontre dans
tous les établiſſemens humains, ſans aucune exception. Si nous voulons rendre juſtice à nos ancêtres, il eſt de notre devoir de ſuivre le deſſein que nous
ſçavons qu'ils avoient, & de réparer
par de nouvelles Loix les brêches & les
infractions que l'on a faites aux anciennes : cela vaudra beaucoup mieux que
de les accuſer, avec injuſtice, d'un défaut qui eſt inſéparable de tous les actes
humains. En quelque mauvais état que
ſoient nos affaires, nous verrons ſans
peine que, pourvû que nous ſoyons animés du même eſprit dont ils étoient
animés, il ne nous ſera pas difficile de
recouvrer les anciennes libertés, droits,
priviléges & dignités de la nation, &
de la rendre auſſi heureuſe qu'elle l'ait

jamais été : que fi nous ne le faifons pas,
nous ne devons nous en prendre qu'à
nous, fans en accufer le peu de prévoyance, de fageffe & de vertu de nos
ancêtres.

SECTION XXXVIII.

*Le pouvoir qu'ont les Rois d'Angleterre
de convoquer ou de diffoudre les Parlemens n'eft pas fi abfolu qu'ils ne
puiffent s'affembler d'eux-mêmes dans
des cas importans, fi le Roi néglige
de les convoquer : ou qu'étant affem-
blés ils ne puiffent continuer leurs
Séances, fi les affaires pour lefquel-
les ils ont été convoqués ne font pas
achevées, quand même le Roi voudroit qu'ils fe féparaffent. La différence qu'il y a dans la maniére d'élire
les membres du Parlement, & les fautes que les peuples peuvent commettre
dans ces Elections, ne prouvent pas
qu'un Roi d'Angleterre foit, ou doive
être abfolu & independant.*

CE que nous avons dit fuffit, à
ce que je crois, pour faire connoître l'origine du pouvoir des Magiftrats : qu'elle a été l'intention de

nos Ancêtres en les établissant ; & les moyens qu'ils nous ont préscrit pour limiter cette autorité & en régler l'éxercice. Mais parce que notre Auteur, s'accrochant par tout où il peut, prétend que *les Rois peuvent assembler & dissoudre les Parlemens quand bon leur semble*, & que de là il in<i>infére qu'en leur personne réside toute l'Autorité Souveraine, en un mot qu'ils ont un pouvoir absolu</i> ; je crois qu'il est à propos de lui répondre quelque chose, sur tout puisqu'il allégue que *les différentes coutumes qui se pratiquent pour l'élection des membres du Parlement en plusieurs endroits du Royaume, procédent de la volonté du Roi ; & que de ce qu'un peuple peut commettre quelque faute en cette occasion, il en conclut qu'on doit mettre toute la puissance entre les mains du Roi.*

Je répons premiérement que le pouvoir d'assembler & de dissoudre les Parlemens n'appartiennent pas absolument aux Rois. Ils peuvent convoquer un Parlement, s'il est besoin, dans un temps auquel la loi ne les oblige pas de le faire ; ils sont, pour ainsi dire, en sentinelle ; ils doivent observer avec beaucoup de vigilance les mouvemens de l'ennemi, & avertir de ses approches : mais si la sentinelle s'endort, qu'elle néglige son devoir, ou qu'elle tâche malicieusement de trahir la Ville, ceux qui sont intéressés dans sa conservation peuvent, & sont en droit de se servir de tout autre moyen pour découvrir le danger qui les menace, & pour s'en garentir. L'ignorance, l'incapacité, la négligence ou la débauche du Roi est un grand malheur pour la nation, & lorsqu'il est méchant, c'est encore pis; mais ce mal n'est pas sans reméde. On en peut trouver, & souvent on en a trouvé d'efficaces pour les plus grands vices. Les derniers Rois de France de la race de Mérové & de Pepin attirérent plusieurs malheurs sur le Royaume, mais on trouva moyen d'en prévenir la ruine. Edoüard & Richard seconds Rois d'Angleterre ne ressembloient pas mal à ces Rois fainéans, & nous sçavons ce que l'on fut obligé de faire pour préserver la Nation d'une ruine qui sembloit inévitable. Il ne s'agissoit pas alors de sçavoir, qui étoit en droit d'assembler le Parlement, mais d'empêcher l'Etat de périr. Il est certain que c'étoit aux Consuls, ou aux autres principaux Magistrats de Rome d'assembler & de congédier le Sénat: mais lorsqu'Hanibal étoit aux portes

de la Ville, ou que les Romains se
trouvoient dans quelqu'autre danger
pressant qui ne les menaçoit pas moins
que d'une entiére destruction, si ces Magistrats avoient été yvres, insensés,
ou qu'ils eussent été gagnés par l'ennemi, il n'y a point de personne raisonnable qui puisse s'imaginer, qu'on
eût dû alors s'arrêter à des formalités.
Dans ces occasions, chaque particulier est Magistrat; & celui qui s'a-
perçoit le premier du danger, & qui
sçait le moyen de le prévenir, est en
droit de convoquer l'assemblée du Sénat ou du peuple. Le peuple seroit
toûjours disposé à suivre cet homme
& le suivroit infailliblement, tout de
même que les Romains suivirent Brutus & Valérius contre Tarquin, ou
Horatius & Valérius contre les Décemvirs; & quiconque agiroit autrement, seroit sans contredit aussi fou
que les Courtisans des deux derniers
Rois d'Espagne. Le premier de ces
Rois, Philippe III. étant indisposé un
jour qu'il faisoit fort froid, on apporta dans sa chambre un brasier de
charbon, qu'on mit si proche de lui
qu'il en fut cruellement brûlé. Un des
Grands qui étoit présent dit à celui

qui étoit proche de lui, *le Roi se brûle*; celui-là lui répondit que cela étoit vrai, mais que le Page qui avoit la charge d'apporter & d'ôter ce brasier n'y étoit pas; & avant qu'on le pût trouver, les jambes & le visage de Sa Majesté furent tellement brûlés que cela lui causa une Erésipéle dont il mourut. Peu s'en falut que Philippe IV. n'eût le même sort : ce Prince étant à la chasse fût surpris d'une violente tempête mêlée de pluye & de grêle, & aucun de ces Courtisans n'osant prendre la liberté de lui prêter son manteau, ce Monarque fut si mouïllé, avant qu'on pût trouver l'Officier qui portoit le sien, qu'il se vit attaqué d'un rhûme qui lui causa une fiévre très-dangéreuse. Si les Rois prénent plaisir aux suites de cette régularité, ils peuvent la faire observer dans leur famille; mais les Nations, dont le principal soin doit être de se mettre en sûreté, agiroient en stupides & en bêtes, si elles aimoient mieux se laisser ruiner que de s'écarter de ces formalités.

Ce que je dis ici, n'est qu'en supposant pour un moment que le pouvoir d'assembler & de dissoudre les

Parle-

Parlemens résidoit en la personne du
Roi, à qui on veut que la Loi l'ait
donné ; mais je nie absolument que
cela soit ; & pour prouver que cela
n'est pas, je me servirai des raisons
suivantes.

1. Que le Roi ne peut avoir ce
pouvoir, à moins qu'il ne lui soit
donné, car originairement tout homme est libre ; & la même Puissance qui
a élevé le Roi sur le Trône lui donne
tout ce qui appartient à la dignité de
Roi. Ce n'est donc pas un pouvoir
qui soit attaché à la personne, mais
qui lui est donnée par commission ;
& quiconque reçoit ce pouvoir en
doit rendre compte à ceux qui le lui
ont donné ; car comme Filmer lui-
même est contraint de l'avoüer, *ceux
qui donnent l'Autorité s'en réservent toûjours plus qu'ils n'en donnent*

2. La Loi qui ordonne que le Parlement tiendra des Séances tous les
ans, déclare expressément qu'il ne dépend pas du Roi de le convoquer
quand bon lui semble, & par conséquent de mettre fin à leurs Séances.
Car c'est envain qu'ils s'assemblent,
s'il ne leur est pas permis de continuër
leurs Séances jusqu'à ce qu'ils ayent

achevé les affaires pour lesquelles ils
se sont assemblés, & il seroit ridicule
de leur donner pouvoir de s'assembler,
s'il ne leur étoit pas permis de demeurer assemblés jusqu'à l'entiére expé-
dition des affaires. Car, comme dit
Grotius, *Qui dat finem, dat media
ad finem necessaria.* La seule raison pour
laquelle les Parlemens s'assemblent,
c'est pour travailler à l'avancement du
bien public ; & c'est en vertu de la
Loi qu'ils s'assemblent pour cette fin.
On ne doit donc pas les dissoudre avant
qu'ils ayent fait ce pourquoi ils sont
assemblés. Ce fut pour cela même que
le premier & principal chef d'accusa-
tion de crime d'Etat qu'on allégua
contre Trésilian fut qu'il avoit déclaré, que les Rois pouvoient dissoudre
les Parlemens selon leur bon-plaisir.

3. Nous avons déja prouvé que les
Saxons, les Danois, &c. qui n'avoient
aucun droit à la Couronne furent élevés sur le Trône par les Micklegemots,
Wittenagemots & Parlemens ; c'est-à-
dire par le peuple ou par leurs représentans : la même Autorité a réprimé,
mis à la raison ou déposé plusieurs
Rois, Or comme il est impossible que
ceux qui n'étoient pas Rois, & qui

n'avoient aucun droit à la Royauté,
puſſent convoquer les Parlemens en
vertu d'une autorité Royale qu'ils n'a-
voient pas ; & qu'il y auroit de la
folie à croire que ceux qui étoient
ſur le Trône, qui n'avoient pas gouverné conformément aux Loix, euſſent voulu ſouffrir d'être réprimés,
empriſonnés & dépoſés par des Parlemens qu'ils auroient eux-mêmes aſ-
ſemblés & qu'il auroit dépendu abſolument d'eux de diſſoudre ; auſſi eſt-
il certain que les Parlemens ont originairement le pouvoir de s'aſſembler,
de tenir leur Séances & d'agir pour
l'avantage du public.

4. A l'égard de la ſeconde raiſon,
la différence qu'il y a dans la maniére
d'élire les membres du Parlement ne
fait rien à ce dont il eſt ici queſtion.
Dans les Comtés qui compoſent le
corps de la Nation, tous ceux qui
ont des Francs-Fiéfs ont droit de ſuffra-
ge : ceux-ci ſont proprement *Cives*,
membres de l'Etat, & jouiſſent de ce
droit à l'excluſion de ceux qui ſont
ſeulement *Incolæ*, ou habitans & payſans, ou de ceux qui étant encore ſous
la puiſſance paternelle, ne ſont pas
encore *ſui Juris*. Au commencement

N 2

de la domination des Saxons en Angleterre, ceux-là compofoient les Micklegemots; & lorfque leur nombre
fut devenu fi grand qu'il n'y avoit point
de place affez grande pour les pouvoir contenir, ou qu'ils furent tellement difperfés qu'ils ne purent plus
fans péril & fans peine quitter les lieux
de leurs demeures, ils députérent des
perfonnes pour les repréfenter. Lorfque la Nation fut devenuë plus po-
lie, qu'elle fe fut habituée dans des
Villes & Citez, & qu'elle commença
à faire profeffion de plufieurs Arts &
Métiers; on crut que ceux qui en
faifoient profeffion n'étoient pas moins
utiles à l'Etat que ceux qui poffédoient
des Francs-Fiéfs à la Campagne, &
qu'ils méritoient bien qu'on leur ac-
cordât les mêmes priviléges. Mais
parce qu'il n'étoit pas raifonnable
qu'un chacun fit en cette occafion
tout ce que bon lui fembleroit, on
trouva à propos de laiffer au Roi &
à fon Confeil, qui étoit toûjours com-
pofé des *Proceres* & *Magnates regni*,
le jugement du nombre de perfonnes
& des lieux qui méritoient d'être
érigés en Communautés ou Corps politiques & de joüir de ces priviléges,

En leur conférant ces priviléges il ne
leur donnoit rien qui lui appartint
en propre, mais il leur donnoit du tréfor public dont on lui avoit confié
la difpofition, quelque partie de ce
qu'il avoit reçû lui-même de toute la
Nation : & foit que tous les habitans
en duffent joüir, comme ceux d'Weft-
minfter ; ou feulement les marchands
qui font reçûs à la halle de la Ville
comme à Londres ; ou bien le Maire,
les Echevins, les Jurats & Communautés, comme en d'autres Villes,
c'eft toûjours la même chofe; car dans
tous ces cas différends, le Roi ne donne pas, il ne fait que diftribuer, &
ce pouvoir diftributif lui eft donné
aux mêmes conditions qu'on lui a
donné celui de convoquer les Parlemens, c'eft-à-dire, afin de procurer le
bien public. A la vérité cela augmente
l'honneur de celui à qui on a confié
cette autorité, & cela doit l'engager
d'autant plus à s'aquitter de fon devoir; mais cela ne peut pas changer
la nature de la chofe, jufques à faire
qu'un pouvoir qui ne lui eft donné,
pour ainfi dire, que par commiffion
devienne un pouvoir attaché à fa perfonne. Et comme on a vû des Parle-

mens qui se sont assemblés, lorsqu'il
en a été besoin, qui ont refusé de
se séparer jusques à ce qu'ils eussent
achevé les affaires pour lesquelles ils
s'étoient assemblés, qui ont sévére-
ment puni ceux qui vouloient persuader aux Rois que ces choses dépendoient absolument de leur bon-plaisir, & qui ont fait des Loix contraires
à cette maxime de Cour : il ne faut
pas douter que ces Parlemens n'eussent
aussi interposé leur autorité en ce qui
regarde les Chartres, s'ils avoient remarqué que le Roi eût abusé d'une
maniére tout-à-fait notoire du précieux dépôt qui lui avoit été confié,
& qu'il eût fait servir à l'avancement
de ses intérêts particuliers, la puissance qui lui avoit été mise en main
pour procurer le bien public.

Ce qui fait qu'on ne risque rien
à cet égard, c'est que des personnes
ainsi choisies pour être membres du
Parlement, n'agissent point par eux-
mêmes, mais conjointément avec d'autres à qui on a prescrit ce qu'ils doivent faire ; non pas en vertu d'un pouvoir procédant de l'Autorité Royale,
mais de ceux qui les ont choisis. S'il
est donc vrai que ceux qui donnent

pouvoir à leurs députés, s'en réſervent toûjours plus qu'ils ne leur en
donnent, ceux qui envoyent ces perſonnes au Parlement, ne leur donnent pas un pouvoir abſolu de faire
tout ce que bon leur ſemble, mais ils
s'en réſervent toujours plus qu'ils n'en
donnent à ces Répréſentans : Ils ſont
donc obligés de rendre compte de leur
conduite à leurs Principaux nonobſtant ce qu'en dit Filmer qui ſoûtient
le contraire. Cela ne laiſſe pas d'être
véritable quoiqu'il proteſte qu'il n'a
jamais entendu parler, *que ceux qui*
avoient envoyé des Chevaliers ou Bour-
geois au Parlement, en ayent obligé
aucun à leur rendre compte de ſes actions :
car de ce que l'on ne leur a pas fait
rendre compte, on ne peut pas conclure qu'on ne puiſſe le faire & qu'ils
n'y ſoient pas obligés. Mais il eſt
même certain qu'on recherche ſouvent ces Députés : Le peuple ne manque jamais de juger de leur conduite.
Si quelqu'un d'entre eux a eu le malheur de ne s'être pas comporté dans
le Parlement d'une maniére qui ait
été agréable au plus grand nombre
de ceux qui l'avoient choiſi, il doit
s'attendre d'en être honteuſement ex-

N 4

clus, & d'en voir élire d'autres à fa
place lorfqu'il fouhaitera le plus d'être
membre de cette augufte affemblée.
Ce châtiment eft, ce me femble, affez
grand pour punir les fautes qu'un de
ces membres peut commettre, puifque
cette affemblée étant compofée de cinq
cens perfonnes, les fautes d'un particulier qui n'a qu'une voix ne peuvent
pas être très-dommageables au public;
je puis dire même qu'en devenant l'objet de la haine & du mépris du peuple qui dans l'affemblée d'un nouveau
Parlement les exclut de l'honneur d'en
être les membres, ils font auffi rigou-
reufement punis que l'étoient autrefois
les Généraux des nations les plus libres, lorfque par leur mauvaife conduite, ils éroient caufe qu'elles avoient
fouffert des pertes très-confidérables.
Appius Claudius, Pomponius & Te-
rentius Varron ne périrent pas dans
les batailles qu'ils perdirent; & quoique par leur méchanceté & leur imprudence ils euffent mis Rome à deux
doigts de fa perte, ils n'en furent pourtant punis que par le chagrin qu'ils
eurent de voir élire d'autres Commandans à leur place. Cependant je ne
crois pas que perfonne doute que les

Romains n'euſſent autant de pouvoir
ſur leurs Généraux, que les Athéniens
& les Cartaginois qui faiſoient ſouvent mourir leurs Chefs, lorſqu'ils
l'avoient mérité. Ces Républicains
ſages, & prudens étoient perſuadés
qu'un Général auroit l'eſprit trop diſ-
trait, ſi dans le temps qu'il avoit les
ennemis en tête, il étoit encore occupé
de la crainte que ſes Citoyens pourroient le rendre reſponſable de l'évé-
nement : Et comme ils tâchoient toûjours de mettre le Commandement
entre les mains des plus honnêtes gens,
ils croyoient que pour les obliger à
s'acquiter de leur devoir, il falloit les
laiſſer agir ſelon ce que leur vertu &
l'amour de la patrie leur ſuggéroit. On
ne doit donc pas s'étonner ſi la nation
Angloiſe a ſuivi l'éxemple qui lui a paru
le plus généreux, & qu'elle a crû le
plus digne d'être imité vû les avantages conſidérables que remportérent
les Romains en ſuivant cette maxime. De plus, s'il eſt arrivé que le
peuple ſe ſoit quelque fois trompé
dans le choix de quelqu'un de ſes députés, la modération & la prudence
des plus ſages d'entre ceux qui avoient
été choiſis a ſupléé à ce défaut. On

N 5

a vû, dans tous les siécles, plusieurs de ces députés, & quelquefois même toutes les Communes en Corps, refuser de dire leur opinion sur de certaines affaires, jusqu'à ce qu'ils en eussent consulté ceux qui les avoient envoyés : On a souvent ajourné les Chambres pour leur donner le temps qu'il leur falloit pour cela ; & si on l'avoit fait plus souvent, & que les Villes, Cités & Comtés, eussent donné des instructions à leurs Députés en de certaines occasions, il y a apparence que les affaires auroient été mieux réglées qu'elles ne l'ont été souvent dans les Parlemens.

5. Il ne s'agit pas de sçavoir si le Parlement est infaillible, mais bien de sçavoir si une assemblée de la Noblesse avec une Chambre des Communes composée de personnes qui sont les plus estimées dans tous les Comtés, & Villes d'Angleterre, sont plus ou moins sujettes à se laisser corrompre qu'un homme, une femme ou un enfant qui appartient de plus près au dernier Roi. Ordinairement plusieurs personnes voyent mieux qu'une seule, & si nous en voulons croire le plus

Prov. 11. 14. sage des Rois, *en la multitude des gens*

de Conseil gist la délivrance. Les Princes
d'un âge mûr, d'une expérience con-
sommée, & qui ont donné des preuves de leur vertu & de leur sagesse,
gouverneront sans doute mieux que
des enfans ou des fous. On a toûjours
crû que les hommes étoient plus propres pour la guerre que les femmes ;
& que ceux qui sont bien disciplinés
y reussissent beaucoup mieux que ceux
qui n'ont jamais sçû ce que c'est que
discipline. Si quelques Comtés ou
Villes se trompent dans le choix de leurs
Députés, & qu'ils n'élisent pas toûjours
des personnes qui soient tout à fait capables de cet emploi, il n'y a pas d'apparence que tous les autres se trompent pareillement ; & qu'elles choisissent des députés qui n'ayent pas plus
de sagesse & de vertu qu'on n'en voit
ordinairement en de certaines familles,
ausquelles on nous voudroit faire croire que la nature a donné de certaines
prérogatives qu'elle a refusées à toutes
les autres. Mais Filmer admire à tout
hazard la profonde sagesse d'un Roi ;
quoique, outre ceux que nous connoissons nous-mêmes, l'histoire ne nous
fournisse que trop de preuves pour
nous persuader que tous ceux qui ont

N. 6

porté la Couronne, nont pas été les
plus habiles ni les plus prudens. Il
parle des Rois en général & ne fait
aucune différence entre Salomon & fon
fils dont la folie eft affez connuë ; entre Edouard III. & Richard II. entre
Henri V. & Henri VI. Et parce que
tous ceux-là ont été Rois, il faut, fi
nous en voulons croire notre Auteur,
qu'ils ayent été doüés d'une profonde
fageffe. David étoit fage comme un
Ange de Dieu; il s'enfuit donc que
les Rois qui régnent à préfent en France, en Efpagne & en Suéde, l'ont
été dès l'âge de cinq ans : par la même
raifon, il ne fe peut pas que Jeanne
de Caftille ait été folle, ni que les
deux Jeannes Reines de Naples ayent
été d'infames P..... car fi cela eft
vrai, fon argument & toutes fes raifons ne lui ferviront de rien. En effet,
quand même la fageffe de Salomon
auroit furpaffé celle de toute la Nation,
cependant on n'auroit pû fe repofer
également fur la fageffe de Roboam,
à moins qu'il n'en eût eu autant que
fon pere. Et fi tous les Princes font
égaux en fageffe, auffi-tôt qu'ils ont
la Couronne fur la tête ; rien n'empêche que Perfée, Roi de Macédoine,

n'ait été aussi grand Capitaine que
Philippe ou Alexandre ; à ce conte-là
Commode & Héliogabale étoient aussi
sages & aussi vertueux que Marc Au-
réle & Antonin le Pieux : & il ne faut
pas douter que Christine Reine de
Suéde ne fût dès ses plus tendres années aussi capable de commander ses
armées que son brave pere. Si tout
ceci est faux & absurde, il faut être
fou & extravagant pour proposer,
comme fait Filmer, qu'on mette toute
l'Autorité entre les mains du Roi,
parce que le Parlement n'est pas infaillible. *C'est à la tête*, dit-il, *de corriger, & non pas d'attendre le consentement des membres ou parties qui ont
péché, puisqu'il n'est pas juste qu'ils soient
juges en leur propre cause, & il n'est pas
non plus nécessaire de restraindre l'autorité du Roi.* Outre que ceci est directement opposé à la maxime fondamen-
tale, que nul ne doit être juge en sa
propre cause, puisque ce seroit mettre
l'autorité entre les mains du Roi pour
décider les differens qui pourroient
survenir entre le peuple & lui, ce qui
seroit d'autant plus dangereux, que
conduit par ses passions, par son intérêt particulier & par les mauvais

conseils de Ministres corrompus il ne
manqueroit jamais de sortir du véritable chemin de la justice ; outre
tout cela, dis-je, les inconvéniens qui
pourroient arriver, de ce que l'on
croit que le Parlement ou le peuple
n'est pas infaillible, se changeroient
en maux très-réels & très-dangereux;
comme cela seroit infailliblement arrivé en Espagne, si sur une supposition
que les Etats de Castille pouvoient er-
rer, on avoit laissé la correction de
ces erreurs au jugement solide & à
la profonde sagesse de leur Reine Jeanne qui étoit aussi folle qu'on puisse
jamais l'être. On peut dire la même
chose de plusieurs autres Princes qui
à cause de quelque infirmité naturelle
ou accidentelle, de leur trop grande
jeunesse ou de leur excessive vieillesse
ont été tout-à-fait incapables de juger
d'aucune affaire.

On me dira peut-être que je parle
ici de Princes imbécilles & fous, &
par conséquent incapables de bien gouverner ; je l'avouë : mais quand même,
sans parler de ceux-ci, je passerois à
d'autres qui sçavent bien se nourrir,
se vêtir & s'acquitter des autres fonctions ordinaires de la vie, je ne crois

pas qu'on en pût tirer un grand avantage ; car combien en a-t-on vû de ces
derniers qui n'étoient pas plus capables de raisonner sainement des affaires importantes du Gouvernement,
que les enfans les plus foibles ou les
fous les plus furieux. L'honnêteté me
défend de rapporter ici tous les éxemples des Princes de ce caractére qui
ont régné en Europe, même dans ce
siécle-ci : Mais je serois tout-à-fait
condamnable si je passois sous silence
l'éxtravagance de ces Souverains, qui
ayant très-peu d'ésprit, & étant très-
déréglés & dissolus, ont témoigné le
plus de chagrin, lorsqu'on a voulu
s'opposer à leurs volontés. Le brave
Guftave Adolphe & son neveu Charles
Guftave, qui ne lui étoit point inférieur en valeur, en sagesse & qui n'a-
voit pas moins de tendresse pour ses
peuples, se contentoient de la puissance que les Loix de leur patrie leur
avoient donnée ; Mais Frédéric qua-
triême Roi de Dannemarc, ne se tint
point en repos jusques à ce qu'il eût
dépoüillé cette nation de sa liberté.
Casimir ayant entrepris la même chose
en Pologne, perdit presque la moitié
de son Royaume ; & par sa fuite aban-

donna l'autre moitié à la difcrétion des Suédois, des Tartares & des Cofaques qui la ravagérent cruellement. L'Empereur d'aujourd'hui qui s'amufoit auec un miférable Eunuque Italien, à compofer des Airs dans le temps qu'il auroit dû être à la tête d'une belle Armée qu'on leva pour s'oppofer aux Turcs en mil fix cens foixante & quatre, & qui étant fous la conduite d'un habile Commandant auroit pû renverfer l'Empire Ottoman, traita fes fujets avec tant de cruauté, auffi-tôt qu'il fut délivré de la terreur de ce terrible Ennemi, qu'ils furent contraints d'implorer la protection des Turcs ; fur tout les Proteftants qui trouvent plus de douceur fous la domination de l'ennemi déclaré du Chriftianifme, qu'ils n'en trouvoient lorfqu'ils étoient éxpofés à l'orgueil, à l'avarice, à la perfidie & à la violence des Jefuites qui gouvernent cet Empereur. On fçait fi bien quel étoit le caractére de D. Alphonfe Roi de Portugal, & en quel état il auroit réduit ce Royaume, fi on ne l'avoit rélégué dans les Ifles Tercéres, qu'il n'eft pas befoin que je m'arrête à le faire connoître.

Si donc les Rois, en vertu de leur
Office, sont établis Juges de tout le
corps de la nation, parce que le peuple & les Parlemens qui le représen-
tent, ne sont pas infaillibles; ces Rois
qui sont encore enfans, fous, ou qui
à cause de leur extrême vieillesse ne
sçavent plus ce qu'ils font, ne sont
pas non plus infaillibles; les femmes
ont même droit que les hommes dans
les Etats où elles sont admises à la succession; & ces hommes qui quoique
d'un âge mûr & encore éloignés de
la vieillesse, qui ne sont ni fous ni furieux & qui cependant sont absolument
incapables de juger d'aucune affaire
importante, ou qui se laissant gouverner par leur passions, par leur intérêt,
par leur vices, par leurs domestiques
& par leurs favoris, oppriment & rui-
nent leurs peuples, doivent joüir des
mêmes priviléges, si nous croyons
Filmer & être Juges en leur propre
cause. Qu'on me dise s'il y a rien au
monde de plus absurde & de plus
abominable que cette doctrine, ni
qui tende plus directement à la corruption & à l'entiére destruction des
peuples qui vivent sous la dominaton
de ces Souverains, qui de l'aveu même

de notre Auteur ont été élevés sur le Trône pour procurer le bonheur & travailler à la sûreté de leurs sujets.

SECTION XXXIX.

Il n'y a que les Princes qui sont bons & sages, & qui travaillent uniquement à procurer le bien de leurs sujets, & non le leur particulier, qui soient les véritables Chefs du peuple.

IL arrive rarement que les scélérats soient assez impudens pour oser proposer ouvertement les pensées les plus absurdes & les plus criminelles. Ceux qui sont ennemis de la vertu, & qui n'ont point la crainte de Dieu devant les yeux, craignent les hommes, & n'osent pas enseigner au monde une doctrine contre laquelle il se récrieroient, de peur que par ce moyen ils ne missent eux-mêmes un obstacle à leurs pernicieux desseins. Il faut déguiser le poison ; car il seroit impossible de persuader à un homme de manger de l'arsenic, à moins qu'on ne le couvre auparavant de quelque chose qui paroisse ne pouvoir nuire en aucune façon. Créüse, bien loin de recevoir le

funeste présent de Médée, l'auroit eu
en horreur, si le venin n'avoit pas été
caché sous l'éclat extérieur de l'or &
des pierres précieuses. La robe qui
donna la mort à Hercule paroissoit belle ; & Eve n'auroit jamais mangé du
fruit défendu, ni n'en auroit pas fait
manger à son mari, si ce fruit ne lui
avoit semblé *bon à manger & plaisant*
aux yeux, & sans cela elle ne se seroit
pas laissé persuader qu'en le mangeant,
Adam & elle deviendroient comme
dieux. Les ministres du demon ont toujours suivi la même méthode ; ils viennent à bout de leurs mauvais desseins
par le moyen de la fraude, & rarement
ils ont détruit quelqu'un, qu'ils ne
l'ayent auparavant trompé : la vérité ne
conduit jamais au mal, & paroît d'autant mieux, que les paroles dont on se
sert pour l'exprimer sont simples &
naïves ; mais rien n'est plus ordinaire
aux méchans que de couvrir leurs pernicieux desseins sous des similitudes ou
des métaphores. Ce seroit une chose
trop ridicule que de dire ouvertement,
que tous les Rois, sans exception ni
distinction, sont plus capables de juger de toutes sortes d'affaires, qu'aucun de leurs sujets : il faut donc les ap-

peller la *Tête* ou le *Chef*, afin de leur
attribuer, par ce moyen, toutes les pré-
éminences & prérogatives qui dans un
corps naturel appartiennent à cette partie ; & il faut faire croire au monde
qu'il y a une analogie parfaite entre le
corps naturel & le corps politique. Mais
il faut éxaminer la chose de plus près,
avant que de se résoudre à avaler ce
poison mortel.

Les Livres sacrés, aussi bien que les
Auteurs prophanes, se servent figuré-
ment du mot de *tête* en plusieurs sens,
par rapport aux lieux ou aux personnes,
& il signifie toujours quelque préémi-
nence réelle ou apparente, en fait d'honneur ou de jurisdiction. C'est dans ce
sens qu'il est dit que Damas est la tête
de la Syrie, Samarie celle d'Ephraïm,
& Ephraïm celle des dix Tribus ; c'est-
à-dire, qu'Ephraïm étoit la principale
Tribu, Samarie la capitale de la Tribu
d'Ephraïm, & Damas la capitale de la
Syrie ; quoiqu'il soit certain qu'Ephraïm
n'avoit aucune jurisdiction sur les autres villes d'Ephraïm, puisque chacune, conformément aux préceptes de la
Loi, avoit une puissance égale dans
les terres de son ressort, & qu'aucune
de ces villes n'avoit aucun privilege au-

deſſus des autres, excepté Jéruſalem, par rapport à la Religion; parçe que le Temple y étoit.

Il ſemble auſſi que ces mots Tête, Prince, Chef ou Capitaine, ſont équivoques; & on appelle en ce ſens les mêmes perſonnes Chefs de Tribus, Princes de la maiſon de leurs peres; & il eſt dit que deux cent Chefs de la Tribu de Ruben furent menés en captivité par Tiglath Pilezer, & des autres Tribus à proportion: ce qui ſeroit quelque choſe de ſurprenant, pour ne pas dire incompréhenſible, ſi à ce terme on devoit attacher l'idée de ce pouvoir abſolu, infini & ſouverain que notre Auteur lui attribue; & il faut avoir autant d'eſprit qu'il en a, pour pouvoir comprendre comme il eſt poſſible qu'il y eût dans une ſeule Tribu deux cent perſonnes, ou plus, revêtuës d'un pouvoir ſouverain & illimité, d'autant plus qu'on ſçait poſitivement qu'une ſucceſſion de Rois avoit régné ſur cette Tribu, & ſur neuf autres, pendant pluſieurs ſiécles, & que chacune de ces Tribus, auſſi-bien que chaque ville en particulier, depuis que les Iſraëlites furent entrés dans la terre de Canaan, s'étoit toûjours gouvernée par elle-

1. Cor. 5.

même , fans être fous la jurifdiction d'aucune autre. Lorfque ceux de Galaad vinrent vers Jephté pour lui offrir le commandement fur eux , il ne crut pas qu'ils agiffent fincérement , & leur demanda s'ils avoient effectivement deffein de le prendre pour leur Chef ? Ils lui répondirent qu'il feroit leur Chef, s'il vouloit les conduire contre les Ammonites. C'eft auffi dans le même fens qu'il eft dit, que lorfque Jules-Céfar , au defefpoir, voulut fe tuer, un de fes foldats le détourna de ce deffein, en lui difant ; * que le falut de tant de nations qui l'avoient pris pour leur Chef , dépendant abfolument de la confervation de fa vie , il y auroit de la cruauté à lui d'exécuter une femblable réfolution. Mais nonobftant tout cela, lorfque cette tête fut à bas , le corps ne laiffa pas de fubfifter : fur quoi je remarque plufieurs différences fondamentales entre le rapport que la tête, prife dans un fens figuré , lors même qu'on fe fert de ce terme avec plus de raifon , a avec le corps dont elle fait partie , & le rapport que

Juges 10.

* *Cum tot ab hac animâ populorum vita*
falufque
Pendeat, & tantus caput hoc fibi fecerit
orbis,
Sævitia eft voluiffe mori. Lucan.

la tête naturelle a avec le corps naturel.

Le corps politique peut avoir plusieurs têtes : le corps naturel n'en peut avoir qu'une.

Le peuple crée ou fait ses Têtes ou Chefs : la tête naturelle vit par elle-même, ou pour mieux dire naît avec le corps naturel.

Le corps naturel ne peut changer ou subsister sans la tête naturelle ; mais le peuple peut fort bien changer & subsister sans la tête artificielle. Bien plus, quand même il seroit vrai que le monde eût choisi César pour son Chef, ce qui est très-faux, car il ne fut choisi que par une armée mercénaire & séditieuse, & la plus saine & la meilleure partie de l'univers s'opposa avec tant d'opiniâtreté à son élection, que cela lui fit venir la pensée de se tuer ; quand même, dis-je, il seroit vrai que tout le monde auroit choisi César pour son Chef, il ne pourroit y avoir rien de véritable dans ce que Lucain fait dire à ce soldat, pour le détourner de ce dessein, *que le salut de tout l'univers dépendoit de celui de César* : car non-seulement l'univers pouvoit subsister sans lui, mais encore sans aucun Chef semblable à lui, comme il avoit subsisté avant qu'il eût usurpé la Puissance souveraine avec le secours des soldats qu'il avoit corrompus ; ce qui sert à faire voir que pour la commodité, il est quelquefois bon d'avoir de ces têtes civiles, mais qu'elles ne sont pas absolument nécessaires. Plusieurs nations n'en ont jamais eu ; & si on veut que cette expression s'étende si loin, qu'on puisse l'appliquer aux Magistrats à temps ou annuels, qui gouvernoient autrefois les Athéniens, les Cartaginois, les Romains, & plusieurs autres Républiques de ces temps-là, ou aux Magistrats qui gouvernent aujourd'hui la République de Venise, celle d'Hollande ou des Suisses, il faudra avoüer que le peuple qui a fait, déposé, abrogé ou aboli tant les Magistrats que leurs Magistratures, a eu le pouvoir de faire, d'ériger & détruire ses têtes, ce qui semblera très-absurde à Filmer. Cependant ces peuples l'ont fait sans en recevoir aucun préjudice, & souvent même cela leur a été avantageux.

En faisant ici mention de ces vastes & essentielles différences qu'il y a entre la tête naturelle & la tête politique, je ne prétends pas exclure en aucune façon toutes les autres différences dont je

n'ai

n'ai point parlé, & qui ne font peut-
être pas moins confidérables ; mais
comme toutes les expreffions figurées
n'ont de force qu'autant que leur en
donne la reffemblance qu'il y a entr'elles & les chofes qu'elles veulent nous
repréfenter, celle-ci n'a guéres de force,
ou pour mieux dire n'en a point du
tout, vû la grande différence qu'on y
trouve en plufieurs points très - importans, & par conféquent elle ne peut
avoir aucun effet.

Quoiqu'il en foit, le droit procéde
de l'identité, & non pas de la fimilitu-
de. Le droit qu'un homme a fur moi
eft fondé fur ce qu'il eft mon pere, &
non pas fur ce qu'il reffemble à mon
pere. Si j'avois un frere qui me reffem-
blât fi parfaitement, que nos peres &
meres ne puffent nous diftinguer l'un
de l'autre, comme cela eft arrivé quelquefois à des jumeaux, cette parfaite
reffemblance ne pourroit lui donner
aucun droit à ce qui m'appartient. Si
donc le pouvoir de corriger les parties
qui ont péché, que notre Auteur attribue aux Rois, eft fondé fur le nom de
tête qu'on leur donne, & fur la reffemblance qu'il y a entre les têtes du corps
politique & celles du corps naturel ; fi

on trouve que cette reſſemblance eſt tout-à-fait imparfaite, incertaine, ou que peut-être elle n'ait aucun rapport avec ce dont il s'agit; ou ſi, quand même elle ſeroit parfaite, elle ne pouvoit conférer aucun droit, il ſeroit ridicule & impertinent de l'alléguer ici.

Ce point étant éclairci, il eſt temps d'éxaminer quelle eſt la fonction de la tête dans le corps naturel, afin que cela puiſſe ſervir à nous faire connoître pourquoi on donne quelquefois ce nom à ceux qui ſe diſtinguent dans le corps politique, & qui ſont ceux à qui ce nom appartient véritablement.

Il y a des perſonnes qui croyent que la tête eſt ſi abſolument le ſiége des ſens, qu'elles ne font point difficulté de dire que le toucher même tire ſon origine du cerveau, quoique ſes opérations s'étendent ſur toutes les parties du corps. Quoiqu'il en ſoit, je ne crois pas que perſonne doute que tous les autres n'ayent leur ſiége & n'éxercent leurs fonctions dans la tête, & ce ſont ceux qui repréſentent à l'*intellect* tout ce qui eſt utile ou nuiſible à l'homme, comme dit Ariſtote, *nihil eſt intellectu quod non ſit prius in ſenſu.* C'eſt là proprement le devoir & la fonction de

chaque Magiſtrat : il eſt la ſentinelle du
public, & doit avertir de tout ce qu'il
découvre qui peut être profitable ou
dommageable à la ſociété ; devoir dont
ſe doivent acquitter non-ſeulement les
ſouverains Magiſtrats, mais auſſi ceux
qui leur ſont ſubordonnés à proportion.
C'eſt en ce ſens qu'on appelloit les
principaux d'entre les Iſraëlites, *chefs*
de la maiſon de leurs peres, gens d'élite,
hommes vaillans, chefs des Princes. Et
dans le Chapitre ſuivant, il eſt fait mention *de neuf cent cinquante Benjamites,*
chefs de la maiſon de leurs peres. Ceux-
là avoient charitablement ſoin de ceux
qui leur étoient inférieurs en puiſſance
& en courage, ſans qu'on pût découvrir dans ce ſoin aucun ombre de ſouveraineté ; car il étoit impoſſible qu'il
y eût en même temps un ſi grand nombre de Souverains : & ceux dont ils
avoient ſoin, ſont appellés leurs freres ;
ce qui n'eſt pas un terme de Majeſté ni
de ſupériorité, mais de tendreſſe &
d'égalité. On peut donc donner le nom
de Chef à un Souverain, ſans que cela
lui donne aucun droit de ſouveraineté :
il faut que le Chef éxerce ſon pouvoir
avec charité ; ce qui tend toujours à
procurer le bien de ceux qui ſont ſou-

1. Cron. 5.
40.

mis à sa conduite. La tête ne peut corriger ou châtier ; la véritable fonction
de cette partie du corps est seulement
d'indiquer ce qu'il faudroit faire ; aussi
quiconque présume d'en faire d'avantage, n'est pas le Chef du corps politique. Un corps naturel est homogène,
& ne pourroit subsister sans cela. Nous
ne pouvons pas prendre une partie d'un
cheval, une autre partie d'un ours, &
mettre dessus la tête d'un lion ; car ce
seroit un monstre qui n'auroit ni mou-
vement ni vie. Il faut que la tête soit
de même nature que les autres membres, autrement elle ne peut pas subsister. Or, le Seigneur ou maître est
différent de ses serviteurs ou esclaves
in specie, il n'est donc pas proprement
leur Chef.

De plus, la tête ne peut subsister sans
le corps, & ne peut avoir d'intérêt contraire à celui du corps ; & il est impossible que ce qui est nuisible au corps,
soit bon pour la tête. Il s'ensuit donc
qu'un Prince ou un Magistrat qui se
propose un intérêt différent de celui du
peuple, ou qui y répugne, renonce au
titre ou à la qualité de Chef de ce peuple. A la vérité, Moïse étoit Chef des
Israëlites ; car lorsque Dieu menaça

de détruire ce peuple, & lui promit
de lui donner une nation plus nombreuse & plus considérable à gouverner, il renonça aux avantages particuliers qui lui étoient offerts, il intercéda
pour eux, & obtint leur pardon par ses
prieres. Cependant il n'étoit pas capable de porter seul tout le poids du Gouvernement, car il demanda qu'on lui
donnât quelqu'un pour l'assister & le
soulager. Gédéon fut Chef de cette nation; mais il ne voulut pas régner sur
elle, ni souffrir que ses enfans régnas-
sent. Samuël étoit aussi Chef de ce même peuple; *il ne prit rien de personne,
il ne frauda personne, il ne reçut de présent de qui que ce soit, & n'opprima aucun des Israelites:* Dieu & le peuple lui
en rendirent témoignage. Il blâma les
Israélites de ce qu'ils s'étoient révoltés
contre Dieu, en demandant un Roi;
mais il ne se plaignit point qu'ils lui
fissent aucun tort, ou à sa famille; ce
n'étoit point son intérêt particulier, ou
celui de ses enfans, qui lui faisoit de
la peine. On peut dire, sans craindre
de se tromper, que David pouvoit légitimement prétendre à ce titre; car il
pria Dieu d'épargner le peuple, & de
tourner toute sa colere sur lui & sur

O 3

la maison de son pere. Mais Roboam n'étoit pas le véritable Chef des Israëlites ; car quoiqu'il reconnût que son pere avoit mis sur eux un pesant joug, cependant il leur dit *qu'il leur rendroit encore plus pesant, & que si son pere les avoit châtiés de verges, il les châtiroit d'escourgées.* La tête n'est point un fardeau au corps, & ne peut lui en imposer aucun ; la tête ne peut châtier aucun membre ; & celui qui s'attribue cette autorité, plus ou moins, ne peut être un véritable Chef. Jéroboam n'étoit pas la tête des dix Tribus qui se révoltérent ; car la tête prend soin des membres, & pourvoit à la sûreté de tout le corps : mais lui craignant que *si le peuple alloit en Jérusalem pour y adorer, il ne retournât à la maison de David,* il lui fit des idoles, & par cette prévoyance criminelle mettant ses intérêts en sûreté, il attira sur cette nation toutes sortes de malheurs, & enfin une ruine totale, qui fut la récompense de l'idolatrie qu'il lui avoit fait commettre. Quand même on demeureroit d'accord qu'Auguste, en usant de sa puissance avec beaucoup de modération, auroit en quelque maniere expié les crimes qu'il commit pour s'en emparer ;

& qu'il auroit juſtement mérité d'être appellé le Chef des Romains, au moins n'en pourroit-on pas conclure que ce titre dût appartenir à Caligula, à Claudius, à Néron ou à Vitellius, qui n'avoient ni les qualités requiſes & néceſſaires à un Chef, ni l'eſprit, ni la volonté de s'acquitter des fonctions d'un emploi ſi important. Si j'allois encore plus avant, & que je reconnuſſe Brutus, Cincinnatus, Fabius, Camillus & pluſieurs autres, qui pendant l'éxercice de leurs Magiſtratures, qu'ils n'éxercérent qu'une année ou encore moins, avoient, par leur vigilance & vertu, pris ſoin du ſalut de Rome, s'étoient acquittés des devoirs de véritables Chefs, & pouvoient légitimement mériter ce titre ; je le pourrois néanmoins refuſer, avec juſtice, aux plus grands Princes qui ayent jamais vécus, puiſqu'ayant eu leur puiſſance à vie, & l'ayant laiſſée à leurs enfans aprés eux, ils ont été dénués des vertus requiſes pour ſe bien acquitter de leur devoir ; & je craindrois moins de paſſer pour ridicule, en diſant qu'il vaudroit mieux qu'une nation changeât de Chef tous les ans, que ſi je diſois que celui-là peut être le Chef qui ne ſe ſoucie point de ſes mem-

bres, & qui ne connoît point ce qui leur
est bon & avantageux : encore moins
peut-on lui donner ce titre, s'il se propose un intérêt différent de celui de ces
membres. On ne peut pas dire que ce
sont ici des cas supposés, & qu'il n'y a
point de Prince qui fasse ces sortes de
choses; car il n'est que trop facile de le
prouver, & nous n'en avons qu'un trop
grand nombre d'exemples. Caligula
n'auroit pas souhaité que le peuple Romain n'eût qu'une tête, afin de la pouvoir abbattre d'un seul coup, s'il avoit
été lui-même cette tête, & qu'il ne se
fût point proposé d'intérêt opposé à celui des membres. Néron n'auroit pas
mis la ville de Rome en feu, si son intérêt particulier avoit été inséparable
de celui du peuple. Celui qui fit cruellement massacrer trois cent mille de ses
sujets innocens & desarmés, & qui mit
tout le Royaume à feu & à sang, se
proposoit un intérêt personnel incompatible avec celui de la nation ; & pour
montrer que ce fut lui qui fit exercer
toutes ces cruautés barbares, il n'en
faut pas d'autre preuve qu'une lettre
écrite par son fils, pour disculper un
des principaux ministres de ces cruautés ; car ce Prince y dit en propres ter-

mes, que ce que ce Miniſtre avoit fait
en cette occaſion, *étoit par ordre du Roi*
ſon pere, & pour le bien de ſon ſervice.
Le Roi Jean ne ſe propoſoit pas pour
but le bien & l'avantage de ſes peuples,
lorſqu'il vouloit les aſſujettir au Pape
& aux Maures. Tout Prince, quelqu'il
puiſſe être, qui demande le ſecours des
Princes étrangers, ou qui fait des alliances avec un étranger ou un ennemi,
dans la vûë d'en retirer quelqu'avantage particulier aux dépens de ſes ſujets,
fait voir manifeſtement qu'il n'eſt pas
leur Chef, mais leur ennemi, quelque
ſecret que ſoit le traité qu'il a fait. La
tête ne peut pas avoir beſoin d'un ſecours étranger contre le corps dont elle
fait partie, & elle ne peut ſubſiſter lorſqu'elle en eſt ſéparée. Tout Prince donc
qui recherche une pareille aſſiſtance, ſe
diviſe du corps, & s'il ſubſiſte après
cette ſéparation, il faut que ce ſoit par
le moyen d'une vie qu'il en a lui-même, différente de celle du corps, que
la tête ne peut avoir.

Mais outre ces crimes énormes, qui
ſont autant de témoignages autentiques de la rage & de la fureur la plus
exceſſive, il y a une autre choſe qui ſe
pratique communément parmi les Prin-

ces , comme tous ceux qui connoiſſent
le monde en demeureront d'accord , &
qui eſt incompatible avec la nature de
la tête. En effet , la tête ne peut pas
ſouhaiter d'attirer à ſoi toute la nourriture du corps ; elle doit ſe contenter
d'en recevoir à proportion. Si toutes
les autres parties ſont malades , foibles
ou froides , la tête ſouffre également
qu'elles ; & ſi ces parties périſſent , il faut
auſſi que cette tête périſſe. Qu'on compare ceci avec les actions de pluſieurs
Princes que nous connoiſſons , & nous
n'aurons pas de peine à connoître qui
ſont ceux qui ſont véritablement Chefs
de leurs peuples. Si l'or qu'on a apporté des Indes a été également partagé
par les Rois d'Eſpagne , à tout le corps
de la nation , je conſens qu'on les appelle les têtes du peuple. Si les Rois de
France ne prennent des richeſſes de ce
grand Royaume , qu'autant qu'on a crû
qu'ils en devoient avoir pour leur part,
qu'on leur donne auſſi ce titre honora-
ble. Mais ſi la nudité , le faim & la
miſere que ſouffrent leurs miſérables
ſujets , prouvent clairement le contraire ; je ne vois pas que ce nom leur
puiſſe appartenir en aucune façon. Si
ces nations , ſi conſidérables autrefois

font à préfent dans un état de décadence & de langueur ; fi on voit régner
dans leurs meilleures Provinces la mifere, la famine, & tous les funeftes
effets de l'oppreffion la plus cruelle,
pendant que ces Princes & leurs favoris poffédent des tréfors fi immenfes,
que la prodigalité la plus exceffve ne
peut pas les épuifer ; fi on arrache de
la bouche de leurs femmes & de leurs
enfans, qui meurent de faim, ce que
tant de millions d'hommes ont acquis
à la fueur de leur vifage, & qu'on
l'employe à fomenter les vices de ces
Cours débauchées, ou à récompenfer
les miniftres des voluptés les plus im-
pures, on ne peut pas dire que ce foit
là donner également la nourriture à
toutes les parties du corps : l'œconomie
du tout eft renverfée, & ceux qui font
ces fortes de chofes ne peuvent pas être
les têtes, ni membres du corps ; mais
au contraire, ils font quelque chofe
différente de ce corps, & incompatible
avec lui. Celui-là n'eft donc pas véritablement le Chef, qui occupe actuellement la place du Chef, ou à qui on
l'a donnée. Ce n'eft pas celui qui doit
faire les fonctions de Chef, mais bien
celui qui les fait actuellement, qui mé-

rite de joüir du titre & des priviléges
qui appartiennent au Chef. Si donc Filmer veut nous perſuader que quelque
Roi eſt véritable Chef de ſon peuple,
il faut qu'il le prouve par des raiſons
qui ſe rapportent en particulier à ce
Roi, puiſque je viens de démontrer
que tous les argumens généraux dont il
ſe ſert à cet égard, ſont abſolument
faux. S'il dit que le Roi, entant que
Roi, peut enſeigner au peuple la maniere dont il doit ſe conduire ; que c'eſt
au Prince qu'appartient de le corriger,
s'il manque en quelque choſe, & de
décider de tous les différends qui arrivent dans la ſociété, parce que les peuples peuvent ſe tromper dans ces ſortes
de jugemens, il faut qu'il prouve que
le Roi eſt infaillible ; car à moins qu'il
ne le faſſe, je ne vois pas de raiſon qui
puiſſe nous engager à laiſſer à ces Souverains la déciſion de toutes les affaires.
Il ne lui ſervira de rien non plus de dire que le jugement des différends leur
appartient en qualité de Chefs ; car cette autorité de juger n'eſt point attachée
à l'office du Chef, & nous ſçavons aſſez que tous les Rois ne méritent pas ce
nom : pluſieurs d'entr'eux n'ont ni la
capacité ni la volonté de faire les fonc-

tions d'un véritable Chef, & on en
voit plusieurs qui tiennent une conduite
toute opposée dans tout le cours de
leur gouvernement. Si donc aucuns
d'entr'eux ont mérité le glorieux nom
de Chefs des nations, il faut qu'ils l'ayent
acquis par leurs vertus personnelles,
par le soin qu'ils ont pris de procurer
le bien de leurs peuples, par une union
inséparable de leur intérêt avec celui de
leurs sujets, par un amour ardent pour
tous les membres de la société, par une
modération d'esprit qui les a empêché
d'aspirer à une supériorité illégitime,
ou de s'attribuer quelqu'avantage particulier qu'ils ne veulent pas commu-
niquer à chaque partie du corps politique. Un Prince de ce caractére auroit
honte d'accepter aucun de ces avantages, dont il faudroit qu'il fût redevable à un nom mal appliqué : celui qui
sçait que cet honneur lui appartient en
particulier, parce qu'il est le meilleur
Roi du monde, ne se glorifiera jamais
d'une chose qui lui seroit commune
avec le plus scélérat. Quiconque prétend, par des raisons aussi générales
que celles dont se sert notre Auteur,
faire beaucoup pour l'intérêt particulier
de quelque Roi, connoît sans doute

que ce Roi n'a aucun mérite personnel, & qu'on ne peut rien dire en sa faveur, qu'on ne puisse aussi-bien dire du plus scélérat qu'il y ait au monde ; ou bien il faut qu'il ne se mette pas en peine de ce qu'il dit, pourvû qu'il fasse du mal, ou qu'il soit bien aise que le Prince, qui en suivant ces maximes devient la peste & le fleau du public, tombe dans le précipice auquel il a exposé ses peuples.

SECTION XL.

Dans les Gouvernemens bien réglés, les Loix prescrivent des remédes faciles & sûrs contre les maux qui procédent de la foiblesse ou de la malice des Magistrats; & si ces remédes sont devenus inefficaces, on peut y en apporter de nouveaux.

CEux qui voudroient mettre le pouvoir du Magistrat au dessus des Loix, font tout leur possible pour nous persuader que les dangers & les difficultés qu'il y a à examiner ses actions, ou à s'opposer à sa volonté,

lorſqu'il gouverne avec violence &
injuſtice, ſont ſi grandes, que le reméde eſt toûjours pire que le mal,
& qu'il vaut toûjours mieux ſouffrir
patiemment tous les maux qu'il fait,
que de s'expoſer au danger de lui dé-
plaire, qui ne pourroit qu'avoir de
très-funeſtes ſuites pour ceux qui auroient eu ce malheur. Mais au contraire, je crois, & eſpére bien prouver.

I. Que dans les Gouvernemens bien
réglés, il y a des remédes faciles &
ſûrs contre les mauvais Magiſtrats.

II. Qu'il eſt utile tant pour le bien
du Magiſtrat, que pour celui du peuple, qu'il y ait de tels remédes.

III. Que quelque danger ou difficulté qu'il y ait à mettre ces remédes
en uſage, à cauſe du changement des
circonſtances ou pour quelque autre
raiſon, cela ne doit pourtant pas em-
pécher qu'on ne s'en ſerve pour voir
s'ils feront de quelque utilité.

Quant au premier point; il eſt très-
évident que dans les Gouvernemens
bien réglés, on a trouvé que ces remédes étoient très-faciles & très-ſûrs.
On ne ſouffroit point que les Rois
de Lacédémone s'écartaſſent le moins *Plutar*

du monde des ordonnances de la Loi ;
& Théopompus un de ces Rois, sous
le régne duquel les Ephores furent
créés, pour restraindre l'Autorité Royale, ne fit point difficulté de dire,
que par ce moyen on avoit affermi
cette autorité en la rendant moins
enviée, plus sûre & par conséquent
plus durable. Pausanias n'avoit pas le
titre de Roi ; mais il commanda dans
la guerre contre Xerxes avec une autorité plus grande que celle que les
Rois exerçoient ; néanmoins s'étant
enorgueilli, on le bannit & ensuite
on le fit mourir, sans qu'il en arrivât
aucun mal à cet Etat. Leontidas pere
de Cléomenes fût aussi banni de la
même maniére. Les Ephores firent
mourir très-injustement Agis II, car
c'étoit un bon & vaillant Prince ; néantmoins cette éxécution se fit sans peine
& sans danger. Il semble que plusieurs
d'entre les Magistrats Romains, après
le bannissement des Rois, ayent eu
dessein de porter leur puissance au delà
des bornes que la Loi avoit préscrites.
Peut être même qu'il y en a eu d'autres, outre les Décemvirs, dont l'intention étoit de s'ériger en Tirans ab-
solus ; mais on réprima les premiers

& on n'eut pas beaucoup de peine à faire avorter les pernicieux desseins des derniers. Bien plus, on avoit si bien sçû mettre les Rois mêmes à la raison, qu'il ne s'est jamais trouvé personne parmi ces premiers Romains qui ait osé prétendre à la Couronne, à moins qu'il ne fût élû Roi, ni se servir de son autorité contre l'intention de la Loi, excepté Tarquin le Superbe qui par son insolence, son avarice & sa cruauté attira sur lui & sur toute sa famille une ruïne inévitable. J'ai déja fait mention d'un ou de deux Ducs de Venise qui n'étoient pas moins ambitieux que ce dernier Roi de Rome, mais leurs entreprises criminelles retombérent sur leur propre tête, & ils périrent sans que l'état fût exposé à aucun danger, aussi-tôt que leur trahison fut découverte. On pourroit rapporter, s'il en étoit besoin, un nombre presque infini d'éxemples de cette nature ; & si ces affaires n'ont pas toûjours réüssi de la même maniere en tout temps & en tous lieux, c'est qu'on n'a pas suivi par tout la même méthode; car toutes les choses du monde suivent si naturellement leurs causes, qu'étant conduites & réglées de la même maniére, elles ne manquent jamais de produire les mêmes effets.

A l'égard du second point ; un bon Magistrat n'est jamais fâché qu'on met-te des bornes à son Autorité. Celui qui ne veut faire que ce qu'il doit fai-re, n'a garde de souhaiter une puissan-ce qui le mette en état de faire ce qu'il ne doit pas faire , & n'est jamais fâché de voir qu'il ne peut pas faire ce qu'il ne voudroit pas faire , quand il en auroit le pouvoir. Cette impuis-sance est aussi avantageuse aux Ma-gistrats qui ne sont ni sages ni bons; c'est un bonheur pour eux, puisqu'ils ne sçavent pas se gouverner eux-mêmes, qu'on puisse leur imposer une Loi à laquelle ils soient obligés d'o-béïr ; en effet cela les empêche de sui-vre leur volonté déréglée, & d'attirer sur eux-mêmes, sur leurs familles & sur leurs peuples une ruine certaine, comme plusieurs ont faits. Si l'Apol-lon de la Fable n'avoit été si indul-gent envers Phaëton, que de lui ac-corder ce qu'il lui demanda avec tant d'imprudence, ce téméraire jeune-hom-me n'auroit pas mis Jupiter dans la nécessité de le faire périr ou de souf-frir qu'il fit périr tout l'Univers,

Deplus les personnes bonnes & sages connoissent le poids de la puissance Souveraine, & se défient toûjours de leurs propres forces. L'Histoire Sacrée & Profane nous fournissent un grand nombre d'éxemples de personnes qui ont appréhendé l'éclat d'une Couronne. Ceux qui ne prénnent point plaisir à faire du mal, ne sçavent point s'ils ne changeroient pas d'humeur & de sentimens, lorsqu'ils se verroient dans une trop grande élévation. On en a vû qui ayant supporté les adversités avec beaucoup de force & de courage, ont succombé au milieu de leurs prospérités. Lorsque le Prophète prédit à Hazaël les crimes énormes qu'il commettroit, cet homme lui répondit, *Ton Serviteur est-il un chien pour faire ces choses ?* Cependant il les fit. Je ne sçai pas où nous pourrions trouver un homme orné d'un plus grand nombre de belles qualités qu'Alexandre de Macédoine ; mais sa fortune ne servit qu'à en ternir l'éclat, il succomba au milieu de ses plus grands succès, & il surpassa par ses vices ceux-mêmes qu'il avoit vaincus par sa vertu. Rarement la nature humaine peut souffrir des changemens

si violens & si subits, sans que cela
la mette en désordre ; & un chacun
doit avec justice se défier de soi-même,
& craindre de succomber aux tentations, qui ont été la ruïne de tant
d'autres. Si un homme a eu le bonheur de naître avec des dispositions
si heureuses, d'avoir été élevé avec
tant de soin, & d'être si affermi dans
la pratique de la vertu, qu'aucune
tempête ne soit capable de l'ébranler,
ni aucun poison de le corrompre,
cela ne l'empêchera pas de faire réflé-
xion qu'il est mortel ; & non plus que
Salomon, ne sachant pas si son fils
sera sage ou fou, il appréhendera toûjours d'accepter un pouvoir, qui ne
peut qu'être préjudiciable, tant à celui
qui l'éxerce, qu'à ceux qui y sont
soumis, lorsqu'il tombe entre les mains
d'un homme qui ne sçait pas s'en
servir, ou que l'on peut facilement
porter à en faire un mauvais usage.
Les Souverains Magistrats marchent
toûjours dans des lieux obscurs & glis-
sants : mais lorsqu'ils sont élevés si
haut, que personne ne peut les appro-
cher d'assez près pour pouvoir les
soûtenir, leur donner des conseils,
ou restraindre leur autorité, alors leur

chute eſt inévitable & mortelle. Et les
nations qui n'ont pas eu aſſez de prudence pour tenir dans un juſte équilibre la puiſſance de leurs Magiſtrats,
ont été ſouvent obligées d'avoir recours aux remédes les plus violens,
& de punir avec beaucoup de peine
& de danger des crimes qu'elles auroient pû prévenir. D'un autre côté
les peuples qui ſe ſont conduits avec
plus de ſageſſe dans l'établiſſement de
leurs Gouvernemens, ont toûjours eu
égard à la fragilité de la nature humaine, & à la corruption qui régne
dans le cœur de l'homme; c'eſt pourquoi ne voulant pas mettre leurs biens
& leurs vies à la diſcrétion de leurs
Magiſtrats, ils ſe ſont toûjours réſer-
vé autant de puiſſance qu'il leur en
falloit pour obliger ces Magiſtrats à
ne point paſſer les bornes que la Loi
leur preſcrivoit, & à accomplir ce
que l'on s'étoit propoſé en leur mettant l'autorité en main. Or comme la
Loi qui ordonne qu'on puniſſe ſévé-
rement les crimes, eſt douce & pi-
toyable même envers les méchans,
puiſqu'en les menaçant d'une punition
ſévére, elle les empêche d'en commettre; & qu'elle n'eſt pas moins avan-

tageufe aux bons, qui fans cela cour-
roient rifque de périr : auffi ces nations qui fe font réfervé affez d'autorité pour réprimer leurs Princes,
ont pourvû par le même acte à la
fûreté de ces Princes auffi-bien qu'à
la leur. Ceux qui fçavent que la Loi
eft bien défenduë, entreprennent rarement de la renverfer ; ils ne fe portent
pas facilement à commettre des excès
& à abufer de leur puiffance, lorfqu'ils
voyent qu'on leur a prefcrit des
bornes qu'ils ne peuvent outrepaffer
fans un péril évident ; & ainfi étant
obligés d'éxercer leur autorité avec
modération, le peuple ne fe trouve
point réduit à la fâcheufe néceffité de
fouffrir toute forte d'indignités & de
miféres de leurs Magiftrats, ou de les
prévenir, ou bien de s'en vanger en
les exterminant.

Quant au troifiéme point : fi on n'a
pas bien obfervé ces régles dès le
commencement, ou qu'elles foient de-
venuës inefficaces par le changement
des circonftances, par la corruption
des mœurs, par l'adreffe que les Princes ont eu de les enfraindre d'une
maniére qui n'a point fait d'éclat,
ou par leurs ufurpations manifeftes,

& que le peuple ait été exposé aux
malheurs qui font des suites infaillibles de la foibleſſe, des vices & de la
malice du Prince ou de ceux qui gouvernent, j'avoüe que ces remédes ſont
plus difficiles & plus dangereux; mais
cela ne doit pas empêcher qu'on ne
s'en ſerve même dans ces occaſions.
On ne peut rien craindre qui ſoit
pire que ce que l'on ſouffre déjà,
où que ce que ſouffriroient infailliblement en peu de temps ceux qui ont
le malheur d'être gouverné par de
ſemblables Magiſtrats. Ceux qui ſont
réduits dans l'Etat du monde le plus
miſérable & le plus infâme n'ont pas
lieu de rien apréhender qui ſoit pire.
Lorſqu'une fois les affaires ſont dans cette fâcheuſe ſituation, les entrepriſes les
plus hardies ſont les plus ſûres; & ſi ceux
* qui ſouffrent patiemment ſans remuer
ne peuvent éviter leur ruïne, & que tout
le pis qui puiſſe arriver aux plus re-
muans, ſoit de périr avec eux, je
ne vois pas qu'on ait ſujet de délibé-

---

* *Moriendum victis, moriendum deditis:
id ſolum intereſt an inter cruciatus & ludibria,
an pro virtute expiremus.* C. Tacit.

*Quod ſi nocentes innocenteſque idem exitus
maneat, acrioris viri eſt merito perire.* Ibid.

rer long-temps fur le parti qu'on doit prendre. Quelque grand que foit le danger, on peut toûjours efpérer de s'en garentir, tant qu'on eft en vie, qu'on a des mains, des armes, & affez de courage pour s'en fervir; mais il faut néceffairement qu'un peuple périffe, lorfque fans rien dire, il fe laiffe opprimer par l'injuftice, la cruauté ou la malice d'un mauvais Magiftrat, ou par ceux qui gouvernent les Princes foibles & vicieux. Il ne fert de rien de dire que fi l'on avoit recours à ces remédes, cela exciteroit peut-être des troubles & des guerres civiles; car quoique ces troubles & guerres foient des maux, cependant ce ne font pas les plus grands & les plus funeftes dont un Etat puiffe être affligé. Selon Machiavel, les guerres civiles font des maladies; mais la tyrannie eft la mort du Gouvernement. On doit d'abord fe fervir des voyes de la douceur, & c'eft tant-mieux fi elles fuffifent pour ce grand ouvrage; mais fi ces voyes de douceur font inefficaces, il faut trouver d'autres moyens. Il eft bon d'effaïer d'abord les fupplications, les confeils & les remontrances; mais il faut réprimer par force les Princes qui n'ont aucun

cun égard pour la justice, & qui ne veulent point écouter les conseils qu'on leur donne. Ce seroit être fou que d'agir autrement avec un homme qui ne veut point se laisser conduire à la raison, & avec un Magistrat qui méprise la Loi : ou plûtôt pourroit-on croire, sans folie, que celui-là est homme, qui renonce au principe essentiel de l'humanité ; & que celui-là est véritablement Magistrat, qui renverse les Loix qui seules l'ont fait Magistrat ? C'est-là la derniere ressource des peuples opprimés ; mais il faut nécessairement qu'ils en viennent là, lorsqu'ils n'ont point d'autre moyen de se délivrer des maux qui les accablent. Il n'y avoit que la mort de Néron qui fût capable d'arrêter le cours de sa rage ; tout autre reméde auroit été inefficace : celui qui auroit épargné un pareil monstre, lorsqu'il étoit en son pouvoir de le faire périr, se seroit rendu coupable de la ruine de tout l'Empire ; & par une clémence hors de saison, il seroit devenu le complice, ou plûtôt l'auteur de tous les crimes énormes que cet infâme Prince auroit commis dans la suite. Cette bonté indiscrete auroit été encore plus condamnable, si le monde avoit été alors dans une situation à pouvoir s'accommoder d'une entiere liberté : mais les choses étant disposées d'une maniere qu'il étoit impossible de rétablir une liberté universelle, tout ce qu'on pouvoit faire de meilleur, étoit d'opposer quelque digue qui pût, en quelque façon, résister à ce torrent d'iniquité qui avoit inondé la plus considérable partie de l'univers, & donner au genre-humain le temps de respirer sous un maître moins barbare. Cependant tous les plus honnêtes gens de l'Empire s'unirent ensemble pour travailler à cet ouvrage, quoiqu'ils fussent persuadés qu'il seroit toujours imparfait. L'Histoire sacrée nous fournit plusieurs éxemples de cette nature. Lorsqu'Achab eut renversé les Loix ; lorsqu'il eut aposté des faux témoins, & corrompu des Juges pour faire mourir l'innocent ; lorsqu'il eut massacré les Prophétes & établi l'idolatrie ; alors il fallut que *sa maison fût retranchée, & son sang léché par les chiens.* Lorsqu'une fois les affaires sont dans cette fâcheuse situation, il n'est pas difficile de se déterminer sur ce que l'on doit faire. Il s'agit seulement de sçavoir si le châtiment des crimes doit tomber sur un seul, ou sur un petit nombre de personnes qui en font coupables, ou bien fur toute la nation qui eft innocente. Si le pere ne doit pas mourir pour le fils, ni le fils pour le pere, mais fi chacun doit porter la peine de fon propre péché, ce feroit la chofe du monde la plus déraifonnable que de punir les peuples pour les fautes de leurs Princes. Lorfque les Etats d'Ecoffe envoyèrent le Comte de Morton en Ambaffade à la Reine Elizabeth, pour juftifier leur conduite à l'égard de leur Reine, qu'ils avoient obligée de renoncer à l'adminiftration du Gouvernement, il allégua, entr'autres chofes, le meurtre de fon mari, dont elle étoit manifeftement convaincuë : il foûtint que c'étoit un droit qui appartenoit aux Ecoffois, & une coûtume très-ancienne parmi eux, d'éxaminer * les actions de leurs Souverains ; que fuivant cette coûtume plufieurs de ces Souverains avoient été mis à mort, emprifonnés † ou éxilés : enfuite il confirma ce que

Buchan

P. 2

* *Animadvertendi in Reges.*
† *Morte, vinculis & exilio puniti.* Buchan.
Hift. Sect. Lib. 20. *Qui tot Reges regno exuerunt, exilio damnarunt, carceribus coercerunt, fupplicio denique affecerunt, nec unquam tamen de acerbitate Legis minuenda mentio eft*

les Etats de ce Royaume avoient fait,
par l'exemple des autres nations ; & enfin il conclut son discours en disant,
que si on avoit laissé la vie à cette Reine,
ce n'étoit pas en considération de son
innocence, ou qu'elle fût exempte des
peines ausquelles la Loi condamne les
coupables ; mais parce que le peuple,
content de la résignation qu'elle avoit
faite de la Couronne entre les mains de
son fils, avoit bien voulu user de clémence & de miséricorde envers elle.
Ce discours, que l'on trouve tout au
long dans l'Historien que je cite à la
marge, étant si fort & convaincant en
lui-même, qu'on n'y a jamais répondu
que par des invectives, & n'ayant été
en aucune façon desapprouvé, ni par la
Reine Elizabeth, ni par son Conseil à
qui il étoit adressé, cette Princesse ni ses
Ministres ne s'étant point servis, pour
le réfuter, de raisons fondées sur le
droit général en vertu duquel les Prin-

facta, &c. Ibid. *Facilè apparet regnum ni-*
hil aliud esse, quam mutuam inter Regem &
populum stipulationem. Non de illarum sanc-
tionum genere, quæ mutationibus temporum
sunt obnoxiæ, sed in primo generis humani
exortu, & mutuo prope omnium gentium con-
sensu comprobatæ, & una cum rerum natura
infragiles & sempiternæ perennent. Ibid.

ces prétendent être exempts des peines
portées par la Loi, ou du prétexte que
les Ecossois avoient fait un mauvais
usage de ces Loix, par rapport à leur
Reine en particulier ; je crois pouvoir
dire, avec justice, que lorsque les nations ont le malheur de tomber sous
la domination de Princes qui sont entierement incapables de faire un bon
usage de leur autorité, ou qui abusent
malicieusement de cette autorité qu'on
leur a confiée, ces nations sont obligées, par ce qu'elles se doivent à elles-
mêmes & à leur postérité, de faire tout
leur possible pour déraciner le mal,
nonobstant tous les dangers & toutes
les difficultés qu'elles peuvent rencontrer dans l'éxécution d'un projet si utile
& si glorieux. Pontius le Samnite dit,
avec autant de vérité que de bravoure,
à ses compatriotes, * *que c'étoit suivre*
les régles de la piété & de la justice, que
de prendre les armes lorsqu'il étoit néces-
faire ; & que cela étoit absolument nécessai-
re, lorsqu'on ne pouvoit espérer de se met-
tre en sûreté par aucun autre moyen. C'est
là la voix de tout le genre-humain ;

P 3

* *Justa piaque sunt arma, quibus necessa-*
ria ; & necessaria, quibus nulla sine armis
spes est salutis. Tite-Liv. lib. 8.

c'est un discours que personne ne dé-
sapprouve, excepté ces Princes qui, se
reconnoissant coupables de plusieurs crimes, appréhendent les châtimens qu'ils
ont si justement mérités ; ou leurs serviteurs ou flateurs, qui étant pour la
plûpart auteurs de ces crimes, craignent
d'être enveloppés dans leur ruine.

SECTION XLI.

*Le peuple pour qui & par qui le Magis-
trat est créé, peut seul juger si ce Magistrat remplit dignement les fonctions
de sa Charge.*

ON dit ordinairement que personne ne doit être Juge en sa propre
cause ; & notre Auteur insiste beaucoup
là-dessus, comme sur une maxime fon-
damentale, quoique suivant son in-
constance ordinaire, il la renverse entiérement, en établissant les Rois Juges
en leur propre cause : cependant si jamais on doit suivre cette maxime à la
rigueur, c'est en cette occasion, puisqu'il arrive souvent que peu de personnes sont moins capables que ces Sou-

verains de juger sainement des choses.
Leurs passions & leur intérêt personnel
n'ont que trop de pouvoir pour leur
troubler l'esprit, ou pour les pervertir.
Ils sont plus exposés que personne à être
détournés du chemin de la justice, par
les flateries de serviteurs corrompus.
Ils n'agissent jamais en Rois, que lorsqu'ils agissent au nom du public, &
que toutes leurs actions tendent au bien
de ceux pour qui & par qui ils ont été
élevés sur le Trône : que s'ils agissent
pour d'autres, il ne dépend pas d'eux
de faire ce qui leur plaît, sans être
obligés de rendre compte de leurs actions. Néanmoins je ne craindrai pas
de dire que proprement & naturellement chacun est en droit de juger de
ses propres affaires : aucun n'est ni ne
peut être privé de ce privilége, à moins
que ce ne soit de son consentement, &
pour le bien de la société dans laquelle
il est entré. Ce droit appartient donc
nécessairement à un chacun en toutes
sortes de cas, excepté lorsqu'il s'agit du
bien de la communauté en faveur de
qui il s'en est dépouillé. Si je me trouve attaqué de la faim, de la soif, de
lassitude, de chaleur, de froid ou de
maladie, ce seroit une folie de me dire

que je ne dois pas manger, boire, me
reposer, me mettre à l'ombre pour me
raffraichir, ou à l'abri des injures du
temps pour m'échauffer, ni prendre de
médecine, parce que je ne dois pas être
Juge en ma propre cause. On en peut
dire autant par rapport à ma maison
ou à mon bien; j'en puis faire ce qu'il
me plaît, pourvû que je ne fasse point
de préjudice aux autres : mais il ne
m'est pas permis de mettre le feu à ma
maison, si ce feu peut endommager
celle de mon voisin. Je ne puis pas bâtir des Forts sur mes terres, ou les mettre entre les mains d'un ennemi étranger, qui pourroit s'en servir pour rava-
ger ma Patrie. Je ne puis pas couper
les digues de la mer ou de la riviere,
de peur que cela n'inonde les champs
de mon voisin, parce qu'en ce cas la
société dont je suis un des membres en
recevroit du préjudice. Ma terre ne
m'appartient pas simplement & purement, mais à condition que je ne m'en
servirai pas pour faire du dommage au
public, sous la protection de qui je
joüis paisiblement de tout ce que je
posséde. Mais cette société me permet
de prendre des serviteurs, & de les congédier quand bon me semble : person-

ne n'eſt en droit de me preſcrire quel
nombre de domeſtiques je dois avoir,
ni de quelle qualité il faut qu'ils ſoient;
& nul ne peut me dire ſi j'en ſuis bien
ou mal ſervi : c'eſt à moi ſeul qu'il appartient d'en juger. Bien plus, l'Etat ne
prend aucune connoiſſance de ce qui ſe
paſſe entr'eux & moi, qu'entant qu'il
s'agit de m'obliger à obſerver l'accord
que j'ai fait avec eux, & à ne leur pas faire ce que la Loi me défend ; c'eſt-à-dire,
que la puiſſance à laquelle je me ſuis
ſoumis, éxerce ſur moi cette juriſdic-
tion qui a été établie de mon conſénte-
ment, & ſous la protection de laquelle
je joüis de tous les biens & de tous les
agrémens de la vie, qui me ſont plus
avantageux que ma liberté ne me l'auroit été, ſi je me l'étois réſervée toute
entiere. On doit auſſi juger de la nature de cette ſoumiſſion, & de l'étenduë qu'elle doit avoir, par les raiſons
qui m'ont porté à me ſoumettre ainſi.
La ſociété dans laquelle je vis ne peut
ſubſiſter ſans réglemens : l'égalité avec
laquelle tous les hommes ſont nés eſt ſi
parfaite, qu'aucun ne voudra conſén-
ſentir à la diminution de ſa liberté, à
moins que les autres n'en faſſent autant
de leur côté : je ne puis pas raiſonna-

P 3

blement prétendre qu'on me garantisse
du mal qu'on peut me faire, à moins
que je ne m'oblige à n'en faire à personne, ou que je ne me soumette à toutes
les peines prescrites par la Loi, si je ne
m'acquitte pas des engagemens dans
lesquels je suis entré. Mais sans faire
aucun préjudice à la société dans laquelle j'entre, je puis me réserver la liberté de faire tout ce qui me plaît, par
rapport à tout ce qui me regarde en
particulier, & en quoi il s'agit de ma
commodité.

Or, si un particulier n'est pas sujet
au jugement de qui que ce soit, sinon
à celui de la société à laquelle il s'est
soumis pour sa propre sûreté & commodité; & que nonobstant cette sou-
mission, il garde pourtant toujours le
droit de régler comme bon lui semble
toutes les affaires qui le regardent purement & simplement, & de faire tout
ce qu'il lui plaît, lorsqu'il ne s'agit que
de son intérêt personnel ou de ses commodités, il ne se peut pas que ce droit
n'appartienne nécessairement à des
nations entiéres. Lorsqu'il arrive un
différend entre Caïus & Seïus en matiere de droit, ni l'un ni l'autre n'en
peut décider; il faut qu'ils s'en rap-

portent à un Juge supérieur à l'un & à
l'autre ; non pas parce qu'il n'est pas à
propos qu'un homme soit Juge en sa
propre cause, mais parce qu'ils ont tous
deux un droit égal, & que l'un n'est
point sujet à l'autre. Mais si j'ai quelque différend avec mon valet, touchant
la maniere dont il me sert, c'est à moi
à le décider : il faut qu'il me serve à
ma mode, & même qu'il sorte de ma
maison si je le juge à propos, quelque bien qu'il me serve ; & en lui donnant son congé, je ne lui fais point de
tort, soit que j'aye dessein de me passer de valet, ou que je croye qu'un
autre fera mieux mon affaire. Je n'ai
donc pas besoin de Juge, à moins que
je ne sois en différend avec mon égal :
personne ne peut être mon Juge, à
moins que d'être mon supérieur ; &
celui-là ne peut être mon supérieur,
qui ne l'est pas de mon consentement,
& même ce ne peut être que dans les
choses qui m'ont porté à consentir à
cette supériorité. Ce ne peut être là le
cas d'une nation qui n'a point d'égal
en elle-même : elle peut avoir des différends avec d'autres nations, & on en
peut remettre la décision entre les mains
de Juges qu'on choisit d'un commun

confentement ; mais ce n'eft pas de
quoi il s'agit ici. Une nation, & fur-
tout une nation puiffante, ne peut pas
fe réfoudre de renoncer à fes droits
auffi facilement qu'un particulier, qui,
convaincu de fa foibleffe, connoît qu'il
n'eft pas en état de fe défendre lui-même, & pour cette raifon n'a pas de peine à fe réfoudre de fe mettre fous la
protection d'une puiffance plus grande
que la fienne. La force de la nation ne
réfide pas en la perfonne du Magiftrat,
mais la force du Magiftrat réfide dans
celle de la nation. La fageffe, l'induftrie & la valeur du Prince peut contribuer quelque chofe à l'accroiffement de
la gloire & de la grandeur de la nation,
mais elle a en elle-même le fondement
& la fubftance de cette grandeur. Si le
Magiftrat & le peuple étoient égaux à
tous égard, comme Caïus & Seïus, &
qu'ils fuffent également & réciproquement utiles l'un à l'autre, perfonne ne
pourroit être Juge de leurs différends,
excepté ceux qu'ils conviendroient de
prendre pour arbitres. C'eft ce que plufieurs nations ont pratiqué. Les anciens
Germains laiffoient à leurs Prêtres la
décifion des affaires les plus difficiles :
les Gaulois & les Bretons fe foumet-

toient au jugement des Druides : pendant quelques siécles, les Caliphes ont fait la même chose parmi les Mahométans ; & lorsque les Saxons eurent embrassé le Christianisme, ils laissérent au Clergé le jugemens des différends qui s'élevoient parmi eux. Lorsque toute l'Europe étoit plongée dans les superstitions du Papisme, le Pape s'attribuoit souvent la décision de ces sortes d'affaires : souvent on se soumettoit à son jugement, & la plûpart des Princes qui osoient lui résister, étoient excommuniés, déposés, & quelquefois cruellement mis à mort. Tout cela se faisoit pour les mêmes raisons. Ces Prêtres, ces Druides, ces Caliphes, ces Ecclésiastiques & le Pape passoient pour des Saints : on les regardoit comme des personnes inspirées, & ordinairement on recevoit leur sentence avec respect, comme si c'eût été un jugement émané de Dieu même, parce qu'on croyoit qu'il leur servoit de guide & de conseiller dans tout ce qu'ils faisoient ; & on avoit en horreur tous ceux qui refusoient de se soumettre à la sentence qu'ils avoient prononcée. Mais je ne crois pas qu'aucun homme, ou aucun nombre d'hommes, en établissant un

Magiſtrat, lui ayent jamais dit : S'il
arrive quelque différend entre vous, ou
vos ſucceſſeurs & nous, ce ſera vous
ou vos ſucceſſeurs qui le décideront,
ſoit que ces ſucceſſeurs ſoient hommes
ou femmes, ſoit qu'ils ſoient encore
enfans, fous ou vicieux. Bien plus, je
ne crains point de dire que ſi on avoit
jamais fait un pareil accord avec un
Magiſtrat, la lâcheté, l'infamie & la
folie de cet accord ſuffiroit pour le rendre nul. Mais ſi on n'a jamais entendu
parler d'un ſemblable traité, ou que,
ſuppoſé qu'il y en eût jamais eu, il
n'auroit cependant eu aucun effet, il
faut avoüer que c'eſt la choſe du monde la plus abſurde, que de vouloir faire
accroire à tous les peuples du monde
qu'ils ont fait cet accord, & qu'ils
doivent l'obſerver. On ne peut donc
pas dépoüiller un peuple de ces droits
naturels ſur des prétentions chiméri-
ques, qui n'ont jamais eu de fondement, qui n'en ont point, & qui n'en
peuvent jamais avoir, à moins qu'on
ne les établiſſe ſur quelque choſe de
plus réel que ce traité imaginaire des
peuples avec leurs Magiſtrats. Ceux
qui établiſſent des Magiſtratures, &
qui leur donnent tel nom, telle forme,

& tel pouvoir qu'il leur plaît, sont seuls capables de juger si l'on en recueille le fruit que l'on s'étoit promis en l'établissant. Il n'appartient qu'à ceux qui donnent l'être à une puissance qui ne subsistoit point auparavant, de juger si on l'employe pour les rendre heureux ou malheureux. Ils n'élévent pas aux honneurs & aux dignités un homme ou un petit nombre d'hommes, afin qu'eux & leur postérité puissent vivre dans l'éclat & la grandeur, mais afin que la justice soit dûëment administrée, la pratique de la vertu affermie de plus en plus, & que rien ne soit capable de troubler le repos public. Tout homme raisonnable ne croira pas qu'on puisse venir à bout de toutes ces choses, qui sont si nécessaires à la société, si ceux qui renversent eux-mêmes les Loix ont le privilége d'être Juges en leur propre cause, & qu'ils ne soient obligés de se soumettre au jugement de personne. Si Caligula, Néron, Vitellius, Domitien ou Héliogabale n'avoient point été sujets au jugement de personne, ils auroient achevé de ruiner tout l'Empire. Si on avoit laissé à Durstus, à Evenus III. à Dardannus, & à quelques autres Rois d'Ecosse, le jugement

des différends qu'ils eurent avec la Noblesse & le peuple, ils auroient sans
doute évité les châtimens qu'ils souf-
frirent, & auroient ruiné la nation,
comme c'étoit bien leur dessein. On
suivit une autre méthode : la fureur de
ces Princes fut cause de leur perte ; on
en mit de meilleurs à leur place ; &
leurs successeurs profitant de leurs éxemples, pouvoient éviter l'écueil où ils
avoient fait naufrage. Si on avoit permis à Edoüard II. Roi d'Angleterre ;
à Gaveston, & aux Spencers ses favoris ;
à Richard II. & à Trésilian & Vére ;
d'être Juges en leur propre cause, eux
qui avoient déja massacré les plus illustres d'entre les Nobles, n'auroient
pas manqué de persister & de réüssir
dans le pernicieux dessein qu'ils avoient
d'exterminer le reste de la Noblesse,
d'asservir la nation, de changer la forme du Gouvernement, & d'établir la
tyrannie à la place de la Monarchie
mixte. Mais nos ancêtres prirent de
meilleures mesures : comme ils avoient
éprouvé, à leurs dépens, à combien de
malheurs les vices & la folie des Princes
exposent les peuples, ils sçavoient mieux
que personne quels remédes il falloit y
apporter, & quel étoit le temps le plus

convenable pour les mettre en ufage : ils
fçavoient que, lorfque le Gouvernement
étoit tout-à-fait corrompu , cette corruption produifoit de fi funeftes effets ,
qu'il falloit néceffairement que la nation pérît , à moins qu'on ne réformât
les abus exceffifs , qu'on ne ramenât le
Gouvernement à fon premier principe ,
ou que l'on n'en changeât la forme.
Telle étant la fituation où ils fe trouvoient , il leur étoit auffi aifé de juger
fi on devoit faire rentrer dans le devoir
le Gouverneur qui avoit introduit cette corruption , fi on devoit le dépofer ,
en cas qu'il ne voulût pas fe ranger à
la raifon , ou fouffrir qu'il les ruinât
eux & leur pofterité , qu'il m'eft aifé de
juger fi je dois congédier mon valet ,
lorfque je fçai qu'il a envie de m'em-
poifonner ou de me maffacrer , & qu'il
ne lui fera pas difficile de venir à bout
de fon deffein , ou le retenir à mon fervice jufqu'à ce qu'il ait éxécuté fon pernicieux projet. Cela eft d'autant plus
certain par rapport à toute une nation,
qu'il y a beaucoup plus de difpropor-
tion entre tout un peuple & un homme,
ou un petit nombre d'hommes , à qui
ce peuple a confié l'adminiftration du
Gouvernement , qu'il n'y en a entre un

particulier & son valet. Le consentement de tout le genre-humain confirme
si bien cette vérité, que nous ne connoissons point de Gouvernement dont
on n'ait souvent changé la forme, ou
qu'on n'ait ramené à la pureté de sa premiere institution, en rejettant les familles ou les personnes qui ont abusé
de l'autorité qu'on leur a confiée. Les
peuples qui n'ont pas eu assez de sagesse & de vertu pour faire ceci, lorsqu'il étoit nécessaire, ont été bien-tôt
détruits, témoins les Gohts en Espagne,
qui ayant négligé de réprimer la fureur
Mariana. de Witza & de Rodrigo, lorsqu'il en
étoit encore temps, devinrent la proye
des Maures. Leur Royaume ayant été
ainsi détruit, n'a jamais pû se rétablir;
& le reste de cette nation se joignant
avec les Espagnols qui lui avoient été
assujettis pendant trois ou quatre cent
ans, a été huit siécles entiers avant que
de pouvoir chasser entiérement ces ennemis, qu'elle auroit pû empêcher d'envahir son pays, en déposant seulement
deux Rois vicieux & lâches. Les nations parmi lesquelles la corruption
étoit si fort enracinée, que lorsqu'elles
ont voulu remédier aux maux que leur
faisoient souffrir de méchans Magistrats,

elles n'ont pû trouver de remédes pro-
portionnés au mal, & se sont contentées
de décharger leur colere sur ceux qui
étoient les instrumens de leur oppres-
sion, ou d'éloigner leur ruine de quelque temps. Mais la racine du mal res-
tant toujours, elle produisit bien-tôt
le même fruit, ces peuples furent entierement détruits, ou ils ne firent que
languir dans une misere perpétuelle.
L'Empire Romain nous fournit un très-
illustre exemple de ce que je viens de
dire en premier lieu. Les Romains firent mourir plusieurs de ces monstres,
qui les avoient si cruellement tyranni-
sés; mais tout l'avantage qu'on reti-
roit de leur mort, c'est qu'elle donnoit
quelque relâche; & le Gouvernement
qui auroit dû être établi par de bonnes
Loix, n'étant soutenu que par les vertus personnelles d'un homme, la vie
de cet homme ne pouvoit être regardée
que comme un bon intervalle; & après
sa mort, ces pauvres peuples retom-
boient dans le même abîme de malheurs, d'infamie & de misere; & ils
continuérent dans ce triste état jusqu'à
l'entiere destruction de l'Empire.

Tous les Royaumes des Arabes, des
Médes, des Perses, des Maures, aussi-

bien que plusieurs autres Monarchies de l'Orient, sont de la seconde espèce. Le sens commun apprend à ces peuples qu'un orgueil barbare, une cruauté & une fureur excessive sont insuportables; mais ils ne sçavent point d'autre remé-de, si ce n'est de tuer le Tyran, & d'en faire autant à son successeur, s'il se rendoit coupable des mêmes crimes : n'ayant pas assez de sagesse & de valeur pour établir un Gouvernement; ils lan-guissent dans un esclavage perpétuel; & le plus grand bonheur qu'ils se pro-posent, c'est de pouvoir vivre sous la domination d'un maître, qui les traite avec douceur; ce qui proprement n'est pas vivre, puisque leur vie dépend du caprice de ce maître; & je puis dire avec vérité que tous ceux qui ont du courage, estiment fort peu cette espèce de vie empruntée. Mais les nations qui sont plus généreuses, qui font plus de cas de la liberté, & qui connoissent mieux les moyens dont il faut se ser-vir pour se conserver un bien si pré-cieux, croyent que c'est fort peu de chose que de détruire le Tyran, à moins qu'on ne détruise aussi la tyrannie. El-les font tous leurs efforts pour faire que l'ouvrage soit parfait, soit en chan-

geant entiérement la forme du Gouvernement, ou en le ramenant à son premier principe, après avoir réformé les
abus qui s'y étoient glissés, & en établissant de si bonnes Loix, qu'elles puis-
sen en affermir l'intégrité lorsqu'on l'a
réformé. On a si souvent suivi cette
maxime chez toutes les nations, tant
anciennes que modernes, des actions
desquelles nous sommes informés, comme cela paroît par les exemples précédens, & par plusieurs autres qu'on
pourroit alléguer, si cette vérité n'étoit
pas claire d'elle-même, qu'il n'y a aucune de ces nations dont l'Histoire ne
puisse nous en fournir plusieurs preuves;
& qu'il n'y a point aujourd'hui de Magistrature qui ne soit redevable de son
institution à un jugement de cette nature. De sorte qu'il faut nécessairement
que tous les Rois, Princes ou Magistrats
avoüent que leur droit est fondé sur ces
actes du peuple, ou qu'ils demeurent
d'accord qu'ils n'en ont aucun; & cela
étant, il faudra qu'ils laissent les peuples dans la joüissance de la liberté originaire qu'ils ont d'établir telles Magistratures qu'il leur plaît, sans être obligés
de choisir pour Magistrat une certaine
personne ou famille, plûtôt qu'une autre.

SECTION XLII.

La personne qui porte la Couronne ne peut pas décider les affaires dont la Loi renvoye le jugement au Roi.

IL semble que le formulaire des ordres par lesquels on enjoint aux personnes de comparoître devant le Roi, ait fait tomber Filmer, aussi-bien que le reste du commun peuple, dans des erreurs si grossiéres. Le stile ordinaire dont l'on se sert en faisant le procès aux coupables ; le nom de témoins du Roi qu'on donne à ceux qui les accusent ; le rapport que les Jurés font *coram domino Rege*, & la poursuite que l'on fait au nom du Roi, ont apparemment donné occasion à ces erreurs. Ceux qui n'entendent pas le véritable sens de ces phrases, font de la Loi un amas des absurdités les plus grossiéres, & du Roi l'ennemi d'un chacun de ses sujets, au lieu qu'il doit leur servir de pere à tous ; puisque sans aucune considération particuliére, ni aucun éxamen de ce que le témoin dépose dans la Cour de justice, tendant à la mort, à la confiscation des biens de quelqu'un, ou à quelque autre punition, il est appellé témoin du Roi, soit qu'il dise la vérité ou non; & est pour ce sujet favorisé de la Cour. Il n'est pas besoin de rapporter plusieurs exemples pour prouver une chose qui est si claire d'elle-même; mais je crois qu'il sera bon de me servir ici de deux ou trois des plus importantes raisons pour confirmer ce que j'avance.

1. Si l'intention de la Loi avoit été que celui ou celle qui porte la Couronne, jugeât toutes les causes en personne, & décidât des matiéres les plus difficiles, il faudroit qu'elle eût supposé, comme le fait notre Auteur, que tous les Souverains seront toûjours ornés d'une sagesse si profonde, qu'ils comprendront sans peine les choses les plus difficiles; il faudroit encore qu'elle eût supposé, comme lui, que ces Souverains auront tant d'intégrité, qu'ils agiront toûjours conformément à la pureté de leurs lumiéres. C'est-là poser les fondemens du Gouvernement sur une chose purement accidentelle & casuelle, qui n'a jamais été, ou qui manque bien souvent, comme l'expérience & l'his-

toire de toutes les nations n'en fournissent que trop de preuves convaincantes ; ou bien c'est renvoyer la décision de toutes les affaires à des personnes, qui par la foiblesse & les in-
firmités de l'âge, du sexe, ou par
quelque autre défaut personnel, sont
souvent incapables de juger des choses les moins importantes, ou qui sont
sujettes à des passions & à des vices
qui ne manquent presque jamais de
les détourner du chemin de la justice, quoiqu'ils la connoissent bien.

2. Il faut aussi que la Loi suppose que le Prince est toûjours présent
dans tous les lieux où l'on rend la
justice en son nom. Dans les procédures civiles & criminelles, le Roi est
toûjours dit en France *être assis sur son*
Lit de Justice, dans tous les Parlemens & Cours Souveraines du Royaume. Or, si par cette phrase on devoit entendre qu'il y est présent cor-
porellement & en personne, il faudroit qu'il fût en même temps dans
tous ces différens lieux qui sont si
éloignés les uns des autres ; pensée
qui seroit aussi absurde que le dogme
de la *Transubstantiation* parmi les Papistes. Mais bien loin de se trouver

dans

dans tous ces différentes Cours de Justice en même temps, il ne peut seulement pas assister en personne à aucun jugement, & on ne peut juger personne si le Roi est présent. C'est ce que dit le Président de Bellièvre à Louis XIII. qui vouloit assister au jugement du Duc de Candale; ce Magistrat osa bien lui dire, que comme sa Majesté ne pouvoit juger personne elle-même, aussi ne pouvoient-ils juger tant qu'elle seroit présente: sur quoi ce Prince se retira.

3. Les Loix de la plûpart des Royaumes donnant aux Rois la confiscation des biens des coupables, s'il leur étoit permis de juger en ces occasions, ils seroient juges & parties; ce qui outre les défauts personnels, dont j'ai déja parlé, auxquels les Rois sont aussi sujets que les autres hommes, ne seroit que trop suffisant pour les porter à commettre toutes sortes d'injustices, dans la vûë d'en retirer quelque avantage pour eux-mêmes.

Or puisque ce n'est pas-là l'intention de la Loi ni des Législateurs, c'est à nous d'éxaminer quel a été le but qu'ils se sont proposé; & la chose est si claire d'elle-même, que nous ne pou-

vons nous y méprendre, à moins que
nous ne soyons d'humeur à vouloir
nous aveugler nous-mêmes. Il faut
bien se servir de quelque nom dans
tous les actes & dans toutes les affaires du public, il n'y a rien de plus
convenable que de se servir de celui
du premier Magistrat. C'est ainsi qu'on
traite alliance non-seulement avec les
Empereurs & les Rois, mais aussi avec
les Doges de Venise & de Génes, avec
l'Avoüé & le Sénat de quelque Canton
de Suisse, avec le Bourguemaître d'une
Ville Impériale d'Allemagne & enfin
avec les Etats Généraux des Provinces-Unies. Je ne crois pas qu'il y ait
personne au monde qui s'imagine que
ces Alliances fussent valables, si elles
obligeoient seulement les personnes du
nom desquelles on s'est servi. Cela
étant, il est évident que ces personnes
ne traitent pas uniquement pour elles-
mêmes; & que leurs traités ne seroient
d'aucune valeur s'ils étoient purement
personnels. Et la preuve la plus convaincante que ces traités ne sont pas
purement personnels, c'est que nous
sçavons que ces Doges, ces Avoüés
& ces Bourguemaîtres ne peuvent rien
faire d'eux-mêmes. Le pouvoir des

Etats Généraux des Provinces-Unies est limité de la manière que nous le voyons dans l'acte d'union fait à Utrecht. L'Empire d'Allemagne ne peut être obligé à l'observation des traités que l'Empereur fait, à moins qu'il ne les ait fait du consentement des différens membres de cet Empire. Lorsqu'un Roi fait alliance avec un autre Roi, on stipule ordinairement que le traité sera confirmé & ratifié par les Parlemens, par les Diétes ou Etats Généraux, parce que, dit Grotius, un Prince ne traite pas pour lui seul, mais pour le peuple qu'il gouverne, & un Roi dépouillé de son Royaume perd le droit d'envoyer des Ambassadeurs. Les Puissances de l'Europe firent bien connoître qu'elles étoient de ce sentiment dans l'affaire de Portugal. Lorsque Philippe II. Roi d'Espagne se fut mis en possession de ce premier Royaume, elles traitérent avec lui des affaires qui concernoient cet Etat : il y en eut peu qui eussent aucun égard pour Don Antonio ; & personne ne fit attention aux droits des Ducs de Savoye & de Bragance, qui étoient peut-être les mieux fondés : mais aussi-tôt que Philippe IV. petit fils de Philippe II.

Grotius, *de Jure Bel.* l. 3. 1

Q 2

Jeut perdu ce Royaume, & que les
peuples eurent élevé le Duc de Bragance sur le Trône, toutes ces Puissances reconnurent ce Prince pour Roi
& traiterent avec lui en cette qualité.
Et la Cour d'Angleterre, quoi qu'en
bonne intelligence avec celle de Madrid dont la faction avoit alors beaucoup de crédit parmi nous, donna le
branle aux autres Puissances de l'Europe, & les porta par son exemple,
à traiter avec ce Prince & non pas avec
le Roi d'Espagne, des affaires qui
concernoient cet Etat. J'ai même appris
des personnes qui étoient fort bien ins-
truites de tout ce qui se passa alors,
que le Lord Cottington conseillant
au Roi de ne point recevoir en qualité d'Ambassadeurs ceux qui lui seroient envoyés par le Duc de Bragance, qui s'étoit révolté contre le Roi
d'Espagne son Allié; Sa Majesté lui
répondit qu'on devoit reconnoître pour
Roi de Portugal celui que la Nation
avoit élevé sur le Trône. Et je suis
bien trompé si Sa Majesté n'a pas trouvé tous les Princes & Etats du monde
imbus des mêmes sentimens, lorsqu'é-
tans hors de son Royaume, tous ses
traités ne pouvoient obliger qu'elle

même & un petit nombre de personnes qui l'avoient suivi dans sa mauvaise
fortune.

C'est pour cette même raison qu'on
se sert du nom des Rois dans les traités
qu'on fait, quoique ces Souverains
soient encore enfans, ou incapables par
quelque autre défaut de juger s'il est
avantageux de faire ces traités ou non;
& néanmoins ils sont obligés de les
observer, eux, leurs successeurs & leur
peuple, comme s'ils avoient été dans
un âge mûr, ou capables de gouverner lorsqu'on les a faits. On ne doit
donc pas être surpris si on se sert du
nom du Roi dans les affaires domestiques, dont il n'a, ni ne doit prendre aucune connoissance. En ces cas
il est toûjours mineur; il faut qu'il
souffre que la loi ait son cours: & les
Juges quoique nommés par lui, sont
obligés par serment de n'avoir aucun
égard aux ordre qu'ils pourroit leur
envoyer, ou leur donner de bouche.
Si l'on poursuit un homme en justice
il faut qu'il comparoisse; & on doit
juger le coupable *coram rege*, en présence du Roi, mais on ne peut le juger
que conformément aux loix du Royaume, *secundum legem terra*, & non pas

Q 2

selon la volonté ou le sentiment du Roi. Et il faut que la sentence soit mise en exécution, soit qu'il le veuille ou non ; car on suppose toûjours qu'il ne peut parler autrement que la loi ne parle, & que sa présence s'étend aussi loin que cette loi le requiert. Ce fut pour cela même qu'un Seigneur d'une qualité distinguée qu'on avoit retenu en prison contre les formes de la justice en 1681. ayant été, en vertu de l'Acte *Habeas Corpus*, amené à la Barre au Banc du Roi, où il demanda d'être élargi sous caution ; répondit à un juge ignorant qui lui disoit qu'il falloit qu'il s'adressât au Roi, que c'étoit dans ce dessein qu'il comparoissoit devant la Cour ; » que le Roi » pouvoit manger, boire & coucher » où bon lui sembloit, mais que lors- » qu'il rendoit justice, il étoit toûjours » dans l'assemblée des Juges. Effecti- vement le Roi qui rend la justice est toûjours-là ; il ne dort jamais s'il n'est sujet à aucune infirmité ; il ne meurt jamais à moins que la nation ne soit entiérement éteinte, ou si dispersée qu'il n'y ait plus de Gouvernement. Une nation qui a en elle même la Puissance Souveraine n'est jamais sans

un Roi tel que celui dont je viens de
faire le portrait. Ce Roi régnoit à
Athènes & à Rome aussi-bien que
dans Babilone & dans Suse : & on
peut dire avec vérité qu'il gouverne à
Venise, en Suisse, ou en Hollande, aussi
bien qu'en France, à Maroc, ou en
Turquie. C'est celui-là à qui nous devons tous une obéissance pure, simple
& sans condition. C'est-là le Souverain
qui ne fait jamais d'injustice : c'est devant lui que nous comparoissons, lorsque nous demandons justice, ou que
l'on nous oblige à rendre compte de
nos actions. Tous les Jurés font leur
rapport en sa présence : c'est aux ordres
de ce Roi que les Juges s'obligent
par serment d'obéir, lorsqu'on leur
fait promettre de n'avoir aucun égard
à ceux de la personne qui porte la
Couronne. C'étoit pour crime de léze-
Majesté commis contre ce Souverain
que Trésilian & plusieurs autres juges
aussi corrompus que lui, ont été pen-
dus, en différens siécles. Ils flatérent
la passion des Puissances visibles, mais
le Roi invisible les punit du mépris
qu'ils avoient eu pour lui. Il exerça
sa justice sur Empson & Dudeley. Ça
été un attentat terrible contre l'auto-

rité de ce Monarque invisible, lorsque
l'on a souffert que les scélérats qui
avoient prononcé cette maudite Sentence au sujet de l'impôt pour la conf-
truction des navires, évitaffent un pareil châtiment par le moyen des troubles qui suivirent bien-tôt après, &
dont ces malheureux furent les principaux instrumens. Je laisse à ceux qui
y sont intéressés, à examiner combien
il y en a aujourd'hui parmi nous, qui
doivent appréhender la vengeance de
ce Roi pour de semblables crimes.

Je n'en dirois pas davantage sur
cet article si ce n'est que de ce que
le Roi peut faire grace à un criminel, ou suspendre le jugement d'une
affaire, on prétend en conclure que
toutes les procédures de la loi dépendent de sa volonté. Mais quiconque
voudroit tirer de cela une conclusion
générale, devroit, ce me semble, prouver auparavant que sa proposition est
universelle & vraye à tous égards. Si
elle est entierement fausse, on n'en
peut rien conclure qui soit véritable;
& si elle n'est véritable qu'en de certains cas, c'est une chose ridicule d'en
tirer une conclusion générale; & il est
impossible de bâtir un vaste Edifice

sur des fondemens étrois. Le Roi ne peut arrêter le cours d'un procès que j'intente en mon propre & privé nom, ni casser la sentence que j'ai obtenuë ou en empêcher l'exécution : il ne peut remettre à mon créancier dix Shillings qu'il me doit, ni empêcher l'exécution d'une sentence qui condamne à une amende de pareille somme pour une querelle où il y a eu des coups donnés, pour quelqu'autre action criminelle, pour quelque désordre public ou chose semblable. Il ne peut faire grace à un homme condamné sur un appel, ni empêcher la personne qui se croit lézée d'en appeller. Son pouvoir n'est donc pas universel : S'il n'est pas universel ce ne peut pas être un pouvoir qui soit nécessairement attaché à sa personne, mais il lui a été conféré ou confié par une puissance supérieure qui l'a limité comme elle l'a jugé à propos.

Le Shilling est une piéce d'argent qui vaut douze sous d'Angleterre.

Ces limites sont prescrites par la loi, la loi est donc au-dessus de lui. La loi doit être la régle de ses actions, & sa volonté ne doit pas servir de régle à la loi. De plus nous ne pouvons connoître l'étenduë de ces limites qu'en connoissant l'intention de la loi qui

Q₄

les a preſcrites ; ces limites ſont ſi vi-
ſibles qu'on ne peut s'empêcher de les
voir à moins qu'on ne veuille bien
s'aveugler ſoi-même. Il n'eſt pas poſſible de s'imaginer que la loi qui ne
donne pas au Roi le pouvoir de pardonner à un homme qui rompt ma
haye, ait pû avoir l'intention de lui
donner le pouvoir de faire grace à celui
qui tuë mon pere, qui force ma maiſon, qui me vole mon bien, qui mal-
traite mes enfans & mes domeſtiques,
qui me bleſſe, & qui me fait courre
fortune de la vie. Quel que ſoit ſon
pouvoir dans ces occaſions, il n'eſt
fondé que ſur une ſuppoſition, que
celui qui a juré de rendre juſtice ſans
aucun retardement, ne violera pas ſon
ſerment en arrêtant le cours des procédures. De plus, comme il ne fait
rien qu'il ne puiſſe fort bien faire,
cum magnatum & ſapientum Concilio ;
c'eſt qu'on ſuppoſe, qu'ils ne lui con-
ſeilleront jamais de faire que ce qui
eſt juſte, & que ce qu'il doit effectivement faire pour arriver au but que
la loi s'eſt propoſé, ſçavoir l'adminiſtration de la juſtice & le maintien
de la ſûreté publique ; néantmoins de
peur que cela ne fût pas encore ſuffi-

faut pour tenir toutes choses dans l'ordre, ou que le Roi ne vînt à oublier son serment, & à apporter des délais dans l'exécution de la justice, les Législateurs ont condamné aux châtimens les plus sévères, ses Conseillers, s'ils lui conseillent de violer son serment, & d'agir contre les ordonnances de la loi qui en fait le fondement. De sorte que tout l'avantage que le Roi peut prétendre en ce cas, n'est pas plus considérable que celui de ce Normand qui dit qu'il avoit gagné sa cause, parce qu'elle dépendoit d'un article qui devoit être décidé par son serment; c'est-à-dire, que s'il veut abuser de l'autorité qu'on lui a confiée & se parjurer, il peut quelque fois garantir un scélérat des châtimens qu'il a mérité, mais il ne le peut faire sans se rendre lui-même criminel. Je dis quelquefois; car on peut en appeller en de certains cas, & le batelier qui avoit obtenu sa grace du Roi en 1680, pour un meurtre qu'il avoit commis, fut condamné aux assises & exécuté, par appel de la grace qu'il avoit obtenue de Sa Majesté. Bien plus, lorsqu'il s'agit de crime de haute trahison, que quelques-uns croyent regarder

On accuse les Normands de n'être pas fort scrupuleux en fait de faux sermens.

principalement la perſonne du Roi,
il ne peut pas toûjours faire grace au
coupable. Gaveſton, les deux Spencers, Treſilien, Empſon, Dudeley &
pluſieurs autres ont été éxécutés pour
des choſes qu'ils avoient faites par
ordre du Roi ; & on ne doute point
qu'ils ne ſe fuſſent ſouſtraits au châtiment que leurs crimes méritoient, s'il
eût dépendu du Roi de les ſauver. J'en
pourrois dire autant des Comtes de
Strafford & Danby, car quoique le Roi
eût ſigné l'Ordre pour l'éxécution du
premier, perſonne ne doute qu'il ne
lui eût ſauvé la vie, ſi cela avoit été
en ſon pouvoir. L'autre eſt toûjours
priſonnier, nonobſtant la grace qu'il a
obtenuë de Sa Majeſté ; & il ſe pourroit bien faire qu'il reſtera là où il
eſt, ou qu'il en ſortira d'une maniere
qui ne lui ſera pas fort agréable, à
moins qu'on ne le trouve innocent, ou
qu'il n'arrive quelque choſe en ſa faveur qui lui ſoit plus avantageux que
l'approbation que Sa Majeſté a bien
voulu donner à tout ce qu'il a fait.
Si donc le Roi ne peut pas interpo-
ſer ſon autorité pour ſuſpendre le jugement d'une affaire entre deux particuliers, ni remettre à mon débiteur

le payement d'une somme qu'il me doit, & que l'on a jugé m'être dûë, ni les dépens qu'on m'a adjugés ; tout ce qu'il peut dans des affaires de cette nature, c'est de tempérer la loi, & d'adoucir en quelque façon la sentence ; & encore ne le peut-il faire que de la maniere prescrite par les Statuts. Mais dans ces cas même où il agit par un pouvoir qu'on a bien voulu lui donner, il doit agir conformément aux fins pour lesquelles on lui a confié ce pouvoir, comme le porte la même loi, *cum magnatum & sapientum Consilio*, & non pas selon sa volonté, ou selon ce qui lui est le plus avantageux à lui-même. Si son serment l'oblige à tenir cette conduite ; si l'on peut punir ses Ministres lorsqu'ils lui conseillent d'agir autrement ; si dans les affaires dont on a appellé il n'a aucun pouvoir ; & si l'on a vû des criminels éxécutés à mort par appel de la grace qu'ils avoient obtenuë de lui, lorsque par une violation manifeste de son serment il a abusé du pouvoir qu'on lui avoit confié, en protégeant les crimes, & en faisant grace à des criminels ausquels on ne pouvoit pardonner sans préjudice du public, je puis conclure avec beaucoup de raison que le Roi devant qui un chacun est obligé de comparoître, qui administre continuellement & impartialement la justice au peuple, n'est point cet homme ou cette femme qui porte la Couronne, & que cet homme ou cette femme ne peut décider des affaires dont la loi renvoye la décision au Roi. Soit donc que ces affaires soient des cas ordinaires ou extraordinaires, on en laisse & on en doit effectivement laisser le jugement à ceux qui ont le plus de sagesse & de fermeté, & qui moins sujets à leurs passions, & moins attachés à leurs intérêts particuliers, sont plus en état de suivre le chemin de la justice. C'est-là le seul moyen de prévenir la confusion & les malheurs dont notre Auteur nous menace. En Angleterre, les Juges & les Jurés décident des cas ordinaires : à l'égard des affaires extraordinaires, le jugement en appartient au Parlement, qui représentant tout le corps de la nation, & étant composé des plus sages personnes de toutes les Provinces & Villes, est moins sujet à l'erreur, plus exempt de passion, & plus difficile à corrompre, parce que le bien public, aussi-bien que l'intérêt particulier des membres de cette auguste Assemblée, dépend de la droiture des Loix qu'elle établit. Ces membres ne peuvent rien faire de mal, qui ne foit préjudiciable à eux & à leur poſtérité : cet expédient étant le meilleur que l'eſprit humain ait pû découvrir, nos loix font dépendre de cet auguſte Corps nos vies, nos biens & nos libertés.

SECTION XLIII.

Les proclamations publiées par l'ordre d'un Roi d'Angleterre ne ſont point des Loix, & n'en ont point la force.

FILMER, ſuivant ſa méthode & ſon intégrité ordinaire, éxagere beaucoup l'autorité des proclamations publiées par ordre du Roi, diſant que ce font de véritables explications de ſes volontés, qui, ſelon cet Auteur, font les ſeules loix de la nation Angloiſe. Mais ni la lei, ni la raiſon, ne nous enſeignant point directement, ni indirectement, qu'on doive mettre un ſemblable pouvoir en des mains ſuſpectes ou peu ſûres, nous pouvons dire hardiment que ces proclamations ne font point des loix, & qu'elles n'en

ont point la force : elles ne font pas
même l'explication de fes volontés,
puifqu'en qualité de Roi il ne peut vouloir que ce que veut la loi : s'il ne s'y
conforme point, il n'eft point Roi par
cela même, & nous ne devons tenir aucun compte de fes ordres. Les proclamations ne font, tout au plus, que des
ordres à temps, donnés de l'avis du
Confeil pour l'éxécution de la loi : fi
elles n'ont pas cette condition, le fujet
n'eft point tenu de lui obéïr, & les
Confeillers peuvent en être recherchés
& punis. Ces loix font ou des Coûtumes obfervées de temps immémorial,
& approuvées par le confentement général de toute la nation, ou des Statuts
qui reçoivent leur autorité & leur vertu
du Parlement, comme cela eft fouvent
exprimé dans leur préface. Après Dieu,
ce font ces loix qui défendent nos vies,
nos libertés & nos biens : elles ne tirent
pas leur origine de l'humeur chance-
lante & corrompuë d'un homme, qui
fouvent ne fçait lui-même ce qu'il fait ;
mais elles n'ont été faites qu'après une
mûre délibération de perfonnes choï-
fies entre les plus éclairées de toute la
nation. Nos ancêtres n'ont jamais eu
d'autre appui que ces loix ; il les ont

confidérées comme la bafe & le fondement de tout ce qu'ils poffédoient de
plus précieux au monde, & il faut efpérer que Dieu ne nous abandonnera
pas à nous-mêmes, & que nous ne fe-
rons pas dépourvus de raifon & de
courage, jufqu'au point de nous laiffer dépoüiller d'un héritage qu'ils ont fi
fouvent défendu avec tant de bravoure
& de conftance. Quoique nous ne fçachions que trop, par expérience, que
les Parlemens peuvent avoir leurs défauts, & que les vices dont on répand
les femences avec adreffe dans ces Affemblées, n'ont que trop d'influence
fur les affaires publiques, cependant ce
font nos plus fûrs protecteurs, & nous
pouvons avec beaucoup plus de juftice
faire fonds fur eux, que fur les perfonnes qui répandent dans ces Affemblées
les femences de la corruption, qui
feule peut nous rendre ces Parlemens
fufpects. Nous efpérons qu'ils auront
foin de nos intérêts, puifqu'ils ne font
pas moins que les autres fujets à la fin
de chaque féance, & qu'ils ne peuvent
rien faire qui foit préjudiciable, qui
ne le foit également à eux & à leur poftérité ; outre la honte qu'ils attirent fur
leurs perfonnes, en trahiffant leur pa-

trie, crime si noir, qu'il ne leur est pas
possible de jamais s'en laver. Si quelques-uns de ces membres trahissoient
le précieux dépôt qu'on leur a confié,
il y a apparence qu'il y en aura toujours qui conserveront leur intégrité :
ou s'il arrivoit que les artifices lâches
& infâmes dont se servent ceux qui tâchent de tromper, corrompre, assujettir & ruiner les peuples, prévalussent
sur l'esprit des plus jeunes & des plus
foibles, on peut espérer avec raison que
les plus sages découvriront les piéges
qu'on leur tend, & avertiront leurs
compagnons du chemin qu'il faut prendre pour les éviter. Mais si on mettoit
toute la puissance entre les mains d'un
seul homme ; si les proclamations devoient avoir force de loi, la ruine de
la nation seroit inévitable, si elle avoit
le malheur de tomber en de méchantes
mains. Il ne sert de rien de dire que
nous avons un bon Roi, qui ne fera
pas un mauvais usage de son pouvoir;
car les meilleures personnes du monde
se laissent surprendre quelquefois aux
discours artificieux & flateurs ; & les
têtes couronnées sont presque toujours
environnées de cette espéce de vermi-
ne. La principale étude d'un courtisan,

c'eſt de découvrir quelles ſont les paſſions dominantes de ſon maître, & en-
ſuite de l'attaquer par ſon foible. Il ſeroit difficile de trouver un homme dont
le cœur ſoit tellement fortifié, que l'entrée en ſoit tout-à-fait inacceſſible ; & ſi
cela eſt, il eſt impoſſible qu'un Prince
puiſſe réſiſter à toutes les attaques des
ſcélérats qui ſont autour de ſa perſonne.
S'il ſe laiſſe prévenir, lui & tous ceux
qui dépendent de lui ſont perdus ſans
reſſource. Alors il n'eſt pas ſûr de lui
contredire, quelque raiſon que l'on ait,
& perſonne n'oſe l'entreprendre, excepté celui qui a aſſez d'hardieſſe pour
ſe ſacrifier pour le public. La nature
humaine eſt fragile, & a beſoin de ſecours : on doit faciliter autant qu'il eſt
poſſible, & recompenſer les actions
vertueuſes qui ſont utiles à l'Etat ; &
c'eſt une imprudence très-criminelle
que de faire ſervir de recompenſe aux
plus déteſtables actions, les dignités
& les honneurs, puiſque c'eſt là le véritable moyen de porter les hommes à
ſe déclarer ennemis de la ſociété, ſur-
tout s'ils voyent qu'on ne peut ſervir ſa
Patrie ſans expoſer ſa perſonne & ſa famille à une ruine certaine.

Quoiqu'il en ſoit, il ne s'agit pas ici

de la perſonne qui porte la Couronne ;
on doit ſuivre les mêmes maximes,
lorſque Moïſe ou Samuël eſt ſur le Trône, qu'il faudroit ſuivre ſi Caligula
s'en étoit emparé. En établiſſant les
loix, on doit ſe propoſer de les rendre perpétuelles ; mais les vertus & les
bonnes qualités d'un homme meurent
avec lui, & finiſſent ſouvent avant lui.
Ceux qui par leur ſageſſe & leur intégrité ont mérité le plus de loüanges,
ont ſouvent laiſſé les emplois dont ils
étoient revêtus à des enfans fous & vicieux. Si l'on peut dire, à quelqu'égard,
que la vertu ſurvit à la perſonne qui en
étoit ornée, c'eſt ſeulement lorſque les
gens de bien font des Loix & des Conſtitutions, qui, en favoriſant la vertu,
ſe conſervent elles-mêmes. Le ſeul expédient que l'on ait jamais trouvé pour
les rendre durables, c'eſt de tenir les
pouvoirs dans un ſi juſte équilibre, que
la corruption où un homme, ou un
petit nombre d'hommes, pourroit tomber, ne puiſſe pas devenir contagieuſe
aux autres membres de la ſociété, ni
les ruiner. On doit attribuer à cette
ſage diſpenſation du pouvoir, la longue durée des loix de Licurgue : ils
preſcrivirent des bornes aux paſſions de

leurs Rois, & sçurent bien faire rentrer
dans le devoir ceux qui entreprirent de
passer ces limites : au lieu qu'infailliblement tout l'édifice seroit bien-tôt tombé en ruine, si le premier qui auroit eû
envie de se rendre absolu, avoit pû
venir à bout de son dessein. Ç'a été là
la destinée de tous les Gouvernemens
qui étoient constitués d'une maniere
que tout leur bonheur ou malheur dépendoit des qualités personnelles de
celui qui portoit la Couronne : or, comme la vertu ne continue jamais long-
temps dans une même famille, lorsque
cette vertu venoit à manquer tout étoit
perdu sans ressource. Les nations qui
sont si heureuses que d'avoir de bons
Rois, doivent donc faire un bon usage
de ce bonheur, en établissant parmi
elles, sous la domination de ces bons
Rois, un bien qui ne finisse pas avec
eux. Ces bons Princes se joindront volontiers avec le peuple, pour travailler
à cette bonne œuvre, & feront en sorte
qu'on oblige leurs successeurs à faire
la même chose, afin que par ce moyen
ils puissent également procurer le bien
de leurs familles, & celui des peuples
qu'ils gouvernent. Si on limite l'autorité de ceux qui gouvernent, non-seu-

lement le peuple est à couvert, par ce
moyen, des malheurs qui sont des suites inévitables des vices & de la folie
des Princes, mais cela est même très-
avantageux à ces Princes, puisqu'étant
moins exposés à la tentation, ils évi-
tent la terrible vengeance qu'exercent
souvent les peuples sur les Princes, qui
ayant une autorité absoluë, en abusent
avec excès. On pourroit justement com-
parer un Monarque absolu à un vaisseau foible, exposé à une tempête violente, avec une grande voile, & sans
gouvernail : nous avons dans le livre
d'Esther, un exemple qui ne confirme
que trop la justesse de cette comparaison. Un infâme scélérat ayant fait de
faux rapports de la nation des Juifs à
un Roi imprudent, ce Monarque pré-
venu ordonna par un Edit qu'on exter-
minât ce peuple innocent ; & peu de
temps après, étant informé de la vérité,
il permit à ce même peuple, par un
autre Edit, de mettre à mort qui bon
leur sembleroit, ce qui coûta la vie à
soixante & dix mille personnes, que ce
peuple fit servir de victimes à sa vengeance. Il ne faut que lire les livres
d'Esdras, de Néhémie & de Daniel,
pour voir que la même résolution ré-

gnoit dans tous les deſſeins de Nabuco-
donoſor, de Cyrus, de Darius & d'Ar-
taxerxes. Lorſque les gens de bien furent en crédit auprès de ces Princes,
ils favoriſérent les Iſraëlites, leur permirent de retourner en leur Patrie, leur
rendirent les vaiſſeaux ſacrés qu'on
avoit enlevés du Temple de Jéruſalem,
leur donnérent tout ce dont ils avoient
beſoin pour rebâtir cette Ville, & avan-
cérent les principaux d'entr'eux aux premiers emplois de la Cour. Mais auſſi-
tôt que ces Princes ſe laiſſérent gouverner par des ſcélérats, il fallut jetter
trois perſonnes dans une fournaiſe ar-
dente, quoiqu'elles n'euſſent point d'autre crime que d'avoir refuſé d'adorer
une idole : il fallut que Daniel fût jetté
dans la foſſe des lions ; & ces miſérables flateurs perſuadérent à leurs maîtres que Jéruſalem étoit une Ville re-
belle, & que ceux qui tâchoient de la
rebâtir étoient ennemis des Rois. Telle
étoit la ſituation des affaires, lorſque
les proclamations des Rois avoient force de loi, & que ces Princes avoient
à leur ſuite un grand nombre de flateurs
eſclaves, qui étoient toujours prêts à
éxécuter leurs ordres, ſans éxaminer
s'ils étoient juſtes ou injuſtes, bons ou

mauvais. La vie & la mort des plus
honnêtes gens, & même le salut des
nations entieres, dépendoit alors du
pur hazard, & les uns & les autres
étoient conservés ou détruits suivant
l'humeur du dernier qui parloit au Roi,
ou qui avoit du crédit auprès de lui.
Si une fantaisie furieuse s'empare de
l'esprit d'une P... yvre, il faut, sans
retardement, que Persépolis soit réduite en cendres ; & la main d'Aléxandre
est toujours prête à faire la volonté de
cette infâme Courtisane. Si une Dan-
seuse plaît à Hérode, il faut que la plus
vénérable de toutes les têtes humaines
lui soit apportée dans un plat, pour
être offerte en sacrifice à sa mere, qui,
indignée de ce que Jean-Baptiste avoit
osé condamner ses débauches infâmes,
voulut assouvir sa rage par ce cruel
spectacle. La nature humaine est si fragile, que toutes les fois que les commandemens d'une seule personne ont
eu force de loi, les maux & les extravagances que cela a produit ont été en
si grand nombre, & si manifestes, que
toutes les nations qui n'ont pas été tout-
à-fait stupides, serviles & brutales,
ont toujours eu ce pouvoir absolu en
horreur, & se sont appliquées principalement

palement à trouver des remédes efficaces pour prévenir ces malheurs, en
divifant & mettant dans un fi jufte
équilibre les différens Emplois du Gouvernement, qu'un homme, ou un petit
nombre d'hommes, ne puffent pas fe
trouver en état d'opprimer & détruire
ceux qu'ils doivent conferver & défendre. Cette fage précaution n'a pas été
moins agréable aux bons Princes, que
néceffaire aux plus foibles & aux plus
vicieux, comme je l'ai déja prouvé par
l'éxemple de Théopompus, de Moïfe
& de plufieurs autres. C'eft là véritablement ce qui a donné occafion à
l'établiffement de tous ces Gouvernemens mixtes : ils doivent à ces confi-
dérations leur accroiffement & leur
continuation; & j'ofe bien dire qu'il
n'y en a jamais eu de bon dans le monde, à moins qu'il n'ait été mixte. S'il
étoit befoin d'alléguer d'autres preuves
de la bonté de ces Gouvernemens, il
fuffiroit de voir combien ils font odieux
à Filmer pour nous perfuader qu'ils
font excellens : il a une haine fi mortelle pour tout le genre-humain, que
rien ne lui déplaît, excepté tout ce qui
tend au bien de la fociété; & fon jugement eft fi dépravé, qu'il fuffit qu'il

Tome IV.　　　　　　　R

ait une chofe en horreur, pour que
nous foyons obligés de croire qu'elle
eft très-bonne. On croiroit, à l'entendre parler, qu'il a pris le modéle du
Gouvernement qu'il nous propofe, fur
la tyrannie monftrueufe de Ceylan,
qui eft une Ifle dans les Indes Orienta-
les, dont le Roi ne connoît point d'autre Loi que fon bon plaifir : il tuë, met
en piéces, fait empaler ou déchirer par
les éléphans qui bon lui femble. Dans
ce Royaume, perfonne ne poffède rien
qu'il puiffe dire être à foi : rarement
ceux qui ont été fes domeftiques, ou
employés dans les affaires publiques,
échappent à fa fureur ; & c'eft une grace toute particuliere, lorfqu'il en fait
mourir & jetter aux chiens quelques-
uns, fans leur avoir fait fouffrir auparavant les tourmens les plus cruels. Ses
fujets ne l'approchent & ne lui parlent
qu'à genoux, en léchant la pouffiére,
& n'ofent prendre d'autre nom que celui de chiens ou de membres de chiens.
C'eft là le véritable portrait du Monarque Patriarchal dont Filmer fait fon
idole. J'efpere que la majefté de ce Monarque eft affez haut élevée ; car il fait
tout ce qu'il lui plaît : il éxerce fon autorité avec autant de bonté & de mo-

dération qu'on le peut raisonnablement attendre d'un homme qui posséde tout ce qu'il a en vertu du droit incontestable que confére l'usurpation ; & qui sçait que les peuples ne le souffriront, lui & les ministres de ses cruautés, qu'aussi long-temps qu'on les tiendra dans une ignorance si grossiére, dans une foiblesse & une bassesse si grande, qu'ils ne puissent découvrir de remédes à leurs maux, ni oser seulement entreprendre de lui résister. Nous aurions lieu de nous estimer heureux, si on pouvoit établir un semblable Gouvernement parmi nous ; & nous avons beaucoup d'obligation à notre Auteur, de la bonté qu'il a euë de nous proposer un si bon expédient pour terminer tous nos différends. Que les proclamations ayent force de Loi, & l'affaire sera faite : on les pourra concerter & dresser avec tant d'art & de subtilité, que les anciennes Loix, pour lesquelles nous & nos peres avons eu tant de vénération, seront abolies, ou deviendront autant de piéges qui causeront infailliblement la perte de tous ceux qui oseront se souvenir qu'ils sont Anglois, & qui se trouveront coupables du crime irrémissible d'aimer leur Patrie, ou qui auront

R 2

le courage, la conduite & la réputation dont on a besoin pour la défendre. C'est là, en abrégé, toute la Philosophie de Filmer ; c'est là le legs qu'il nous a laissé après lui, comme un témoignage autentique de l'amour qu'il porte à la nation. Cet admirable Ouvrage, qu'on avoit laissé pendant un assez long-temps dans l'obscurité, a été depuis peu remis au jour, pour préparer les esprits à recevoir, sans murmurer, un successeur Papiste, qui doit être établi, comme nous le devons croire, pour la sûreté de la Religion Protestante, & pour le maintien de nos libertés. Cette Religion & ces libertés ne manqueront pas de s'affermir sous la domination d'un Prince à qui l'on fait croire que le Royaume est son patrimoine, que sa volonté doit tenir lieu de Loi, & qu'il a un pouvoir à qui personne n'est en droit de résister. Si quelqu'un doute qu'il n'en fasse un bon usage, on n'a qu'à examiner les Histoires pour sçavoir ce que les autres Princes, qui se sont trouvés dans les mêmes circonstances, ont fait dans tous les lieux où ils ont eu la puissance en main. Les principes de cette Religion inspirent tant de douceur & de charité ; les Papes

ont toujours traité avec tant de douceur ceux qui n'ont pas voulu se soumettre à leur autorité ; les Jésuites,
qu'on peut regarder comme l'ame qui
anime tout le corps de ce puissant parti,
sont d'un si bon naturel, si fidéles,
d'une morale si pure & si rigide, ils
sont si réguliers dans leurs mœurs, si
équitables & si sincéres, qu'on auroit
tort d'appréhender aucune violence de
la part des Princes qui se laissent gouverner par ces bonnes ames. Le soin
paternel que les cinq derniers Rois de
la maison de Valois prirent des Protestans de France ; la compassion que Philippe II, Roi d'Espagne, témoigna pour
ses pauvres sujets Payens de l'Amérique, & pour les Protestans des Pays-
Bas, qui lui étoient encore plus odieux ;
la modération que les Ducs de Savoye
ont fait paroître à l'égard des Vaudois
du Marquisat de Saluces & des vallées
de Piémont ; la bonté & la bonne foi
de Marie Reine d'Angleterre, & de
Marie Reine d'Ecosse ; l'affection que
les Papistes témoignérent aux Protestans d'Irlande en 1641, le bon traite-
ment qu'ils leur auroient apparemment
fait, & qu'ils ont encore dessein de
leur faire, s'ils peuvent venir à bout du

François I.
Henri II.
François II.
Charles IX.
Henri III.

R 3

complot qu'ils ont tramé ; en un mot
la douceur & la debonnaireté Apofto-
lique des Inquifiteurs , fuffifent pour
nous convaincre que nous n'avons rien
à craindre des perfonnes imbuës des
principes de cette Religion. Nous pour-
rons fouffrir ; fans rien rifquer, que les
commandemens d'un Prince élevé dans
une fi bonne école, tiennent lieu de
Loi ; & on doit faire croire au peuple
que cela doit être ainfi , afin qu'il ne
s'avife pas de lui réfifter lorfqu'il fera
fur le Trône. Quand même nous re-
jetterions ce *Bill d'exclufion*, & que non
contens d'admettre ce Prince à la fucceffion, nous lui remettrions encore
entre les mains toute l'autorité de la
nation , le Roi fon frere n'auroit rien
à craindre , & cela ne lui feroit aucun
tort. Cet héritier préfomptif eft d'humeur à attendre avec patience que la
nature ait fon cours , & ne voudroit
pas retrancher un feul jour de la vie de
fon frere , pour fe mettre en poffeffion
du Trône. Quand même les Papiftes
feroient perfuadés que s'il étoit une fois
Roi, il ne manqueroit pas, comme un
véritable fils de l'Eglife , de faire céder
toute autre confidération à l'avancement de leur Religion ; & qu'un coup

de poignard, ou quelque prise de poison suffiroit pour le rendre maître absolu de tout le Royaume ; il ne s'en
trouveroit cependant pas un parmi eux
qui voulût avoir recours à un expédient
si facile. Tous les Affassins qu'on a vû
jusqu'ici étoient Mahométans ; ils ne
sont point sortis de l'école des bons
Peres Jésuites, & ces honnêtes gens
n'ont jamais employé ces détestables
scélérats. Ces choses étant très-certai-
nes, nous ne manquerons pas d'être en
sûreté, si au lieu de nos ridicules Statuts, & de nos Coûtumes surannées,
dont nous & nos ancêtres avons été
charmés fort mal-à-propos, nous étions
assez heureux pour n'avoir point d'autre Loi que le bon plaisir du Prince,
puisqu'une de ses proclamations suffiroit pour nous faire connoître clairement quelle est sa volonté ; ce qui nous
épargneroit bien de la peine & de l'embarras. Par ce moyen, nous nous ver-
rions délivrés de cette *liberté pernicieuse*,
dont il semble que notre nation abusée
fasse toutes ses délices. Cette expression
est si nouvelle & si particuliere à notre
Auteur, qu'elle mérite d'être mise en
gros caractére sur son tombeau. Nous
avions bien entendu parler d'une *tyran-*

nie pernicieuse, d'un esclavage miserable,
& ce sont les jugemens les plus sévéres
dont Dieu a menacé les nations méchantes & perverses, parce qu'effectivement
cette tyrannie & cet esclavage sont de
tous les maux ce qu'il y a de plus abominable & de plus terrible dans le monde. Mais Filmer nous apprend que la
liberté, que toutes les personnes bonnes & sages qui ont jamais vécu, ont
toujours regardée comme le plus glorieux privilége du genre-humain, est
un grand mal. S'il mérite qu'on l'en
croye sur sa parole, il faut que Moïse,
Josué, Gédéon, Samson, Samuël &
plusieurs autres qui leur ont ressemblé,
ayent été ennemis déclarés de leur Patrie, puisqu'ils ont privé le peuple d'Israël des avantages dont il joüissoit
sous le Gouvernement paternel de Pha-
raon, d'Adonibezex, d'Eglon, de Ja-
bin & de plusieurs autres Rois des nations voisines, en le rétablissant dans la
joüissance de cette *liberté pernicieuse* que
Dieu leur avoit promise. Les Israëlites
étoient heureux sous la domination des
Tyrans dont les proclamations avoient
force de Loi, & ils auroient dû rendre
graces à Dieu de les avoir mis dans cet
heureux état, & non pas des glorieuses

délivrances qu'il leur avoit accordées par le ministere de ses serviteurs. C'est un très grand bonheur que de dépendre absolument de la volonté d'un homme, mais c'est un grand malheur que d'*être en liberté*. Ce discours est si abominable, si criminel & si détestable, qu'il ne mérite pas qu'on s'arrête à y répondre.

SECTION XLIV.

Une Nation qui n'est pas libre ne peut donner aucun pouvoir à ses Députés.

QUelque grand que puisse être le pouvoir d'une personne ou d'un peuple, cette personne & ce peuple ne sont pas néamoins obligés d'en donner à leurs Députés plus qu'il ne le jugent à propos, ou plus qu'il n'est nécessaire pour mettre ces Députés en état de venir à bout des affaires dont ils sont chargés : mais le Député ne peut avoir d'autre pouvoir que celui qui lui est conféré par ses principaux. Il s'ensuit donc que si les Chevaliers, Citoyens & Bourgeois que le peuple d'Angleterre

R 5

envoye au Parlement, ont quelque
pouvoir, il faut que ce pouvoir réside
plus parfaitement & plus pleinement en
la personne de ceux qui les ont envoyé.
Mais, comme nous l'avons prouvé
dans la derniere Section, les Proclamations, & autres Déclarations du bon
plaisir du Roi, n'ont point force de
Loi parmi nous : la Loi doit leur servir
de régle, & elles ne doivent pas faire
la régle de la Loi : on ne doit leur obéïr
qu'autant qu'elles sont conformes à la
Loi, dont elles empruntent toute leur
force, & à qui elles n'en donnent
point. Nous ne reconnoissons point
d'autres Loix que nos propres Statuts,
& ces Coûtumes observées de temps
immémorial, & approuvées par le consentement de toute la nation, qu'il nous
est permis de changer, & que nous
changeons souvent. Ce ne sont donc
point les Lettres circulaires par lesquelles le Roi convoque le Parlement, qui
confére à cette Assemblée le pouvoir
légiflatif qu'elle exerce ; mais il faut
nécessairement que ce pouvoir réside
essentiellement & originairement en la
personne du peuple, & c'est de ce peuple que les Députés ou Représentans
tiennent toute l'autorité qu'ils ont,

Mais, dit Filmer, *il faut seulement que le peuple choisisse les Députés, & qu'après cela il leur donne pouvoir de faire tout ce que bon leur semble ; & c'est encore là autant de liberté que plusieurs d'entre nous en méritent, pour les irrégularités qui se commettent dans l'élection des Bourgeois.* Voilà une conclusion fort spirituelle : je prends à mon service qui bon me semble, & lorsque j'ai pris un serviteur, il faut que je souffre qu'il fasse tout ce qui lui plaît. Mais par quelle raison serois-je nécessairement obligé à cela ? Pourquoi ne pourrois-je pas prendre un de mes serviteurs pour être mon palefrenier, un autre pour mon cuisinier, & les garder l'un & l'autre pour les emplois ausquels je les ai destinés en les prenant à mon service ? Où est la Loi qui restraint mon droit à cet égard ? Or, si entant que particulier, il m'est permis de régler mes affaires particuliéres comme je le juge à propos, & de donner à mes domestiques l'emploi qui leur convient, & auquel ils sont le plus propre ; pourquoi moi & mes associés, j'entens les personnes libres d'Angleterre, n'aurions nous pas la même liberté, lorsqu'il s'agit de dresser & limiter le pouvoir que nous don-

R. 6.

nons aux ferviteurs que nous voulons
bien employer dans les affaires publiques ? Notre Auteur nous en donne
une raifon proportionnée à la folidité
de fon jugement : *Cette liberté*, dit-il,
nous feroit pernicieufe , & celle que nous
avons de choifir les membres du Parle-
ment , eft autant que plufieurs d'entre
nous méritent. J'ai déja prouvé qu'auffi
loin que remonte notre Hiftoire, nous
n'avons point eu de Princes ni de Magiftrats que nous n'ayons nous-mêmes
établis , & qu'ils n'ont point eu d'autre
puiffance que celle que nous leur avons
conférée. Ceux - là ne peuvent point
être Juges de notre mérite , qui n'ont
point de pouvoir qu'autant que nous
avons bien voulu leur en donner ,
croyant qu'ils le méritoient , ou qu'ils
pourroient le mériter dans la fuite. Ils
peuvent partager en detail ce qu'on
leur a confié en gros : mais il n'eft pas
poffible que le public dépende abfolument de ceux qui originairement ne
font pas plus que le refte du peuple ,
& qui par leurs emplois ne font que
ce que le peuple a bien voulu les
faire pour fon propre avantage. Il faut
donc que ce foit le peuple lui-même
qui ait reftreint fa liberté , ou bien elle

ne peut en aucune façon être restreinte.

Cependant je crois que les pouvoirs de chaque Comté, Ville & Bourg d'Angleterre, sont réglés & déterminés par la Loi générale, qui a été établie du consentement général de tous, & par laquelle ils ont tous été faits membres d'un corps politique. Cela les oblige d'agir avec leurs Députés d'une manière différente de celle dont les habitans des Provinces-Unies & les Suisses agissent avec les leurs. Chez ces peuples, chaque Province, Cité ou Canton faisant un corps à part, indépendant de l'autre, & exerçant l'autorité souveraine dans les terres de sa dépendence, regarde les autres comme alliés, à qui ils ne sont unis & engagés que par de certains actes qu'eux-mêmes ont faits ; & lorsqu'il arrive quelque nouvel accident qu'on n'avoit pas prévu en faisant ces actes, ils ordonnent à leurs Députés de leur en rendre compte, se réservant à eux-mêmes le pouvoir de régler ces sortes d'affaires. Ce n'est pas la même chose parmi nous : chaque Comté ne fait pas un corps séparé, & n'a pas en soi le pouvoir souverain, mais est membre de ce grand corps qui comprend toute la nation. Ce n'est

donc pas pour Kent, pour Suſſex, Lewis
ou Maidſtone, mais pour le ſervice de
toute la nation, qu'on envoye au Parlement les membres choiſis dans ces
lieux-là; & quoiqu'il ſoit bon, autant
que cela ſe peut, que comme amis &
voiſins ils ſoient inſtruits du ſentiment
de ceux qui les ont élûs, & qu'ils le ſui-
vent, afin que ce qu'ils diront ait plus
de poids & ſoit mieux écouté, lorſqu'on
verra que chacun de ſes membres ne
propoſe pas ſeulement ſon ſentiment
particulier, mais celui d'un grand nombre de perſonnes; cependant on ne peut
pas dire proprement qu'ils ſoient abſolument obligés de rendre compte de
leurs actions à qui que ce ſoit, à moins
que tout le corps de la nation, pour le
ſervice de laquelle ils ont été élûs, &
qui eſt également intéreſſé dans leurs
réſolutions, ne s'aſſemblât en quelque
lieu. Cela étant impoſſible, le ſeul châtiment auquel ils ſont expoſés lorſqu'ils
trahiſſent la cauſe commune pour des
intérêts particuliers, c'eſt qu'ils deviennent l'objet de la haine & du mépris du public, & que dans l'aſſemblée
du Parlement ſuivant, ils ſont honteuſement exclus de l'honneur d'en être les
membres, & ont le chagrin d'en voir

élire d'autres à leur place. Cela paroî-
-tra peut-être une punition fort légere à
ceux qui ne s'abſtiennent de faire du
mal, qu'à cauſe de la grandeur des peines, qu'on inflige aux coupables ; mais
cela paroîtra terrible à des gens d'eſprit
& d'honneur, tels qu'on ſuppoſe que
ſont ceux qu'on juge dignes d'un emploi ſi important. Mais pourquoi *la
liberté ſeroit-elle pernicieuſe*, ſi la choſe
étoit autrement ? Ou comment ſe pour-
roit-il faire que la liberté des ſociétés
particuliéres fût plus grande, ſi elles
ne pouvoient faire ce qui leur plaît
que lorſqu'elles envoyent des Députés
pour agir en leur nom ? C'eſt à des gens
auſſi ſages que Filmer à nous réſoudre
cette difficulté : il n'y a qu'eux qui en
ſoient capables. Car comme il n'y a
point d'homme, ni aucun nombre
d'hommes, qui puiſſent donner un pouvoir qu'ils n'auroient pas eux-mêmes ;
auſſi les Achéens, les Etoliens, les Latins, les Samnites &. les Toſcans qui
régloient, par le moyen de leurs Députés, toutes les affaires qui concernoient
leur union ; & les Athéniens, les Cartaginois & les Romains qui s'étoient
réſervés la Souveraineté entre leurs
mains, étoient également libres. Et

aujourd'hui, les Provinces-Unies, les Suisses & les Grisons, qui sont des Gouvernemens de cette premiere espèce, sont aussi libres que les Vénitiens, les Génois & les habitans de Lucques, qui se gouvernent à peu près comme on se gouvernoit autrefois à Athènes, à Rome & à Carthage. Pour peu de sens commun que l'on ait, on voit clairement que la liberté de ceux qui agissent en personne, & la liberté de ceux qui agissent par leurs Députés, est éxactement la même, & qu'on ne peut faire aucun changement dans la maniere d'éxercer l'autorité souveraine, que de leur consentément.

Mais il ne s'agit pas ici de sçavoir quelles sont les Loix ou les Coûtumes d'Angleterre à cet égard. Un éxemple particulier ne suffit pas pour prouver la proposition générale. S'il y a partout un pouvoir général qui défende aux peuples de donner des instructions à leurs Députés, on ne le peut faire en aucun lieu du monde : au contraire, s'il n'y a rien de tel dans la nature, toutes les nations de la terre le peuvent faire, à moins qu'elles ne se soient ellesmêmes dépoüillées de leur droit, puisqu'originairement l'une n'a pas plus de

privilége que l'autre. Il ne serviroit de
rien de dire que les peuples dont nous
avons parlé ci-dessus, n'avoient point
de Roi, & qu'ainsi ils pouvoient agir
de la maniere dont ils ont agi : car si
la proposition générale est véritable,
ils ont été obligés d'avoir des Rois ; &
si elle ne l'est pas, aucun peuple n'est
obligé d'en avoir, à moins qu'il ne le
juge à propos ; & les Rois que ces peuples élévent sur le Trône, sont leurs
créatures. Mais il est certain que plusieurs d'entre ces nations étoient gouvernées par des Rois, ou d'autres Magistrats qui avoient même puissance que
ces Rois. Les Provinces - Unies des
Pays-Bas étoient autrefois gouvernées
par des Ducs, des Comtes ou des Marquis : Génes & Venise ont des Doges.
Si quelques Etats n'ont pas donné à
leur souverain Magistrat le titre de Roi,
à cause du peu d'étenduë de leur territoire, cela ne change point l'état de la
question ; car nous ne disputons pas du
nom, mais du droit. Si celui qui est le
premier Magistrat de chaque nation
doit être considéré comme le Pere de
ce peuple ; s'il a un pouvoir sans borne, & si aucune Loi ne peut lui en
prescrire, il n'importe pas quel nom il

porte. Mais ſi dans les Etats peu conſidérables par l'étenduë de leur territoire, on peut limiter l'autorité de ce Magiſtrat par le moyen des Loix, on le peut auſſi faire dans les plus grands Gouvernemens du monde. Le plus petit de tous les hommes eſt homme auſſi bien que le plus grand de tous les géans; & ces Rois de l'Amérique, qui n'ont pas plus de vingt ou trente ſujets capables de porter les armes, ſont auſſi bien Rois que Xerxès. Chaque nation peut ſe diviſer en petites parties, comme pluſieurs ont fait, par la même Loi en vertu de laquelle ils ont limité l'autorité de leurs Rois, ou aboli le Gouvernement Monarchique, ſe ſont unies les unes aux autres, ou ont mieux aimé ſubſiſter par elles-mêmes & ſéparément; ont agi par leurs Députés, ou ſe ſont réſervées la puiſſance ſouveraine; ont donné à ces Députés des pouvoirs limités ou illimités; & enfin ſe ſont réſervées le pouvoir de punir ceux qui s'écartoient de leur devoir, ou en ont renvoyé le jugement à leurs Aſſemblées générales: & elles joüiſſent toutes également de cette liberté que nous défendons, & que nous regardons comme un préſent de Dieu & de la nature.

Si des gens qui aiment à chicaner s'avisoient de nous dire, que les petits Gouvernemens ne doivent pas être pris pour modéles des grands Royaumes, je leur demanderois en quel temps Dieu a ordonné que les grands peuples seroient esclaves, & privés du droit de régler comme bon leur semble les affaires de leur Gouvernement, pendant qu'il a laissé aux peuples qui s'étoient divisés en plusieurs petites sociétés, ou qui s'y diviseroient dans la suite, le droit de faire & d'établir telles Loix qu'ils jugeroient à propos. Lorsqu'on nous aura satisfait là-dessus, il faudra qu'on ait la bonté de nous dire de quelle étenduë il faut qu'un pays soit, pour qu'on puisse l'appeller avec justice un grand Royaume. L'Espagne & la France passent pour de grands Royaumes, & cependant les Députés ou *Procuradores* des différentes parties de Castille, dans leur Assemblée ou Cortez qui se tint à Madrid au commencement du régne de Charles V. s'excusérent de donner à ce Prince les subsides qu'il leur demandoit, disant que les Villes dont ils étoient Députés ne leur avoient donné aucun ordre sur cet article ; & ensuite ayant reçû ordre ex-

Vida de Carlos V. de Sandoval.

près de n'en rien faire, ils les refuferent à Sa Majefté fans aucun détour. La même chofe eft fouvent arrivée fous le régne de ce grand Prince, & fous celui de fon fils Philippe II. Et ces *Procuradores* n'accordoient jamais aucune chofe importante à ces Princes, à moins qu'ils n'en euffent ordre exprès de leurs principaux. Tant qu'il y a eu des affemblées générales des Etats en France, on y a fuivi la même méthode; & fi on ne l'y fuivit plus, c'eft parce que ces affemblées font tout-à-fait abolies : car de tous ceux qui ont quelque connoiffance des affaires de cette Monarchie, il n'y en a pas un qui puiffe nier que les Députés qu'on envoyoit aux Etats étoient obligés de fuivre les inftructions & les ordres de ceux qui les envoyoient. Et peut-être que fi l'on éxaminoit bien de quels moyens on s'eft fervi pour abolir ces affemblées, on trouveroit que les Cardinaux de Richelieu & Mazarin, & quelques autres Miniftres qui font venus à bout de ce bel ouvrage, ont été portés à cela par un autre principe que par celui de la juftice, & qu'ils fe propofoient toute autre chofe que l'établiffement des Loix divines & naturelles. Dans l'affemblée générale des

Etats, qui se tint à Blois sous le régne
d'Henri III. Bodin, qui étoit alors Dé- *Histoire de*
M. de Thou
puté du Tiers-Etat pour la Province de
Vermandois, fit tant de propositions
par ordre de ses principaux, que cela
emporta une bonne partie de leur
temps. D'autres Députés ayant dit &
fait plusieurs choses très-desagréables
au Roi, & tout-à-fait contraires à sa
volonté, dirent pour toute raison que
leurs supérieurs leur avoient ordonné
d'agir de cette maniere. Depuis que
ces assemblées générales ont été abolies,
on suit encore la même méthode dans
les Etats de Bretagne & de Languedoc.
Si les Députés de ces petites assemblées
s'écartent des ordres qu'ils ont reçû de
leurs principaux, outre qu'ils attirent
sur eux la haine & le mépris que méritent ceux qui trahissent la cause commune, ils s'exposent encore à la rigueur
des châtimens les plus sévéres ; & néanmoins on ne voit pas que *cette liberté*
pernicieuse régne beaucoup plus en France qu'en Angleterre. La même chose
se pratique tous les jours dans les Diétes d'Allemagne : les Princes & grands
Seigneurs qui ont droit de séance dans
ces assemblées, & qui y assistent en personne, peuvent faire ce qui leur plaît ;

mais les Députés des Villes ſont obligés
de ſuivre les ordres qu'ils reçoivent.
Les Hiſtoires de Dannemarc, de Suéde,
de Pologne & de Bohême, témoignent
la même choſe ; & ſi on ne joüit pas entierement de *cette liberté pernicieuſe* dans
tous ces pays-là, c'eſt qu'on a trouvé
le ſecret de la diminuer par des moyens
qui ſont plus conformes aux actions
d'un Corſaire, qu'aux Loix de Dieu &
de la nature. Si donc nous ne joüiſſons
plus de cette liberté en Angleterre, il
faut qu'on nous l'ait ravie par des
moyens auſſi illégitimes que ceux-là,
ou que nous nous en ſoyons dépoüillés
volontairement. Mais graces à Dieu,
il n'y a point de peuple au monde dont
la liberté ſoit fondée ſur un meilleur
droit, ni qui l'ait mieux défenduë que
notre nation ; & ſi nous ne dégénérons
point de la vertu de nos ancêtres, nous
pouvons eſpérer de la tranſmettre toute entiere à notre poſtérité. Il dépend
toujours de nous de donner des inſtruc-
tions à nos Députés, & nous leur en
donnons ſouvent : mais tant moins la
nation leur lie les mains, tant plus manifeſtement fait-elle voir quelle eſt ſa
puiſſance ; car il faut que ceux qui n'ont
qu'un pouvoir limité, limitent celui

qu'ils donnent à leurs Agens ; mais il
faut que celui-là ait une autorité illimi-
tée, qui peut la conférer à ceux qui
agiſſent en ſon nom. Le grand Tréſo-
rier Buleigh avoit coûtume de dire,
qu'il n'y avoit rien que le Parlement ne
pût faire, excepté de faire changer de
ſéxe à un homme. Lorſque Rich Avo-
cat du Roi Henri VIII. demanda au
Chevalier Thomas Moor, s'il n'étoit
pas au pouvoir du Parlement de donner la Couronne à R. Rich, ce Chan-
celier lui répondit, que c'étoit-là *caſus
levis*, ſuppoſant que tout le monde
devoit demeurer d'accord qu'il étoit au
pouvoir de cette auguſte Aſſemblée de
faire Roi qui bon lui ſembloit, & de
dépoſer ceux qu'elle jugeoit à propos.
La première partie de cette réponſe,
qui renferme cette ſuppoſition, eſt con-
firmée par le Statut de l'an 13. de la
Reine Elizabeth, qui ordonne les châtimens les plus ſévéres contre ceux qui
oſeroient révoquer en doute ce pouvoir des Parlemens. Or ſi le Parlement
a ce pouvoir, il faut que ceux qui donnent aux membres de cette Aſſemblée
le pouvoir en vertu duquel ils agiſſent,
l'ayent auſſi ; car avant leur élection,
ces perſonnes n'avoient pas ce pouvoir,

& elles n'en peuvent jamais avoir aucun, si ceux qui les envoyent n'en ont pas eux-mêmes. Ces Députés ne peuvent recevoir cette autorité du Magistrat ; car celle que ce Magistrat éxerce, procéde de la même source ; il n'a pas de lui-même le pouvoir de se faire Magistrat, & de se déposer ; car celui qui n'éxiste pas ne peut rien faire, & lorsqu'on lui a donné l'être, il ne peut avoir d'autre autorité que celle qui lui a été conferée par ceux qui l'ont fait ce qu'il est. Celui qui s'écarte de son devoir, souhaite d'éviter le châtiment. Ce n'est donc pas originairement en la personne du Magistrat que réside le pouvoir de punir. De la maniere que la Chambre des Pairs est aujourd'hui composée, ce ne peut pas être d'eux qu'on tient ce pouvoir ; car ils agissent pour eux séparément, & sont choisis par les Rois ; & on ne pourroit sans folie s'imaginer que les Rois, qui détestent en général tout ce qui tend à limiter leur autorité, ayent voulu donner ce pouvoir à d'autres qui pourroient s'en servir pour les déposer. Si quelques Princes, s'assurant sur leur vertu, & sur la ferme résolution où ils étoient de faire du bien à tout le monde avoient

donné

donné à quelqu'un le même pouvoir
que Trajan donna au Préfet du Pré-
toire, lorsqu'il lui commanda de le défendre avec l'épée qu'il mettoit entre
ses mains, s'il gouvernoit bien , & de
s'en servir contre lui s'il gouvernoit
mal ; leurs successeurs auroient bien-tôt
révoqué le don d'un pareil pouvoir. Si
Edoüard premier, Roi d'Angleterre,
avoit fait une semblable Loi ; son fils, a-
donné à toutes sortes de débauches, l'auroit abolie plûtôt que de souffrir qu'on
se servît de cette Loi pour l'emprison-
ner & le déposer ; il n'auroit jamais reconnu qu'il étoit indigne de régner ,
s'il n'avoit point reconnu d'autre Loi
que sa volonté ; car il ne pouvoit pas
violer celle-là. Ce Prince n'auroit jamais dit que le Parlement lui avoit fait
grace, en lui donnant la vie, si cette
Assemblée n'avoit agi qu'en vertu du
pouvoir que lui-même lui avoit donné. Il faut que ce pouvoir réside originairement en la personne de ceux qui
agissent par des Députés, & il n'y a
que ceux en qui il réside originairement qui puissent le donner à leurs Députés. La preuve la plus autentique
qu'on puisse apporter du pouvoir illimité de la nation , c'est qu'elle se re-

pofe fur la fageffe & la fidélité de fes
Députés , & qu'elle ne limite en aucune façon l'autorité qu'elle leur donne ; ils peuvent faire tout ce qui leur
plaît , pourvû qu'ils ayent foin *que la
République ne fouffre aucun dommage :*
Ne quid detrimenti Respublica accipiat.
Il n'eft pas furprenant que de bonnes
& fages perfonnes donnent une femblable commiffion à ceux qu'elles choififfent , puifqu'elles ne les choififfent
que parce qu'elles croyent qu'ils font
fages & bons , & qu'ils ne peuvent
rien faire qui foit préjudiciable à l'Etat,
qui ne le foit auffi à eux & à leur poftérité. C'eft auffi une commiffion que
doivent recevoir ceux qui ne fe propofant rien qui ne foit jufte en foi-même,
& avantageux à leur patrie , ne peuvent pas prévoir ce qu'on leur propo-
fera lorfqu'ils feront tous enfemble , &
qui peuvent encore moins fe réfoudre
fur le parti qu'ils devront prendre , jufqu'à ce qu'ils ayent entendu les raifons
de part & d'autre. Il ne fe peut pas que
ceux qui les choififfent ne foyent dans
la même ignorance ; & fi quelque Loi
les obligeoit de donner des ordres particuliers à leurs Chevaliers & Bourgeois , par rapport à chaque affaire fur

laquelle il faudroit qu'ils donnaffent leur fuffrage, cette Loi feroit dépendre la décifion des affaires les plus importantes du jugement de perfonnes qui ne fçavent point de quoi il s'agit ; ce qui jetteroit la nation dans un labirinthe épouvantable de confufion & de défordre. Ce ne peut être là l'intention de la Loi, qui eft *fanctio recta*, & qui ne fe propofe que le bien de ceux qui lui font foumis. La prévoyance que l'on a euë d'un pareil malheur, ne doit donc pas préjudicier aux libertés de la nation, mais bien plûtôt les affermir.

SECTION XLV.

Le pouvoir légiflatif doit toujours néceffairement être arbitraire, mais on ne doit point le confier à des perfonnes qui ne foient pas obligées d'obéir elles-mêmes aux loix qu'elles font.

S I l'on m'objecte que je défens ici le pouvoir arbitraire, j'avoüerai de bonne foi que je ne comprens pas comment aucune fociété pourroit être établie ou fubfifter fans lui ; car l'établif-

ſement d'un Gouvernement eſt un acte
arbitraire, qui dépend entiérement de
la volonté des hommes. La forme &
les conſtitutions particuliéres de ces
Gouvernemens, les Officiers de la Magiſtrature ſubordonnés les uns aux autres, l'autorité qu'un chacun d'eux doit
avoir, & la maniére dont ils doivent
éxercer leurs emplois, tout cela eſt auſſi arbitraire. La Grande-Chartre qui
comprend toutes nos Loix anciennes,
& tous les autres Statuts qui ont été
faits dans la ſuite, ne nous ſont pas
venus immédiatement du Ciel, mais
tirent leur origine de la volonté humaine. Si aucun homme n'avoit le pouvoir de faire des loix, on n'en auroit
jamais pû faire aucune; car toutes
celles qui ſe font ou qui ont jamais
été faites, excepté celles que Dieu donna aux Iſraëlites, ont été faites par
des hommes, c'eſt-à-dire qu'ils ont
éxercé un pouvoir arbitraire en faiſant
que ce qui n'étoit point loi le devînt,
ou en caſſant & annullant ce qui juſqu'alors avoit été loi. Les différentes
Loix & Gouvernemens qu'on voit dans
le monde, & qu'on y a vûs en différens temps & en différens lieux, doivent leur origine à la diverſité de ſen-

timens qui s'est rencontrée dans ceux
qui avoient le pouvoir de les établir.
Il faut bien nécessairement que cela
soit, à moins qu'il n'y ait une régle
générale pour tous les peuples de la
terre ; car tant que les hommes seront
en liberté de se conduire, comme ils
le jugeront à propos, on ne verra jamais qu'ils choisissent tous la même
chose ; & la diversité qu'on remarque
dans tout ce qu'ils font, prouve assez
clairement qu'ils ne sont point obligés
de suivre d'autre régle que celle de
leur raison, qui leur fait connoître ce
qu'ils doivent faire ou éviter, suivant les
différentes circonstances où ils se trouvent. L'Autorité qui juge de ces circonstances est arbitraire, & les Legislateurs
montrent qu'ils sont plus ou moins
sages & bons selon qu'ils exercent ce
pouvoir bien ou mal. La différence
qu'il y a entre les bons & les mauvais Gouvernemens ne consiste donc
pas en ce que ceux d'une certaine espèce n'ont point de pouvoir arbitraire & que les autres l'ont, car il n'y
en a point qui ne l'ayent ; mais en
ce que ceux qui sont bien réglés, pla-
cent ce pouvoir si bien qu'il devient
très-avantageux au peuple ; & qu'ils

preſcrivent aux Magiſtrats des bornes
qu'il leur eſt très-difficile de paſſer ; au
lieu que les autres Gouvernemens manquent en l'un de ces deux points &
peut-être en l'un & en l'autre. Il ſe
peut faire auſſi qu'il y a eu des peuples
qui faute de courage, de fortune ou
de force, ont été opprimés par la violence des étrangers, ou qui ont ſouf-
fert qu'un parti corrompu s'élevât au
milieu d'eux, & uſurpât par violence
ou par fraude le pouvoir de leur im-
poſer telles loix que bon lui ſembloit.
D'autres peuples imprudens, lâches &
efféminés, ont pris de ſi fauſſes meſures en jettant les fondemens de leur
Gouvernement, qu'ils n'ont point fait
difficulté de ſe ſoumettre aux volontés
d'un ſeul homme ou d'un petit nombre
de perſonnes, qui rapportant tout à
leur plaiſir ou à leur avantage particulier, n'ont point donné d'autre preuve de leur équité, qu'en ce qu'ils ont
traité ces lâches peuples comme des
bêtes. Il y a eu d'autres nations, qui
n'ayant pas eu aſſez de précaution pour
preſcrire à leurs principaux Magiſtrats
des bornes qu'ils ne puſſent outrepaſ-
ſer, ne leur ont laiſſé que trop de moïens
de s'attribuer plus d'autorité que la loi

ne leur en donnoit. Dans tous les lieux
où l'on commet quelqu'une de ces erreurs, on joüit d'affez de douceur pendant quelque temps, ou au moins le
Gouvernement y eft tolérable, tant que
la corruption ne s'y gliffe point ; mais
il ne peut pas être de longue durée.
On entreprendra toûjours de renverfer
ces Loix, lorfqu'on le pourra faire
fans peine & fans danger. Quelques
vertueux que foient les premiers Magiftrats, ils ne feront pas long-temps
fans fe corrompre ; & leurs fucceffeurs
fe détournant de leur intégrité, fe fai-
firont du tréfor mal gardé. Alors ils
voudront non - feulement gouverner à
leur volonté, mais, ce qui eft bien pis,
ils voudront fuivre les mouvemens de
cette volonté déréglée, qui fait fervir
la Loi qu'on a établie pour l'avantage
du public, à l'avancement de l'intérêt
particulier d'un homme ou d'un petit
nombre d'hommes. Ce n'eft pas mon
deffein de parler ici de tous les différens moyens dont on s'eft fervi pour
réüffir dans ce digne projet ; je ne prétends pas non plus faire voir qui font
les Gouvernemens qui fe font détournés du véritable chemin de la juftice,
ni dire jufqu'à quel point ils s'en

sont écartés : mais je crois pouvoir dire,
sans craindre de me tromper , qu'on ne
se trouveroit jamais bien de confier ce
pouvoir arbitraire à des Magistrats , &
à leurs successeurs , qui ne seroient pas
obligés d'obéir eux - mêmes aux Loix
qu'ils feroient. C'est une vérité dont
les Saxons nos ancêtres étoient bien
persuadés : ils faisoient des Loix dans
les Assemblées ou grands Conseils de
la nation ; mais tous ceux qui mettoient
ces Loix en avant , ou qui consentoient
à leur établissement, étoient censés soumis à ces Loix , aussi-bien que tous les
autres membres de la société , aussi-tôt
que ces Assemblées étoient rompuës :
ils ne pouvoient rien faire au préjudice de la nation , qui ne fût autant dommageable à ceux qui étoient présens, &
à leur postérité , qu'à ceux qui par plusieurs raisons pouvoient être absens.
Les Normands étant venus en Angleterre, suivirent la même méthode. Nos
Parlemens sont encore aujourd'hui sur
le même pied : ils peuvent faire des
guerres préjudiciables à l'Etat, des traités honteux & des Loix injustes ; mais
lorsque les séances sont finies , il faut
qu'ils portent leur part du fardeau également avec le reste du peuple , & après

leur mort, *les dents de leurs enfans se-*
ront agacées des grapes aigres que leurs
peres auront mangées. Mais il est difficile de surprendre ou de tromper un si
grand nombre de personnes : il n'est
pas ordinaire aux hommes de succomber à de légéres tentations, lorsqu'il
s'agit d'affaires de la derniere importance. Il n'y a point d'homme qui voulût servir le diable pour rien : une petite récompense n'est pas capable de
contenter des personnes qui s'exposent
à devenir pour toujours l'objet de la
haine & du mépris des nations, en trahissant leur patrie. Il n'y a pas encore
plus de 25. ans que nos Rois n'étoient
pas assez riches pour corrompre un
grand nombre de personnes, & un petit nombre ne suffisoit pas pour faire
passer quelque chose en Loi. Il n'etoit
pas facile de former une parfaite union
entre plusieurs membres, pour les porter à trahir les intérêts du peuple, &
on n'avoit point d'avantage assez considérable à leur offrir pour les tenter de
commettre un crime si noir : car ils ne
pouvoient pas faire un profit considérable pendant les séances du Parlement,
& aussi-tôt que les séances étoient finies, ils se trouvoient confondus dans

la foule du peuple, & alors les Loix
qu'ils avoient faites ne leur étoient pas
moins préjudiciables qu'au moindre
de la nation. Ils ne pouvoient, en si
peu de temps, réunir si bien leur différens intérêts, & se défaire de leurs paf-
sions, qu'ils fussent en état de conspi-
rer ensemble contre le public ; & nos
Rois des siécles passés ne formoient pas
des projets si détestables. C'est à Hide,
Clifford & Danby que nous sommes redevables de toutes les belles choses qui
se sont faites en suivant ces belles maximes : ils trouvérent un Parlement rempli de jeunes gens, libertins, & débau-
chés, qui avoient été élûs par un peuple furieux pour chagriner les Puritains,
dont la sévérité n'étoit pas de leur goût.
Le moins éclairé de tous les Ministres
avoit assez d'esprit pour voir qu'il seroit facile de surprendre, de corrompre, ou de gagner, à force de présens,
des gens de ce caractére. Il y en avoit
parmi ces membres qui ne se posé-
doient pas de joye, d'avoir séance au
Parlement, & qui souhaitoient ardem-
ment d'y rester long-temps, afin d'avoir
le plaisir de dominer sur leurs voisins :
il y en avoit d'autres qui préféroient
les caresses & les cajoleries de la Cour,

à l'honneur de s'acquitter de ce qu'ils devoient à leur patrie : d'autres cherchoient à rétablir leurs affaires, qui étoient en fort mauvais état, & témoignoient beaucoup d'empreſſement à faire donner au Roi un revenu très-conſidérable, afin de mettre ce Monarque en état de leur donner de groſſes penſions pour récompenſe du ſervice qu'ils lui auroient rendu au préjudice de la nation : d'autres étoient bien aiſes de reſter membres du Parlement, afin de différer le payement de leurs dettes. Pluſieurs d'entr'eux ne ſçavoient pas ce qu'ils faiſoient, lorſqu'il abolirent l'acte du Parlement triennal, lorſqu'ils ordonnérent que la Milice ſeroit entre les mains du Roi, lorſqu'ils lui accordérent l'acciſe, les doüanes & l'impôt ſur les cheminées ; lorſqu'ils paſſérent l'acte pour les Communautés, qui mit la plus conſidérable partie de la nation ſous la puiſſance des plus ſcélérats : cela fit penſer la Cour à ſe ſervir, pour nous mettre en eſclavage, des Parlemens, qui dans les ſiécles précédens avoient été le plus ferme appui de notre liberté. Peut-être auroit-on pû prévenir ce malheur, lorſqu'on établit notre Gouvernement : mais nos généreux ancêtres

étoient bien éloignés de croire que leurs
descendans seroient un jour assez lâches
pour se vendre eux & leur patrie. Mais
quelque grand que puisse être ce danger, il est encore beaucoup moindre
que si l'on mettoit toute l'autorité entre les mains d'un seul homme, & de
ses Ministres : il y a bien moins à
craindre d'être ruiné par ceux qui ne
peuvent éviter de périr avec nous, que
par une personne qui s'enrichit & se
fortifie en nous détruisant. Il vaut encore mieux dépendre de gens qui peuvent encore une fois se laisser corrompre, que de celui qui s'applique uniquement à les corrompre, parce que
sans leur secours il ne peut venir à bout
de ses desseins. Il seroit à souhaiter
que notre sûreté fût mieux affermie ;
mais les Parlemens étant, après Dieu,
le plus sûr appui que nous ayons, nous
devons apporter tous nos soins pour
nous conserver ce rempart jusqu'à ce
que, du consentement unanime de la
nation, on ait trouvé quelque plus
sûre défense.

SECTION XLVI.

Le pouvoir coercitif, ou l'autorité d'obliger d'obéïr à la Loi, procéde de l'autorité du Parlement.

AYant fait voir que les proclama-tions n'ont pas force de Loi, & qu'on ne confie le pouvoir législatif, qui est arbitraire, qu'à des personnes qui sont obligées d'obéïr aux Loix qui sont faites, il n'est pas difficile de sça-voir ce que c'est qui donne le pouvoir de Loi aux Ordonnances sous lesquel-les nous vivons. Filmer nous dit, que *c'est proprement le Roi seul qui fait tous les Statuts & toutes les Loix, à la de-mande du peuple, comme Sa Majesté le Roi Jacques, de glorieuse mémoire, l'af-firme dans sa véritable Loi d'une Mo-narchie libre; & comme Hooker nous en-seigne que les Loix ne reçoivent pas leur pouvoir coercitif de la qualité de ceux qui ont inventé ces Réglemens; mais du pou-voir qui les a fait passer en Loix, & leur a donné force de Loi.* Mais si la deman-de du peuple est nécessaire en cette occasion, ce Réglement ne peut pas être une Loi lorsque le peuple ne l'a pas demandé. Le pouvoir de faire des Loix ne réside donc pas uniquement en la personne du Roi ; car on demeure d'accord que le peuple y a beaucoup de part : & comme les peuples n'auroient aucune part au pouvoir légiflatif, fi la propofition de notre Auteur, ou les principes qui en font le fondement, étoient véritables, l'aveu qu'il fait de la part que le peuple a à ce pouvoir légiflatif, eft une preuve inconteftable que cette propofition & fes principes font faux ; car fi le Roi avoit tout le pouvoir, perfonne n'y pourroit avoir part : fi quelqu'un y a part, le Roi ne l'a pas tout ; & c'eft cette Loi en vertu de laquelle les peuples y participent, qui doit nous apprendre quelle eft la part qu'on a laiffée au Roi. Les préfaces de la plûpart des actes du Parlement nous le font connoître en ces termes : *Soit paffé en Loi par les Seigneurs fpirituels & temporels, & par les Communes affemblées en Parlement, & par l'autorité defdits Seigneurs & Communes.* Mais le Roi Jacques, dit Filmer, *affirme le contraire dans fa Loi de la Monarchie libre.* Cela peut être, & c'eft ce

qui nous importe fort peu. Personne
ne doute que ce bon Roi n'ait souhaité que cette maxime pût être reçûë. La
Loi d'une Monarchie libre ne nous regarde point ; car cette Monarchie libre
n'est point libre, dont le pouvoir du
Monarque est réglé par une Loi qu'on
ne peut violer sans se rendre coupable
de parjure, comme ce Prince le recon-
nut lui-même par rapport à la nôtre. *Dans la ha-*
Pour ce qui est des paroles d'Hooker, *rangue qu'il*
que Filmer cite, je n'y trouve aucun *prononça*
dans la
mal. Pour dresser le formulaire d'une *Chambre*
bonne Loi, il ne faut qu'avoir l'esprit *étoilée, en*
inventif & le jugement bon ; mais il *1616.*
n'y a que le pouvoir qui le passe en
Loi, qui puisse lui donner force de Loi.
Si l'on nous demandoit pourquoi nous
payons au Roi l'accise & les droits de
la douane, nous ne pourrions pas en
donner d'autre raison, sinon que le
Parlement a accordé ces revenus au
Roi pour subvenir aux dépenses publiques. Nonobstant tout ce qu'il a plû
au Roi Jacques de dire dans ses ouvrages, ou dans ceux qui ont été écrits
pour lui, nous ne sçaurions pas que ce
soit un crime d'Etat, & punissable de
mort, que de tuer un Roi, si les Parlemens ne l'avoient pas expressément

déclaré en faisant une Loi sur ce sujet; & cela n'a pas toujours été ainsi; car sous le règne d'Ethelstan, le Parlement régla ce que l'on devoit payer pour un meurtre par rapport à la qualité de la personne mise à mort, & ordonna que celui qui auroit tué un Roi seroit obligé de payer trente mille thrymsæ; & si le Parlement n'avoit pas changé cette Loi, elle seroit encore en vigueur aujourd'hui. En vain le Roi auroit dit qu'il vouloit que cela fût autrement; car on ne le fait pas Roi pour faire des Loix, mais pour gouverner conformément à celles qui sont établies, & on le fait jurer de consentir à *celles que le peuple jugera à propos de faire dans la suite.* Celui qui croit que la Couronne ne mérite pas qu'on l'accepte à ces conditions, peut la refuser. Ces mots, *le Roi le veut,* ne sont qu'un modèle de la mode Françoise, dont quelques Rois ont voulu faire un point essentiel; & il ne faut pas douter qu'ils n'eussent été bien aises de pouvoir aussi introduire parmi nous, *car tel est notre bon plaisir:* mais il y a apparence qu'on aura de la peine à en venir à bout. En France même où l'on se sert de ce stile, & où les expressions les plus extravagantes

Leg. Æthelstenæ fo. 71.

Quas Vulgus elegerit.

& les plus capables de plaire aux perfonnes les plus vaines, font à la mode,
aucun Edit n'a force de Loi jufqu'à ce
qu'il ait été enrégiftré au Parlement.
Cet enrégiftrement n'eft pas une fimple formalité, comme quelques-uns fe
l'imaginent, mais cela eft abfolument
effentiel à ces Edits pour les faire paf-
fer en Loi. Lorfque Jean Chaftel, à
l'inftigation des Jéfuites, eut bleffé
Henri IV. à la bouche, & qu'on eut
découvert que ce faint Ordre avoit eu
deffein de commettre & avoit effectivement commis plufieurs autres crimes
éxécrables, ces Peres furent bannis du
Royaume par Arrêt du Parlement de
Paris. Quelques autres Parlemens en-
régiftrérent cet Arrêt ; mais ceux de
Toulouse & de Bourdeaux refuférent
abfolument de le faire, & malgré tout
ce que le Roi put faire, les Jéfuites
demeurérent à Tournon, & en plufieurs autres lieux dans l'étenduë de
leur jurifdiction, jufqu'à ce que cet
Arrêt fût révoqué. Ces procédures font
fi defagréables à la Cour, qu'elle a em-
loyé les voyes les plus violentes pour
es abolir. Environ l'an 1650. on en-
oya Seguier, qui étoit alors Chance-
ier de France, accompagné d'un grand

nombre de soldats, pour obliger le Parlement de Paris à passer quelques Édits sur lesquels cette Assemblée avoit formé quelques difficultés ; mais tant s'en fallut qu'il vînt à bout de son dessein, qu'au contraire il se fit un si grand soulévement du peuple, que ce Magistrat se crut trop heureux de pouvoir mettre sa vie en sûreté. Si dans toutes les Provinces du Royaume les Parlemens n'ont plus la liberté d'approuver ou de rejetter tous les Edits, il ne s'ensuit pas qu'il soit arrivé aucun changement dans la Loi, mais bien que la Loi est opprimée sous la puissance des armes : & je ne doute pas que le Prince de Condé, qui fut le principal instrument dont on se servit pour faire ce bel ouvrage, n'ait eu le temps de réfléchir sur ses actions à cet égard, & qu'il n'ait eu lieu de conclure qu'on a employé sa prodigieuse valeur & son excellente conduite, à faire un exploit bien glorieux, & autant avantageux à sa patrie qu'à lui-même. Cependant ceux qui connoissent les Loix de cette nation disent encore aujourd'hui, que tous les actes publics qui ne sont pas dûement examinés & enregistrés, sont nuls en eux-mêmes, & qu'ils n'ont de force qu'aussi long-temps que ce misérable peuple gémit sous la violence de ceux qui l'oppriment ; & c'est-là tout ce qu'on pourroit dire si un Corsaire avoit le même pouvoir sur eux. Au reste, que les François ayent librement consenti à porter le joug, ou qu'on se soit servi de la violence pour les réduire dans le triste esclavage où ils sont aujourd'hui, cela ne nous regarde en rien : nos libertés ne dépendent pas de leur vouloir, de leur vertu, ou de leur bonne ou mauvaise fortune : quelque misérable & honteux que soit leur esclavage, il n'y a qu'eux qui en souffrent. Nous ne devons point obéir à d'autres Loix qu'aux nôtres ; & si nous sommes animés du même esprit qui animoit nos ancêtres, nous défendrons ces Loix de toutes nos forces, & mourrons aussi libres qu'ils nous ont laissé. *Le Roi le veut*, quoiqu'écrit en gros caractère, ou prononcé de la maniere du monde la plus tragique, ne peut signifier autre chose, sinon que le Roi, pour accomplir le serment de son sacre, consent aux Loix que les Seigneurs & les Communes ont trouvé bon de faire. Un peuple peut, sans préjudice à ses Loix ou à ses priviléges, souffrir que le

Roi délibére avec son Conseil sur ce
que ses sujets lui proposent : deux yeux
voyent mieux qu'un, & l'esprit humain
est sujet à se tromper. Quoique le Parlement soit composé des personnes les
plus éminentes de la nation, cependant
ayant dessein de faire bien, elles peuvent
se méprendre & faire du mal : ainsi ces
personnes ont bien fait de vouloir qu'on
pût quelquefois les réprimer, afin de
leur faire examiner plus soigneusement
les affaires d'importance, & corriger
les erreurs qu'elles peuvent avoir commises, si le Conseil du Roi les découvre : mais le Roi ne peut parler que de
l'avis de son Conseil ; & un chacun des
membres qui le composent est respon-
sable sur sa tête, des avis qu'il donne.
On a souvent vû que lorsque le Parlement n'étoit pas satisfait des raisons
qu'on lui donnoit pour le porter à rejetter les Loix mises en avant, elles ne
laissoient pas d'être reçûes & établies ;
& si cette auguste Assemblée trouvoit
les raisons valables, c'étoit elle qui re-
jettoit ces Loix, & non pas le Roi.
Quiconque est d'un autre sentiment,
n'a qu'à essayer si un *le Roi le veut* peut
donner force de Loi à aucune chose
conçûe par le Roi, par son Conseil,

ou par quelqu'autre Puissance, excepté celle du Parlement. Or, s'il n'y a point d'homme raisonnable qui soutienne que le Roi ait ce pouvoir, ou qui puisse nier que par son serment il ne soit obligé de consentir à toutes les Loix que le Parlement jugera à propos d'établir, il s'ensuit que le pouvoir législatif ne réside pas en sa personne, & qu'il n'y a part qu'autant qu'il est nécessaire, & de la manière que la Loi le prescrit.

Je ne sçai pas ce que veut dire notre Auteur, lorsqu'il soutient que, *le Roi le veut*, *est la phrase que l'on prononce toutes les fois qu'on passe quelqu'acte en Parlement, comme pour interpréter ce qu'il pourroit y avoir d'obscur dans ces actes* : car s'il s'y rencontre quelque difficulté, je ne vois pas que ces termes puissent en aucune façon la résoudre. Mais la suite du paragraphe est encore plus remarquable : *C'étoit*, dit-il, *une ancienne coûtume qu'on a long-temps pratiquée, & qui a été en usage jusqu'au régne d'Henri V. que lorsqu'on apportoit aux Rois un Bill qui avoit passé dans les deux Chambres, ils en retranchoient ce qui n'étoit pas de leur goût ; & ce qu'ils approuvoient de ce Bill étoit passé en Loi :* mais nos derniers Rois ont eu tant de bon-

té, qu'ils ont bien voulu recevoir le Bill
tout entier, & tel qu'il étoit passé dans les
deux Chambres. Filmer remarque fort
spirituellement, que cette derniere coûtume commença lorsque nos Rois commencérent à avoir de la bonté, & nous
à être libres. Ce Roi gouverna avec
beaucoup d'équité & de modération,
si l'on excepte la persécution, en matiere de Religion, qui s'alluma sous
son régne, & qu'on doit plûtôt attribuer à l'ignorance de ce temps-là, qu'à
aucune mauvaise qualité qui fût en ce
Prince; & comme tous les Princes vertueux & vaillans se sont toujours appli-
qués avec ardeur à affermir la liberté de
leurs sujets, qu'ils sçavoient être, pour
ainsi dire, la mere & la nourrice de
leur valeur, qui les mettoit en état d'entreprendre de grands & nobles exploits,
le soin d'Henri V. fut de se rendre
agréable à ses peuples, & de leur élever le courage. Mais environ le même
temps, on commença à mettre en usage ces artifices & ces maximes détestables, qui ont terriblement ébranlé les
Monarchies mixtes dans cette partie du
monde, & qui en ont même entiérement renversé quelques-unes. Charles
VII. Roi de France, sous prétexte de

faire la guerre à ce Prince & à son fils, entreprit de lever des deniers de sa propre autorité ; & tout le monde sçait avec combien de succès ceux qui sont venus après lui, ont suivi cette méthode. Louis XI. son fils n'employa ses subtilités pernicieuses, qu'on a depuis appellées *ruses de Roi*, qu'à renverser les Loix de France, & à ruiner la Noblesse qui en étoit le plus ferme appui. Ses successeurs, si l'on en excepte Louis XII. suivirent son exemple ; & parmi les autres nations, Ferdinand d'Arragon, Jacques III. Roi d'Ecosse, & Henri VII. Roi d'Angleterre, ont été ceux qui l'ont le mieux imité. Quoique nous ne puissions pas dire beaucoup de bien de tous les Princes qui ont précédé Henri V. je crois cependant qu'on doit commencer à compter la décadence de notre ancien Gouvernement depuis la mort de ce Roi, & de ses braves freres. Son fils, qui étoit la foiblesse même, se livra en proye à une Françoise furieuse, qui apporta chez nous les maximes de sa patrie, & qui éleva aux honneurs & aux dignités les plus scélérats de la nation, croyant qu'ils seroient plus disposés à suivre ces pernicieuses maximes. Edoüard III. suivit le même chemin. Ce Prince, réduit dans l'indigence par sa prodigalité & ses débauches, ne put suppléer à ses besoins pressans que par la rapine & la fraude. L'ambition, la cruauté & la perfidie de Richard III. l'avarice & les ruses malicieuses d'Henri VII. l'excessive débauche, la fureur & l'orgueil d'Henri VIII. & la rage de la bigote Reine Marie, animée par les artifices pernicieux des Espagnols ; tout cela, dis-je, me fait croire que les Anglois ne sont pas redevables de l'origine ou de l'accroissement de leurs libertés à la bonté de ces Souverains. Mais peut-être suis-je dans l'erreur, Henri VI. étoit sage, vaillant, & ne se laissoit point gouverner par sa femme. Edoüard IV. fut un Prince chaste, sobre, & se contenta de ce que la nation voulut bien lui donner. Richard III. étoit doux, modéré, & fidéle observateur de sa parole. Henri VII. étoit un Roi sincere, & se contentoit de ce qui lui appartenoit, sans vouloir avoir le bien d'autrui. Henri VIII. étoit l'humilité même; c'étoit un Prince chaste, modéré & équitable : & la Reine Marie brûloit d'amour pour notre Religion & pour notre patrie. Nous ne devons pas de moindres

moindres loüanges à ces bons Princes,
qui ont bien voulu renoncer au droit
qu'ils avoient de retrancher des Bills
ce qui n'étoit pas de leur goût, & d'y
donner leur approbation en les signant
tels qu'ils ont passé dans les deux Chambres : c'est à Filmer que nous sommes
redevables de la découverte de ces myf-
téres. Mais quoiqu'il semble que cet
excellent Auteur ait prêté le même ferment que prêtent les Bohêmiennes,
lorsqu'elles sont reçûës dans cette ver-
tueuse société, de ne dire jamais un
mot de vérité, il n'a pas assez de fub-
tilité pour cacher ses mensonges. On
a confié à tous les Rois le pouvoir de
publier les Loix, mais tous les Rois ne
les ont pas falsifiées. Les Princes qui
n'ont été ni méchans ni vicieux, ni affez foibles pour se laisser gouverner par
de mauvais Ministres ou par des flat-
teurs, n'ont eu garde de se rendre
coupables d'une fausseté si infâme, & si
directement opposée au serment de leur
facre. Ils jurent, à leur avénement à la
Couronne, de consentir *aux Loix que*
le peuple proposera : mais si nous en
croyons notre Auteur, ces Princes pouvoient en retrancher ce que bon leur
sembloit, & imposer à la nation, com-

Femmes qui
courent le
mond:, & fa-
mêlent de di-
re l'horofco-
pe.

Quæ vulgus
elegerit.

Tome IV. T

me une Loi faite par les Seigneurs &
les Communes, ce qu'ils auroient eux-
mêmes fabriqué selon leur bon plaisir,
& qui sans doute auroit été bien différent, & peut-être même tout contraire
à l'intention du Parlement. Quoique
Filmer fasse sonner bien haut ce prétendu droit, cependant ce Roi n'auroit
rien fait en cette occasion que l'Orateur
ou ses Secrétaires ne puissent aussi faire;
ils pourroient falsifier un acte aussi-bien
que le Roi, quoiqu'il ne leur soit pas
aussi facile de se garantir du châtiment
que mériteroit un crime si noir. Il n'est
pas surprenant qu'on ait été long-temps
sans penser à arrêter le cours d'une coûtume si abominable. On auroit crû
faire injustice à un Roi, de s'imaginer
qu'il pût se rendre coupable d'une fausseté qui paroîtroit infâme dans un esclave : mais lorsque l'on vit que les
Rois se laissoient gouverner par les plus
scélérats d'entre les esclaves, il fut temps
d'y remédier. Cependant il y a de l'apparence que les premiers Souverains
qui firent quelque changement dans le
Gouvernement, agirent avec beaucoup
de précaution ; les premiers changemens furent peut-être innocens, ou pour
le mieux. Mais lorsque ces Princes fu-

rent une fois en train, rien ne fut plus
capable de les arrêter : ils entreprirent
tout ce qu'ils crurent pouvoir contribuer à les faire arriver au but qu'ils se
proposoient ; c'étoit une espéce de lépre
qui ne se pouvoit guérir : il falloit dé-
molir la maison qui en étoit infectée :
on ne pouvoit pas se dispenser d'arra-
cher la plante empoisonnée : il falloit
ôter ce précieux dépôt à des personnes
qui en avoient fait un si mauvais usage,
& profiter de cet avertissement pour
l'avenir : il ne falloit pas souffrir que
ceux qui avoient falsifié les Loix y fissent encore d'autres changemens, quelque peu considérables qu'ils fussent ;
& ce brave Prince concourut volontiers avec son peuple, pour réformer les
pernicieux abus que quelques-uns de
ses indignes prédécesseurs avoient introduit dans l'Etat. Les plus méchans
de ses prédécesseurs étoient continuellement aux prises avec leurs Parlemens,
& s'imaginoient qu'en retranchant des
libertés du peuple, ils travailloient à
l'accroissement de la prérogative royale. Ils faisoient consister tout leur plaisir à manquer de foi, & ils ne vouloient pour Ministres que des personnes
qui fussent toujours prêtes à user de

supercherie & de fraude. Voyant qu'ils
ne pouvoient pas donner force de Loi
à leurs commandemens, ils firent tous
leurs efforts pour faire recevoir aux peuples comme des actes du Parlement, ce
qui n'étoit qu'une pure invention d'eux
ou de leurs Ministres, mettant toutes
sortes d'artifices en usage pour parvenir à leurs fins pernicieuses. Si cela
avoit continué, il n'en auroit pas fallu
d'avantage pour renverser tous nos
droits & priviléges : & pour nous priver de tout ce que l'on regarde comme
un bien ici-bas. Mais Dieu, par sa pro-
vidence, fit trouver à nos ancêtres une
occasion favorable de pourvoir à un
mal si grand & si universel : il leur donna un Prince sage & vaillant, qui n'étoit
pas d'un caractére à vouloir rien retrancher des priviléges de ses sujets,
ayant en horreur les artifices détestables
dont on s'étoit servi pour les enfreindre. Ce Prince croyoit que le courage,
la force & l'amour de ses peuples devoient faire sa gloire, ses richesses & son
plus grand bonheur. Il avoit en vûë la
conquête de la France, & il n'en pouvoit venir à bout que par la bravoure
d'un peuple libre & bien intentionné
pour sa personne. Des nations esclaves

font toujours lâches & ennemies de leurs maîtres. S'il avoit réduit ses sujets dans ce déplorable état, il auroit infailliblement échoué dans ses nobles projets ; & par sa propre faute, ils seroient devenus incapables de combattre pour lui & pour eux-mêmes. Il souhaitoit non-seulement que ses peuples fussent libres pendant sa vie, mais il vouloit encore leur assurer si fortement la jouïssance de cette liberté, que ses successeurs ne fussent jamais en état de la leur ravir de vive force ou par fraude. Si l'on peut en quelque façon nous reprocher, comme une chose honteuse, que nous nous soyons laissé gouverner par des femmes, on peut avec beaucoup plus de justice reprocher, comme la chose du monde la plus honteuse, aux Princes qui ont succédé à notre Henri, qu'aucun d'eux ne l'a si bien imité dans l'art de régner avec justice & modération, que la Reine Elizabeth. Cette Princesse n'entreprit jamais de tronquer les actes du Parlement, & de n'y laisser que ce qu'elle croyoit lui être avantageux en son particulier : bien loin de cela, elle en a souvent passé quarante ou cinquante en une seule séance, sans en lire aucun. Elle sçavoit qu'elle ne régnoit pas pour elle-même, mais pour

son peuple ; que ce qui étoit bon pour
ses sujets étoit pour elle, ou que son
utilité particuliere ne devoit pas entrer
en concurrence avec l'intérêt de la nation ; & qu'elle étoit obligée par le serment de son sacre, de passer toutes les
Loix qui lui seroient présentées de leur
part & en leur faveur. Cela fait voir
non-seulement que les Loix de Dieu &
de la nature n'ont pas mis le pouvoir
législatif entre les mains des Rois, mais
encore que les nations l'ont originairement en elles-mêmes. Ce n'étoit pas en
vertu de la Loi, ni par droit, mais par
usurpation, par fraude & en se parju-
rant, que quelques Rois ont été assez
téméraires pour oser retrancher des
actes publics ce qui n'étoit pas de leur
goût. Henri V. ne nous accorda pas le
droit de faire nos propres Loix ; mais
avec son approbation & de son consentement, nous abolîmes un abus qui
nous seroit peut-être devenu funeste. Et
si nous parcourons notre Histoire, nous
y verrons que tous les bons & généreux
Princes que nous avons eu, se sont ap-
pliqués avec autant d'ardeur à affermir
nos libertés, que les Princes lâches &
méchans en ont fait paroître pour les
enfreindre.

FIN.

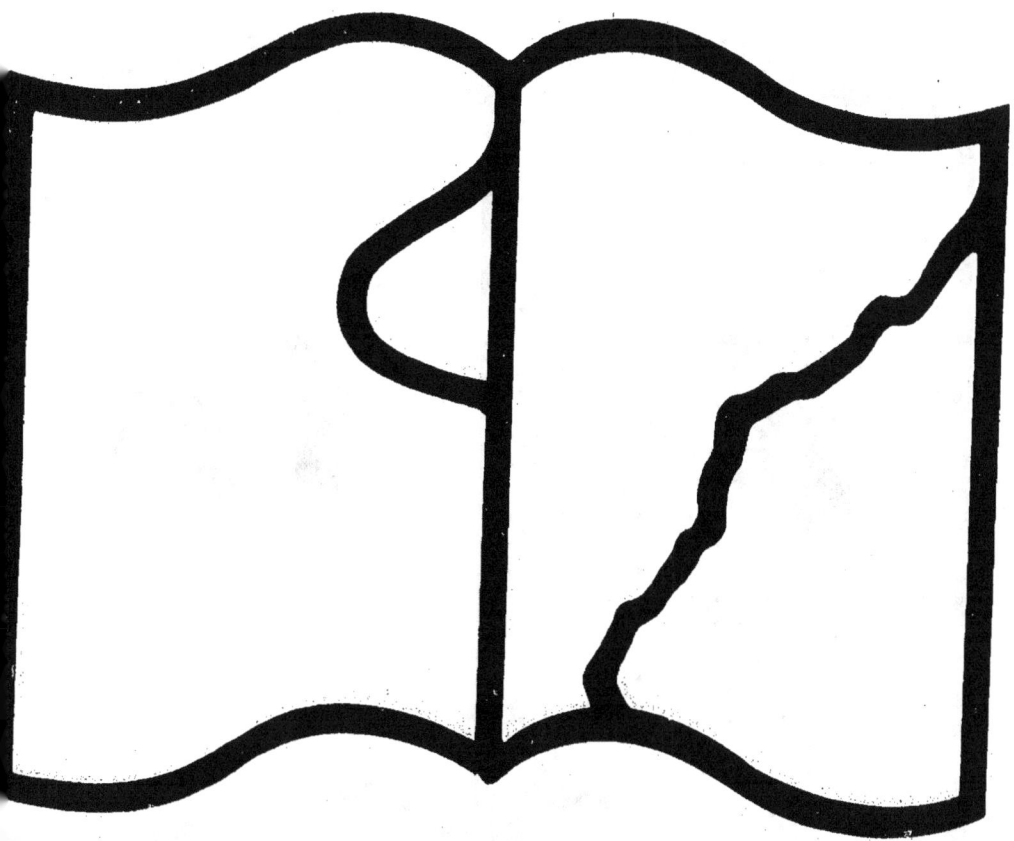

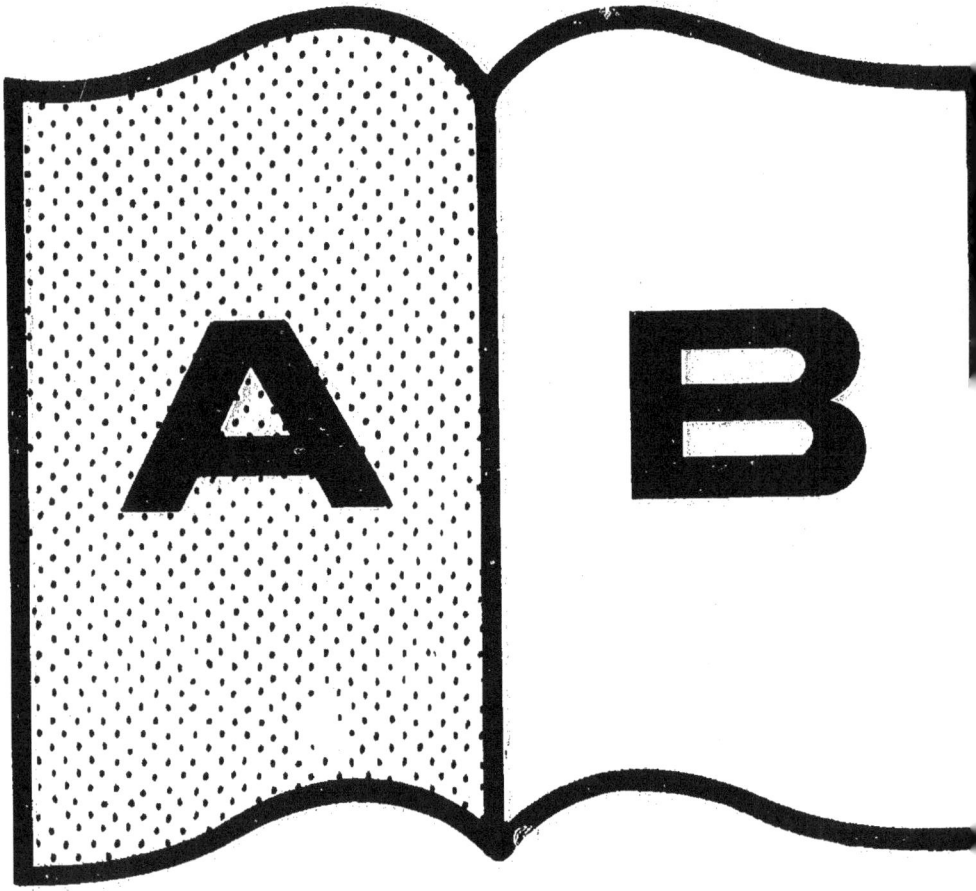

www.ingramcontent.com/pod-product-compliance
Lightning Source LLC
Chambersburg PA
CBHW060957280326
41935CB00009B/739